MUJERES
DE LA BIBLIA

MUJERES
DE LA
BIBLIA

Frances Vander Velde

EDITORIAL PORTAVOZ

Título del original: *Women of the Bible,* © 1957 por Frances VanderVelde y publicado por Kregel Publications, Grand Rapids, Michigan 49501.

Edición en castellano: *Mujeres de la Biblia,* de Frances Vander Velde, © 1990 por Editorial Portavoz, filial de Kregel Publications, Grand Rapids, Michigan 49501.

Traducción: Rhode Flores Barceló
Portada: Don Ellens

EDITORIAL PORTAVOZ
Kregel Publications
P. O. Box 2607
Grand Rapids, Michigan 49501 EE.UU.A.

ISBN 0-8254-1801-1

2 3 4 5 impresión/año 94 93 92

Printed in the United States of America

Contenido

6 Contenido

Prólogo del Editor

Lo que Frances Vander Velde ha conseguido al escribir este libro es que los más pintorescos personajes cobren vida. Usted podrá revivir las vidas de estas *Mujeres de la Biblia*, llegando a conocerlas como amigas.

Escrito con sobriedad, basándose en los hechos y, al mismo tiempo, de una forma interesante y amena, la autora comenta de una manera muy práctica, que se puede aplicar a las mujeres de nuestros días, acerca de los distintos personajes, resaltando las personalidades y las vidas de estas mujeres de la Biblia. Frances Vander Velde, que es madre de ocho hijos, era plenamente consciente de los problemas, las pruebas y el desánimo con que se tuvo que enfrentar el sexo femenino y, por lo tanto, ha podido encontrar una gran ayuda en las vidas de aquellas mujeres de la antigüedad, que se aplica, sin duda alguna, a la vida de la mujer y madre de nuestro tiempo.

La autora reconstruye, de un modo imaginativo, las vidas de un total de treinta y una mujeres (16 del Antiguo Testamento y 15 del Nuevo). Presenta suficientes antecedentes como para que nos sea posible descubrir los problemas con que se tuvieron que enfrentar y las emociones que sintieron. A continuación, despierta nuestro interés mediante una serie de preguntas directas acerca de la vida de cada una de estas mujeres, a fin de lanzar un desafío que nos estimule a estudiar las Escrituras en mayor profundidad. Las aplicaciones prácticas de la señora Vander Velde es un instrumento único para la investigación y grupos de estudio.

Las numerosas impresiones que se han hecho de este

libro en inglés demuestran que *Mujeres de la Biblia* ha recibido el beneplácito general ya que estos esbozos de las distintas personas mantienen la atención del lector de principio a fin.

"Salieron las mujeres de todas las ciudades
de Israel...las mujeres y los niños..."
1 Samuel 18:6; Deuteronomio 20:14

Prefacio

Ha sido para mí un gran placer poderme familiarizar y llegar a conocer de una manera íntima a estas mujeres, pertenecientes a un pasado misterioso y místico. Sufría por ellas al leer acerca de las pruebas por las que tuvieron que pasar, la soledad y el dolor que sintieron. Al leer acerca de Ana fue como si mi espíritu experimentase todas las emociones que sintió ella en aquellos tiempos; la lealtad y la dulzura de Rut hizo que en muchas ocasiones sintiese una profunda serenidad; la fragancia del nardo de María hizo que destilase de mi propio corazón la adoración. Sentí como si caminase junto a María, entre la multitud que iba siguiendo a nuestro bendito Señor y sentí la aflicción de María Magdalena, al pie de la cruz. Compartí la tristeza que sintieron estas mujeres así como sus gozos y lo que sentí hacia ellas fue algo tan profundo que fue como si las conociese tan bien como conozco a mis propias hermanas. Ha sido un placer y una gran emoción para mí conocer a estas mujeres de la antigüedad, ya cubiertas, tiempo ha, por el polvo y los escombros de la tierra y de lo ilusorio, y encontrarme con que, sorprendentemente, se parecen mucho a mí.

La Biblia es la historia de la redención, desde el principio mismo hasta que se va desarrollando para llegar finalmente a su cumplimiento predeterminado. La Biblia es historia, ya que cada uno de los nombres y lugares que se mencionan en ella son verídicos y exactos. Nada de lo que los eruditos de nuestros días puedan o lleguen a descubrir debajo del polvo del pasado conmoverá los fundamentos del cristianismo. Lo único que lograrán será continuar demostrando, con una exactitud asombrosa, que la Biblia es la Verdad y que Dios es; que personajes como Eva, Rebeca y Rut no fueron míticos, sino personas de carne y hueso, que ocuparon un real auténtico en su mundo y en el plan de la redención ideado por Dios.

Al reconstruir, de manera imaginativa, las vidas de estas maravillosas mujeres de la Palabra no pretendemos añadir a la revelación dada por Dios, sino más bien comprendería mejor, y de ese modo aprender y aprovechar más lo que nos ofrece. El don de la imaginación, que nos ha sido concedido por Dios y que tiene en cuenta la época en que vivieron estas mujeres, sus costumbres y su entorno, atreviéndonos a cuestionar, a desafiar y a leer todas las cosas que se nos dicen de una forma pertinente a la reconstrucción de la historia, no destruye la fe, sino que la aumenta.

En algunos casos no contamos más que con breves retazos acerca de la vida de alguna de estas mujeres de la Palabra, mientras que en otros se nos ofrece sucesos que son únicos y de gran importancia. Sin embargo, si estudiamos las Escrituras en oración, meditando además en la luz adicional que nos ofrece Dios, en Su providencia, mediante las investigaciones científicas, nos damos cuenta de que las mujeres de los siglos pasados se parecían mucho a nosotras, ya que se puede decir que la esencia de la vida ha cambiado, en realidad, muy poco. Sus vidas se componían de pocos acontecimientos de gran importancia, siendo normalmente cosas corrientes las que les sucedían, cosas insignificantes que son las que también nos ocurren a nosotras en la actualidad. Las mujeres del pasado se ocupaban de la interminable labor de la limpieza casera, de lavar la ropa, de cocinar y de atender a las numerosas preocupaciones que daban los hijos. Al igual que hacemos nosotras, se enfrentaban con sus vidas emocionales, las cosas que les gustaban y las que no, sus frustraciones y sus temores. Las mujeres de la Biblia fueron todas mujeres de carne y hueso, con sus faltas, sus pasiones y sus virtudes.

Al estudiar sus vidas sentimos como si las

conociésemos y nos damos cuenta de que tenemos mucho en común con todas ellas. Los celos que tuvo Sara de Agar, la aflicción que sintió Lea, la ambición de Salomé por sus hijos, las diligentes y buenas intenciones de Marta, cada una de ellas con su propio carácter, sus peculiaridades y problemas, encuentra su equivalente en la mujer actual. Debido a que no han cambiado los acontecimientos reales de la vida ni las razones de la existencia, podemos aprender de ellas el camino para encontrar el gozo, la paz y la fe en Dios. "Porque *toda* Escritura es útil...para reprender, para corregir y para instruir" de forma que podamos llevar una vida recta y de bendición.

En cada uno de estos breves bosquejos he intentado ofrecer un análisis de la personalidad de cada una de estas eminentes mujeres de la Biblia, más bien que una exposición del texto en cuestión. Lo hice, sin embargo, con la esperanza y ruego de que fuese motivo de que las lectoras *investigasen* las Escrituras en lugar de limitarse a leerlas de manera superficial, cosa que lamentablemente se ha hecho muy corriente en estos tiempos tan ajetreados. Tengo que confesar humildemente que estos bosquejos de los personajes han sido para mí tan solo un principio del descubrimiento de la incomparable belleza y de las riquezas que se encuentran en la divina Palabra, y espero que mis sugerencias sobre cómo hablar y estudiar más a fondo cada uno de los personajes, al final de cada relato, sea una bendición más para muchas personas.

Todo lo que he llevado a cabo durante las horas de quietud, sacando tiempo a mi ajetreada vida familiar, lo he hecho como para el Señor. Es mi oración que Él pueda, en Su infinita gracia, perdonar mis imperfecciones y, en cierto modo, que se valga de mis humildes esfuerzos para Su propia gloria.

FRANCES VANDER VELDE

1

Eva

Lecturas de la Biblia
Génesis 1:26-28; 2:18-25; 3; 4:1, 2, 25;
2 Corintios 11:3; 1 Timoteo 2:13-15

En el principio creó Dios a la mujer . . . y he aquí que era muy buena y hermosa. Ella fue el último y el acto culminante de toda Su imponente creación, además del último y mejor don del cielo. Cuando recibió el hálito de vida se terminó la obra del Omnipotente, no quedando ya nada más por hacer. Dios vio que todo era perfecto y completo y entonces "alabaron las estrellas del alba y se regocijaron todos los hijos de Dios" (Job 38:7).

La mujer recibió el nombre de Eva y fue la mujer más hermosa del mundo en aquel entonces. Fue la única que fue, por así decirlo, diseñada a la perfección y de una manera personal por el Creador y la única mujer que tenía su hogar en el Paraíso. Los más grandes artistas y poetas solamente han podido transmitir una ligera idea de cómo debió de ser Eva al salir de manos del Creador, el único ser que pudo contemplar un mundo terminado. No le faltaba ningún encanto y se la ha imaginado como poseedora de una belleza celestial. Fue adornada con toda la perfección humana, con una radiante hermosura, con una simetría y una inteligencia perfectas. Algunos de los más sublimes pasajes del *Paraíso Perdido* de Milton describen a Eva como:

De una serena belleza,
Que lo que en este mundo parecía hermoso

Se convirtio entonces en mezquino o que
Se encontraban encerrados en ella o en su mirada,
Dignidad y amor en cada uno de sus ademanes.

Eva fue la mujer más interesante del mundo debido a que fue la primera mujer, la primera esposa, madre y abuela, así como la madre de toda la raza humana. Suyo fue el primer matrimonio y suyo fue también el primer gozo y asombro ante la maternidad. Pero fue al mismo tiempo la primera pecadora, la primera en experimentar el dolor, en derramar lágrimas, en contemplar la muerte y en sufrir. Pero, por misericordia, la primera mujer a la que le fue prometida la salvación.

En el relato de Eva encontramos motivos para existir, el comienzo de la desgracia, pero además la esperanza segura de la vida eterna, de inmaculada belleza e indescriptible gloria.

La creación de Eva

El sexto día de la creación se distingue por dos actos creadores, ya que en él Dios formó tanto los animales de la tierra como al hombre. El crear al hombre requería algo muy especial. En lo que al resto de la creación se refiere, Dios había dicho: "Sea...", pero al crear al hombre, sugiere que tuvo lugar una conferencia celestial porque se nos dice en Génesis 1:26: "*hagamos* al hombre..." La creación del hombre era algo tan importante que requería el que tuviese lugar una junta de la Trinidad, ya que el hombre había de ser, por así decirlo, el remate del acto creador. Debía de ser creado a imagen de Dios, poseyendo el verdadero conocimiento, justicia y santidad; siendo a Su semejanza y siendo capaz de tener comunión con su Creador. Había de ser creado poco menor que los ángeles, coronado de gloria, poder y dominio. "Creó Dios al hombre a su imagen, a imagen de Dios lo creó, varón y hembra los creó" (Gn. 1:27).

Hizo *además* que Eva participase de la imagen divina y del dominio sobre todas las cosas. Dios bendijo tanto a Adán como a Eva, y les dijo que llenasen la tierra con sus hijos, que tuviesen dominio sobre la tierra y que utilizasen los inmensos recursos que contenía. A la primera pareja se le concedió autoridad sobre todas las obras de manos de Dios.

La primera vez que Adán ejerció su autoridad y su poder de discernimiento, así como el don del habla, fue cuando dio nombres a todos los animales. Al observar las criaturas se dio cuenta de que habían sido creadas o bien en enjambres o en parejas. Solamente el hombre había sido creado como individuo, siendo superior a los animales por el hecho de haber sido creado a la imagen de Dios, con todo lo que eso implicaba. Había sido creado de modo que pudiese tener comunión con su Hacedor pero no se encontró en toda la creación alguien con quien pudiese tener una comunión física. No podía encontrar su complemento ni en las otras criaturas ni en el Creador. El dar nombre a los animales hizo que fuese consciente de que sentía un profundo deseo de tener un compañerismo humano: "...pero no se halló ayuda idónea para él." El Señor tuvo un propósito a la hora de encomendarle a Adán esta labor y dijo, en respuesta al deseo y necesidad de Adán: "No es bueno que el hombre esté solo; le haré ayuda idónea para él" (Gn. 2:18).

La ayuda idónea que le hizo fue una mujer, el último acto creador de Dios. Adán fue formado del polvo de la tierra, pero ella fue formada de un material superior y mucho más precioso, siendo hueso de sus huesos y carne de su carne. Dios hizo que cayese sobre Adán un profundo sueño, un sueño fuera de lo normal, y mientras se hallaba sumido en él, Dios dio forma a la mujer de una de las costillas de Adán. Ella era único, en el sentido de que Dios la había creado con sus propias manos y en que siendo mujer perfecta, se encontró en un mundo perfecto que estaba preparado, en todos los sentidos, a recibirla. Formada para y conforme a la imagen del hombre, la mujer es reflejo, en su naturaleza humana, de la gloria del hombre. El hombre es cabeza de la mujer, pero la mujer es corona del marido (1 Co. 11:7-12; Pr. 12:4).

El matrimonio de Eva

Dios presenta entonces esta mujer perfecta a Adán. Imagine usted el asombro y el gozo que debió sentir al despertar de su sueño y encontrar junto a él a aquella hermosa mujer. Dios le había provisto una compañera, una persona que le podía comprender y con la cual podía tener comunión. El primer amor humano, con toda su perfección, llenó su corazón y exclamó encantado: "Esto es ahora hueso de mis huesos y carne de mi carne; ésta será llamada Varona, porque del varón fue tomada" (Gn. 2:23). ¡Qué tremendas bendiciones debieron disfrutar esta primera pareja, que se encontró en la presencia de Dios, ataviados de inocencia, perfecta en belleza, gozo y amor! También hoy Dios une a los hombres y mujeres cuando ellos esperan encontrar en Él su realización. Una cosa de muchísima importancia para la felicidad en el matrimonio es estar *convencidos* de que Dios nos une. La felicidad significa el poseer la convicción serena que nos permite *saber* que Él hará que todas las cosas obren para bien en nuestras vidas.

Este primer matrimonio fue mucho más que un contrato social o civil. No fue una unión de conveniencia ni por necesidad. Fue una unión perfecta, consumada en amor perfecto. Cuántas personas hay en nuestros días que contraen matrimonio por otros motivos que no son por amor y cuántos se casan sin el consentimiento o la bendición de sus padres. Son relativamente pocas las personas que buscan la voluntad y la bendición de Dios o que le hacen a Él el compañero silencioso al establecer esta, que es la más importante de las instituciones y relaciones humanas. ¡Y aún nos sorprendemos de que fracasen tantos matrimonios!

Hay un himno precioso, que escuchamos con frecuencia en las bodas: "Dios te entregó a mí". La verdad es que tanto nosotros como nuestros hijos nos tomamos estas preciosas palabras muy a la ligera. Nuestro interés se centra con frecuencia más bien en los minuciosos asuntos a los que es preciso atender y los rebuscados accesorios considerados en la actualidad tan necesarios. Es realmente esencial que enseñemos a nuestros hijos y que nosotras mismas aprendamos que la auténtica felicidad en el matrimonio no depende de las cosas materiales.

La más profunda felicidad se encuentra en lo siguiente, en que cada uno encuentre en su cónyuge, el don de Dios. El requisito indispensable para conseguir la felicidad en el matrimonio es el verdadero amor que siente el uno hacia el otro y no podemos encontrar mejor definición de lo que es el amor que ésta: amar significa dar, entregarse constantemente a y para el otro. Esto quiere decir ser considerado el uno con el otro y, no podremos encontrar, en ningún momento, una manera más segura de encontrar la felicidad que ésta.

En nuestros hogares hay tanta desdicha sencillamente porque no mostramos consideración hacia los sentimientos y deseos del otro. Como mujeres somos con frecuencia culpable en este sentido, ya que lo único que cuenta es *nuestros* deseos y *nuestra* voluntad. Hay tantas cosas nuevas que deseamos tener todo el tiempo. Tal vez las mujeres somos mucho más culpables que los hombres cuando se trata de encontrarnos a la misma altura que el vecino. Son muchas las mujeres que quieren más, material o socialmente hablando, de lo que pueden darles sus maridos y que se vuelven malhumoradas, que le echan la culpa y se meten con el marido día tras día. La base de semejante actitud no es otra que el egoísmo y no hay ninguna otra manera que destruya con más rapidez el amor. La felicidad no se consigue obteniendo más, sino dando, dando y dando una y otra vez.

Si comenzáis juntos en Dios y os dáis cuenta de que tenéis menos, materialmente hablando, que vuestros hermanos o que vuestros amigos, eso no hará ninguna diferencia en lo que se refiere a alcanzar la felicidad en el matrimonio. Pablo dijo: "He aprendido a contentarme, cualquiera que sea mi situación" (Fil. 4:11).

Esa es una lección que necesitamos aprender en nuestros días. Como padres estamos moralmente obligados a enseñar a nuestros hijos los principios del matrimonio cristiano a fin de que no les pase, como sucede a muchos, que su matrimonio fracase por culpa del egoísmo y del descontento.

Eva era todo lo que necesitaba Adán como complemento, tanto físico, intelectual como socialmente. Ella se convirtió en su compañera y en su socia, que es lo que debería ser toda mujer en la actualidad, debiendo encontrar en el hombre su equivalente, porque esa es la voluntad de Dios. Dios la creó con el propósito de que ella fuese la ayuda idónea (adecuada, buena) para el hombre. El hombre, a su vez, se deleita en utilizar su fortaleza para proveer y proteger a la mujer, y la mujer encuentra su lugar siendo una ayuda cariñosa y teniendo comunión con su esposo.

Encontramos en Génesis 2:24 la declaración inspirada de la ley del matrimonio, donde se habla de la unidad entre dos partes que no ha de disolverse. También eso debiera llamar nuestra atención, ya que hay una creciente indiferencia con respecto a la santidad del matrimonio. No decimos: "Honra a tu padre y a tu madre, a menos que tengan faltas." Tampoco debemos decir (o vivir como si lo creyésemos): "Me aferraré a mi marido y le seré fiel siempre y cuando no dañe mis sentimientos o no resulte difícil llevarse bien con él."

Leemos que la primera pareja estuvo ataviada de la inocencia y como tales fueron además un ejemplo para la posteridad. Nuestros cuerpos son templos del Espíritu Santo y, por ello, debemos mantenerlos puros y limpios. Como madres cristianas es nuestra responsabilidad estar al corriente de las cuestiones morales. En la actualidad la inocencia ha pasado de moda, a pesar de lo cual debemos enseñar a nuestros hijos a que lleven vidas moralmente limpias y hacerles ver que es importante que comiencen su vida matrimonial con una moral inmaculada.

La tentación de Eva

Un precioso día se produjo una desgracia en el huerto del Edén. La belleza sin par y la pureza de la primera pareja quedó destrozada. Cayeron sus vestiduras de inocencia, dejando a la vista tan solo la desnudez de su pecado. En el centro mismo de esta catástrofe se encontraba aquella hermosa mujer que Dios había entregado al hombre para su deleite y ayuda.

El hombre y la mujer habían sido creados como seres moralmente responsables, con libre albedrío para servir a su Señor, y eso era algo que sabía perfectamente el malvado tentador. Un buen día se presentó en el huerto con el propósito de ponerles a prueba. Satanás, el general del Hades, planeó cuidadosamente su estrategia. Escogió como intermediaria a la serpiente, que era la más astuta de todas las criaturas. A continuación escogió su planteamiento, no por medio de Adán, que era la cabeza jurídica de la raza humana, sino de Eva, la compañera. ¿La escogió a ella por ser la más débil de los dos? ¿Pensaría tal vez que resultaría mucho más fácil de engañar o la más ambiciosa de los dos, buscando Satanás la caída del hombre por medio de la ayuda idónea que le había sido dada?

El príncipe del mal es realmente magnífico en su uso de la estrategia. Escogió el momento más favorable, cuando Eva se encontraba a solas y tenía a la vista el árbol prohibido. A pesar de que no había motivos para que Eva le temiese a la serpiente, no podemos evitar sorprendernos por la libertad con que discutió un asunto de tantísima importancia con semejante criatura. En la conversación que tiene lugar a continuación nos damos cuenta de lo diabólicamente listo que fue Satanás. No le dijo a Eva que desobedeciese, sino que, le sugirió con astucia, de hecho: "Sí, Dios te ha dicho, pero ¿*lo ha dicho de veras*? No creo que Él os negase jamás nada!" De esta manera intentó que sospechase de la bondad de Dios y que la confianza que Eva había depositado en Él se tambalease. En esos momentos ella debería de haberse apartado de él, ya que siempre es peligroso discutir con el demonio.

En Génesis 3:2 le dijo que podía comer de todos los árboles a excepción de uno y que había un duro castigo por desobedecer. Eva miró fijamente y escuchó con atención al decirle el padre de mentira: "No lo creas, ni mucho menos. Mira la fruta, ¿acaso parece mala? Pero, si es la más hermosa de todas. Dios no te ha dicho la verdad, así que no creas ni por un momento que morirás si la comes." Valiéndose de este argumento, intentó que Eva no creyese en la Palabra divina y al mismo tiempo se librase de todo temor al castigo. Finalmente, despertando pensamiento competitivos, Satanás le susurró que Dios tenía un motivo secreto: ¡el temor a la rivalidad! Porque la verdad es que, insistió, si ella come de este fruto, será como Dios, sabiéndolo *todo*.

Eva le había escuchado durante demasiado tiempo. El ceder a la sugerencia del pecado había comenzado ya a alejar su corazón de Dios. Poseía todo cuanto necesitaba para conseguir la auténtica felicidad y el árbol de la vida podría haberla conservado para ella. Pero ella miró y se encontró con algo diferente allí, algo que la atraía irresistiblemente, y la trágica crisis se produjo al tomar ella la fruta y comerla. No solamente cayó del estado de gracia, sino que se convirtió ella misma en tentadora, al inducir a su marido a que comiese con ella.

El invitar a participar en el disfrute de los placeres dudosos es en sí la misma naturaleza del pecado. De este modo, Adán también comió del fruto prohibido y compartió el pecado de Eva. El Engañador Supremo había perpetrado, de esa manera, su propósito maligno. Hizo que la ruina se cerniese sobre aquella tierra que Dios había creado y que había llamado buena. Casi podemos ver a la vieja serpiente deleitándose al deslizarse por los árboles ¡habiendo cumplido su misión!

Es bueno que nosotras estudiemos la psicología de la primera tentación. La manera en que la Serpiente se dirigió a Eva, con una sugerencia tan astuta, le funcionó tan bien que la ha estado utilizando desde entonces. Sigue diciendo que el pecado no es algo de lo que debamos preocuparnos, que todo el mundo lo hace y Dios es demasiado amoroso como para castigar por ello.

La esencia del pecado cometido por Eva fue el egoísmo y podemos decir que el egoísmo forma una gran parte del pecado. Encontramos muchísimos motivos por los que apropiamos de todo cuanto nos sea posible. Con harta frecuencia lo primero que se nos pasa por la mente es lo que nosotras vamos a poder conseguir para nosotras mismas y no lo que nosotras podemos hacer por otras personas. Jesus dijo: "Si alguno quiere venir en pos de mí, niéguese a sí mismo . . ." (Lc. 9:23). Pero el Diablo dice: "No lo creáis. La única manera de avanzar en la vida y de mantenerse en el primer puesto es pensar primero en ti mismo." ¡Y de qué modo le seguimos!

El resultado inmediato del pecado en la primera pareja fue el sentimiento de culpabilidad. Lo primero que se les ocurrió hacer fue ocultarse de Dios. De modo que vemos que el pecado siempre se convierte en un obstáculo entre nosotros y Dios. Fue un momento al mismo tiempo terrible y solemne cuando Dios se acercó al hombre y a la mujer caída y les preguntó: "¿Dónde estás...has comido del fruto?" Pero en lugar de confesar, que es la manera de obtener la paz, se culparon el uno al otro por el pecado. Y con cuanta frecuencia nosotras hacemos exactamente lo mismo en la actualidad. Le echamos la culpa a otras personas por llevarnos por el mal camino, encontramos excusas a nuestras acciones, le echamos la culpa a nuestra disposición, nuestras circunstancias, y en general nos defendemos del mal que hacemos y por el sufrimiento que causamos.

Aunque es cierto que los pecados nos son perdonados también lo es que no hay excusa alguna para que pequemos. Adán y Eva se encontraron ante la presencia de Dios con el horror de su culpabilidad y el Juez Justo tuvo que hacer justicia y pronunciar sentencia. La serpiente fue maldita por la parte que tuvo en la primera transgresión. Aunque el de Eva fue el primer pecado, se puede decir que la responsabilidad recayó más bien sobre Adán porque, como cabeza jurídica de la raza humana, sumió a toda la posteridad en la desgracia y la degradación del pecado. La subsistencia no sería ya un placer, sino que se convertiría en una lucha continua con los elementos y con la tierra que había sido maldita por causa del hombre.

Pero nos interesa, por encima de todo, las consecuencias que tuvo el pecado para Eva. La sentencia pronunciada en su contra estaba relacionada principalmente con su papel de esposa y madre. A partir de aquel momento su deseo sería para su marido y él gobernaría sobre ella. Desde el principio mismo el propósito era que la mujer tuviese hijos, pero a partir de ese momento tendría que tenerlos con muchísimo dolor y angustia.

Cuando nació Caín, su primer hijo, Adán nombró a su esposa Eva por ser la madre de toda la raza. Después de esto, nació Abel y posteriormente Set. Leemos a continuación que durante su larga vida con Adán tuvo muchos hijos e hijas. Sabemos por la historia que viene después que no solamente tuvo que sufrir para dar a luz a sus hijos, sino que su dolor y angustia se multiplicaron por causa de los problemas y de los pecados cometidos por sus hijos. Sin embargo, hubo consuelo para Eva puesto que había la promesa de Aquel que habría de conquistar el mal y llevar a Sus redimidos al Paraíso.

El relato de Eva es tan antiguo que lo es tanto como la historia misma, pero cuanto más pensamos en él más convencidos nos sentimos de que contiene muchas lecciones de gran valor que pueden guiarnos en este mundo moderno en que vivimos.

SUGERENCIAS PARA CHARLAR SOBRE EL TEMA

1. ¿Tiene alguna importancia el hecho de que Dios crease los animales de la tierra y al hombre en el mismo día?
2. ¿Crees que Dios tuvo un propósito concreto al crear a Eva de manera diferente a Adán?
3. ¿Qué quiere decir que la mujer es corona del marido?
4. ¿Qué significa la palabra "varona"?
5. ¿En qué se diferencia este matrimonio de los de nuestros días?
6. Hay muchas personas casadas que se separarían de no ser por el hecho de que la iglesia no aprueba el divorcio. ¿Crees que ese es el mejor camino a seguir?
7. ¿Cuál es la mejor solución a los problemas matrimoniales: ir al psiquiatra, consultar a un pastor, hablarlo con la familia y con los amigos, buscar la ayuda de Dios mediante la oración? ¿Por qué?
8. ¿Crees que la sinceridad con que se habla actualmente acerca del sexo nos induce más a llevar una vida limpia que la reserva de hace años?
9. ¿Por qué crees que Satanás prefirió tentar primeramente a Eva?
10. ¿Cuántos nombres distintos encuentras en la Biblia para Satanás?
11. ¿Cuál crees que fue el motivo que indujo a Eva a pecar?
12. ¿Cuáles fueron los resultados inmediatos del pecado de Eva sobre su vida? ¿Y la nuestra?

netrante a la bellísima Sarai, que iba junto a él, y omenzó a apoderarse el temor de él. A pesar de haber umplido ya los sesenta y cinco años de edad, Sarai era una mujer excepcionalmente hermosa y tenía un porte de gracia real. Al contrario que los egipcios de piel morena, la suya era una piel blanca y sin duda llamaría la atención, tal vez demasiado. Abram la amaba con todo su corazón y hasta es posible que la llamase con frecuencia "mi princesa", puesto que eso era lo que significaba su nombre, de modo que entre los dos hurdieron una treta. Abram sugirió una mentira, cuyo propósito era el de proteger a Sarai, y ella debía decir aquella mentira. Pero lo cierto es que él no temía lo que le pudiera suceder a Sarai, sino que estaba especialmente preocupado por salvar su propio pellejo (Gn. 12:13). Lea usted el relato del capítulo 12 del Génesis y verá cómo sucedió justo aquello que deseaban evitar. Alguien vio a Sarai, se quedó prendado de ella y se la llevó al harén del Faraón. Entretanto Abram aceptaba valiosos regalos del rey, como una especie de dote a un hermano.

Nos preguntamos cómo se sentiría Sarai, viéndose en aquella situación, en un harén de gentes paganas. ¿La amaba Abram de verdad? ¿No había puesto, por egoísmo en primer lugar su propia seguridad y la de sus ganados, anteponiéndola al riesgo que habría de correr la castidad de Sarai? Esta se encontraba en un grave apuro. Cuando Dios intervino en aquella situación, por medio de su gracia, fue descubierto el engaño. Cayó una plaga sobre el palacio del rey y Abram, el hombre de Dios, tuvo que presentarse, avergonzado, para recibir la reprimenda de un monarca pagano. Más adelante Sarai se encontró en una situación similar, cuando el rey Abimelec se la llevó a su harén. Una vez más lo único en lo que pensó Abram fue en su propia seguridad y la misma clase de mentira les metió en líos y les causó problemas (Gn. 20:2).

Con cuánta frecuencia consideramos conveniente decir una mentira o una verdad a medias, como lo hizo Abram, o incluso asociarnos al mundo por provecho. De la historia de Sara aprendemos que la mentira no es nunca una protección, sino que es algo que nos causa graves problemas tanto con Dios como con el hombre. Qué

"Sara obedecía a Abraham, llamándole señor; de la cual vosotras habéis venido a ser hijas, si hacéis el bien, sin temer ninguna amenaza."
1 PEDRO 3:6

2
Sara

Lecturas de la Biblia
Génesis 17:15-21; 18:1-15; 21:1-8; 1 Pedro 3:1-7

El relato de la vida y de los tiempos de Sara resulta interesante e impresionante. Su vida es un maravilloso testimonio acerca de la gracia sin par de Dios. Su vida estaba íntimamente unida a la de su esposo Abraham, que tuvo que pasar por pruebas, sufrimientos y que pudo hallar el favor divino, como padre de los fieles y fue, de un modo extraordinario, el amigo de Dios.

A fin de poder sacar el máximo provecho al estudio de los personajes, no debemos limitarnos a leer tan solo los pocos versículos de las Escrituras, en los que se menciona al personaje de manera concreta. Si lo que deseamos es saber todo cuanto se pueda acerca de Sara y su famoso esposo, deberíamos leer cada capítulo, desde Génesis doce al veinticuatro, así como el resto de las referencias que se hacen sobre ellos en la Palabra de Dios. El leer estos doce capítulos no nos llevará más tiempo del que pudiera llevarnos leer un relato en una revista y será mucho más provechoso.

Hay muchos buenos libros que leer y un gran número de revistas, muchas de las cuales leemos con regularidad y entusiasmo, pero no todo lo que leemos merece nuestro tiempo, que es de tanto valor, de modo que es preciso que pensemos en escoger lo mejor. Sin duda alguna, la Biblia es el mejor de los libros. Su lectura es *siempre* y en *todos los sentidos* provechosa. Pero con todo y con eso, la Biblia abierta es un libro cerrado en muchos de nuestros hogares. El hecho de leer la Biblia los domingos, cosa que hacen en muchas iglesias, es admitir el descuido de la lectura de la Biblia por parte de los cristianos. Será preciso orar mucho, consagrarnos y decidirnos, de verdad, a hacer algo para que el celo que dedicamos a la lectura secular lo dediquemos más bien a la lectura sagrada. El estudio de la vida de Sara le deleitará y hará aumentar su deseo por leer la Palabra porque: "Bendito el que lee...las palabras que os hablo son espíritu y son vida."

Los padres deben estar al corriente de lo que leen sus hijos, ya que los niños adquieren hábitos de lecturas que luego resultan difíciles de romper. Deseamos que ellos aprecien y lean la buena literatura, pero no queremos que descuiden la lectura de la Biblia. ¿De qué aprovechará al joven si se granjease todo el mundo y perdiese su alma?

Sarai en su hogar

La vida de esta bendita mujer, que llegó a convertirse en madre de todas las naciones, comenzó en un ambiente pagano. Taré, su suegro, que era descendiente de Sem, debió acordarse de las tradiciones de los tiempos del diluvio y de la asombrosa historia de Babel tan bien como si hubiese acontecido el día anterior. No habían transcurrido apenas unos pocos cientos de años cuando una vez más el mundo se hizo terriblemente malvado. A pesar de que Taré adoraba a los ídolos, Dios quiso romper un silencio que había durado siglos, apareciendo a uno de los miembros de su familia. El Señor escogió a Abram y a Sarai con el propósito de conservar al pueblo del pacto. Dirigiéndose a Abram Jehová le dijo: "Vete de tu tierra y de tu parentela, y de la casa de tu padre, a la tierra que te mostraré. Y haré de ti una nación grande, y te bendeciré y engrandeceré tu nombre, y serás

bendición..." (Gn. 12:1, 20), y a contin[...] sencillamente lo siguiente: "Y se fue Abra[...] Abram a Sarai su mujer..." (Gn. 12:4, 5)[...] juntos a Ur, con todas aquellas escenas y r[...] que estaban familiarizados y no regresaron j[...]

¡Qué gran día sería para Sarai cuando se m[...] la imaginamos muy ocupada, haciendo los pr[...] para lo que podía muy bien convertirse en [...] viaje, recogiendo sus pertenencias, reuniendo los [...] y los sirvientes. Piensa en la emoción de aquel [...] grupo al reunirse para despedirse, las cálidas desp[...] de los amigos y el sentimiento de sus propias espe[...] y temores al comenzar aquella peregrina[...] Empezando un viaje hacia lo desconocido, Sarai y A[...] dejaron tras de sí una era de idolatría para come[...] otra muy distinta. Fue una buena cosa que se pudie[...] sentir sostenidos por la vara y el cayado de la prome[...] de Dios, porque la vida no iba a ser precisamente d[...] color rosa para ninguno de ellos. No conociendo su[...] destino continuaron adelante, en su viaje, anticipándose con gozo a las bendiciones que les habían sido prometidas. Cuando por fin llegaron a la tierra de Canaán podemos estar seguras de que se llevaron un terrible chasco, y sería una tremenda prueba para su fe el encontrarse que aquella nueva y mejor nación estaba ya ocupada y al recorrer con la vista aquellos campos áridos y en los cuales dominaba el hambre debieron de sentir temor y angustia en sus corazones.

Sarai en un harén

Una vez que Abram hubo meditado en la precaria situación en Canaán, oyó decir que había maíz en Egipto y decidió ir allí. Pocos siglos más tarde, la familia de su nieto habría de recorrer con ansiedad aquel mismo camino, huyendo del hambre. En ambos casos el camino hacia la abundancia habría de convertirse en una serie de pruebas y sufrimientos. En el caso concreto de Abram y Sarai aquellas pruebas fueron algo que ellos se buscaron, ya que no consultaron a Jehová, sino que confiaron en su propio plan.

Según avanzaban en su viaje Abram miró con mirada

*"Sara obedecía a Abraham,
llamándole señor; de la
cual vosotras habéis venido
a ser hijas, si hacéis el
bien, sin temer ninguna
amenaza."*
1 PEDRO 3:6

2

Sara

Lecturas de la Biblia
Génesis 17:15-21; 18:1-15; 21:1-8; 1 Pedro 3:1-7

El relato de la vida y de los tiempos de Sara resulta interesante e impresionante. Su vida es un maravilloso testimonio acerca de la gracia sin par de Dios. Su vida estaba íntimamente unida a la de su esposo Abraham, que tuvo que pasar por pruebas, sufrimientos y que pudo hallar el favor divino, como padre de los fieles y fue, de un modo extraordinario, el amigo de Dios.

A fin de poder sacar el máximo provecho al estudio de los personajes, no debemos limitarnos a leer tan solo los pocos versículos de las Escrituras, en los que se menciona al personaje de manera concreta. Si lo que deseamos es saber todo cuanto se pueda acerca de Sara y su famoso esposo, deberíamos leer cada capítulo, desde Génesis doce al veinticuatro, así como el resto de las referencias que se hacen sobre ellos en la Palabra de Dios. El leer estos doce capítulos no nos llevará más tiempo del que pudiera llevarnos leer un relato en una revista y será mucho más provechoso.

Hay muchos buenos libros que leer y un gran número de revistas, muchas de las cuales leemos con regularidad y entusiasmo, pero no todo lo que leemos merece nuestro tiempo, que es de tanto valor, de modo que es preciso que pensemos en escoger lo mejor. Sin duda alguna, la Biblia es el mejor de los libros. Su lectura es *siempre* y en *todos los sentidos* provechosa. Pero con todo y con eso, la Biblia abierta es un libro cerrado en muchos de nuestros hogares. El hecho de leer la Biblia los domingos, cosa que hacen en muchas iglesias, es admitir el descuido de la lectura de la Biblia por parte de los cristianos. Será preciso orar mucho, consagrarnos y decidirnos, de verdad, a hacer algo para que el celo que dedicamos a la lectura secular lo dediquemos más bien a la lectura sagrada. El estudio de la vida de Sara le deleitará y hará aumentar su deseo por leer la Palabra porque: "Bendito el que lee...las palabras que os hablo son espíritu y son vida."

Los padres deben estar al corriente de lo que leen sus hijos, ya que los niños adquieren hábitos de lecturas que luego resultan difíciles de romper. Deseamos que ellos aprecien y lean la buena literatura, pero no queremos que descuiden la lectura de la Biblia. ¿De qué aprovechará al joven si se granjease todo el mundo y perdiese su alma?

Sarai en su hogar

La vida de esta bendita mujer, que llegó a convertirse en madre de todas las naciones, comenzó en un ambiente pagano. Taré, su suegro, que era descendiente de Sem, debió acordarse de las tradiciones de los tiempos del diluvio y de la asombrosa historia de Babel tan bien como si hubiese acontecido el día anterior. No habían transcurrido apenas unos pocos cientos de años cuando una vez más el mundo se hizo terriblemente malvado. A pesar de que Taré adoraba a los ídolos, Dios quiso romper un silencio que había durado siglos, apareciendo a uno de los miembros de su familia. El Señor escogió a Abram y a Sarai con el propósito de conservar al pueblo del pacto. Dirigiéndose a Abram Jehová le dijo: "Vete de tu tierra y de tu parentela, y de la casa de tu padre, a la tierra que te mostraré. Y haré de ti una nación grande, y te bendeciré y engrandeceré tu nombre, y serás bendición..." (Gn. 12:1, 20), y a continuación leemos sencillamente lo siguiente: "Y se fue Abram...tomó pues Abram a Sarai su mujer..." (Gn. 12:4, 5) marchándose juntos a Ur, con todas aquellas escenas y rostros con los que estaban familiarizados y no regresaron jamás.

¡Qué gran día sería para Sarai cuando se marchó! Nos la imaginamos muy ocupada, haciendo los preparativos para lo que podía muy bien convertirse en un largo viaje, recogiendo sus pertenencias, reuniendo los ganados y los sirvientes. Piensa en la emoción de aquel nutrido grupo al reunirse para despedirse, las cálidas despedidas de los amigos y el sentimiento de sus propias esperanzas y temores al comenzar aquella peregrinación. Empezando un viaje hacia lo desconocido, Sarai y Abram dejaron tras de sí una era de idolatría para comenzar otra muy distinta. Fue una buena cosa que se pudieran sentir sostenidos por la vara y el cayado de la promesa de Dios, porque la vida no iba a ser precisamente de color rosa para ninguno de ellos. No conociendo su destino continuaron adelante, en su viaje, anticipándose con gozo a las bendiciones que les habían sido prometidas. Cuando por fin llegaron a la tierra de Canaán podemos estar seguras de que se llevaron un terrible chasco, y sería una tremenda prueba para su fe el encontrarse que aquella nueva y mejor nación estaba ya ocupada y al recorrer con la vista aquellos campos áridos y en los cuales dominaba el hambre debieron de sentir temor y angustia en sus corazones.

Sarai en un harén

Una vez que Abram hubo meditado en la precaria situación en Canaán, oyó decir que había maíz en Egipto y decidió ir allí. Pocos siglos más tarde, la familia de su nieto habría de recorrer con ansiedad aquel mismo camino, huyendo del hambre. En ambos casos el camino hacia la abundancia habría de convertirse en una serie de pruebas y sufrimientos. En el caso concreto de Abram y Sarai aquellas pruebas fueron algo que ellos se buscaron, ya que no consultaron a Jehová, sino que confiaron en su propio plan.

Según avanzaban en su viaje Abram miró con mirada

penetrante a la bellísima Sarai, que iba junto a él, y comenzó a apoderarse el temor de él. A pesar de haber cumplido ya los sesenta y cinco años de edad, Sarai era una mujer excepcionalmente hermosa y tenía un porte de gracia real. Al contrario que los egipcios de piel morena, la suya era una piel blanca y sin duda llamaría la atención, tal vez demasiado. Abram la amaba con todo su corazón y hasta es posible que la llamase con frecuencia "mi princesa", puesto que eso era lo que significaba su nombre, de modo que entre los dos hurdieron una treta. Abram sugirió una mentira, cuyo propósito era el de proteger a Sarai, y ella debía decir aquella mentira. Pero lo cierto es que él no temía lo que le pudiera suceder a Sarai, sino que estaba especialmente preocupado por salvar su propio pellejo (Gn. 12:13). Lea usted el relato del capítulo 12 del Génesis y verá cómo sucedió justo aquello que deseaban evitar. Alguien vio a Sarai, se quedó prendado de ella y se la llevó al harén del Faraón. Entretanto Abram aceptaba valiosos regalos del rey, como una especie de dote a un hermano.

Nos preguntamos cómo se sentiría Sarai, viéndose en aquella situación, en un harén de gentes paganas. ¿La amaba Abram de verdad? ¿No había puesto, por egoísmo en primer lugar su propia seguridad y la de sus ganados, anteponiéndola al riesgo que habría de correr la castidad de Sarai? Esta se encontraba en un grave apuro. Cuando Dios intervino en aquella situación, por medio de su gracia, fue descubierto el engaño. Cayó una plaga sobre el palacio del rey y Abram, el hombre de Dios, tuvo que presentarse, avergonzado, para recibir la reprimenda de un monarca pagano. Más adelante Sarai se encontró en una situación similar, cuando el rey Abimelec se la llevó a su harén. Una vez más lo único en lo que pensó Abram fue en su propia seguridad y la misma clase de mentira les metió en líos y les causó problemas (Gn. 20:2).

Con cuánta frecuencia consideramos conveniente decir una mentira o una verdad a medias, como lo hizo Abram, o incluso asociarnos al mundo por provecho. De la historia de Sara aprendemos que la mentira no es nunca una protección, sino que es algo que nos causa graves problemas tanto con Dios como con el hombre. Qué maravilloso es saber que incluso hoy Dios interviene, por medio de Su gracia, cuando los suyos padecen, aunque sea por la insensatez de su manera de obrar.

Sarai en la tienda de campaña

La mayor prueba a su fe la vivió Sara cuando se encontraba en su tienda, fabricada de piel de camello. Allí fue puesta a prueba su paciencia, de manera prolongada y dolorosa. Esperó con la agonía de la incertidumbre, viendo pasar año tras año, el nacimiento de aquel heredero que su Dios les había prometido a ella y a su marido. Nos imaginamos que cada vez que viese a un bebé sentiría intensificarse su deseo. Cuánto amor esperando poder transmitirse, cuando todo su ser se anticiparía a aquel hijo que el Señor les había prometido tantas veces. ¿Se le negaría el poder tener lo que más anhelaba en el mundo? Daba la impresión de que había vivido durante toda su vida esperando ver cumplidas las promesas.

Cuando su fe comenzaba a flaquear, Sara se puso a pensar en cómo Dios les había prometido hijos cuando se marcharon de Ur y cómo más adelante Dios había ampliado Su promesa bajo las estrellas (Gn. 15:1-6) pero la promesa le había sido hecha a Abram. "Tal vez haya de ser hijo suyo y no mío", pensaría. De modo que un día fatídico se adelantó al Señor y le dio a Abram a Agar, su sirvienta para que pudiese tener un hijo con ella. (¡Pero en cuántos líos te metiste, Sara! No pudiste imaginarte, ni remotamente, el desprecio de Agar al mirarte porque era ella, la criada y no tú, la princesa, la que llevaba en su seno al hijo de la promesa. Los celos prendieron en ti como un fuego abrasador que te hicieron volverte ruín, hasta cometer el acto vergonzoso de echar fuera y dejar desprovista a aquella a la que habías tratado injustamente.)

Sin embargo, Abram, de manera amorosa, era fiel a Sarai. Lo mejor de todo, la promesa todavía la pertenecía. Sin fe era la que fallaba, no la promesa de Dios.

Ismael tenía ya trece años cuando Dios vino de nuevo a Abraham y le dijo que el nombre de Sarai habría de convertirse en Sara a partir de aquel momento. Abraham rió de puro gozo cuando Dios le dijo: "He aquí que Sara tu mujer tendrá un hijo..., y llamaras su nombre Isaac" (Gn. 18:10; 17:19). Fue muy distinta a la manera de reirse de Sara que escuchaba a los visitantes del cielo, oculta en su tienda. Tuvo que avergonzarse, sin embargo, cuando el Señor le preguntó: "¿Hay para Dios alguna cosa difícil?" (Gn. 18:14). Y esta promesa ha sido la fortaleza en los momentos de crisis del pueblo de Dios a partir de aquel día.

Veinticinco años después de la primera teofanía, le nació a Sara el hijo prometido, cuando tenía ya unos noventa años de edad y, desde el punto de vista humano, había pasado ya de la edad en que podía tener hijos. Pero fue tan solo la gracia divina y el poder los que hicieron posibles que la vida se llenase de gozo, que pudiese contemplar la luz y escuchar la risa del pequeño Isaac.

La fe había triunfado y había felicidad en la tienda de Sara. Cuando se hizo aparente que Isaac y no Ismael era el heredero prometido, surgieron nuevos problemas. Agar e Ismael fueron echados de allí, pero ese es otro relato. De modo que vemos que la fe, a pesar de que sea puesta a prueba, se ve recompensada y Sara es una de las dos mujeres que se mencionan en la lista de los héroes de la fe en Hebreos 11. Sara, princesa de muchos y madre de naciones, se encuentra entre la nube de testigos cuya fe podemos imitar. Podemos aprender tanto de sus virtudes como de sus errores cómo llevar una vida cristiana. A lo largo de su largo peregrinaje, con las constantes pruebas y dificultades con las que se tuvo que enfrentar, siguió amando fielmente a su esposo, complaciéndole en sus deseos y acompañándole, a pesar de que no tenía ciudad donde morar. Ella supo respetar el alto llamamiento de Abraham y fue, juntamente con él, heredera de la vida de la gracia.

SUGERENCIAS PARA CHARLAR SOBRE EL TEMA

1. ¿Quién fue con Abram y Sara hasta Harán? ¿Volvieron a tener ellos alguna vez noticias de estas gentes? (Gn. 22:20-24).

2. ¿A qué clase de separación ha sido llamada la familia

espiritual de Abram y Sara? Comparando nuestras vidas
con las de nuestros vecinos que no son salvos, ¿cuánta
separación descubrimos?

3. ¿Crees que le resultó fácil a Sara seguir a Abram a dondequiera que Dios le enviase? Explica por qué.
4. ¿Debieron de haberse quedado en Canaán, esperando
   que Dios se ocupase de sus necesidades a pesar del
   hambre?
5. ¿Qué es una media verdad? ¿Se permite decir una media
   verdad para nuestra protección? ¿O para intentar evitar
   una discusión? ¿O por conveniencia?
6. Menciona tres motivos por los que Sara le dio Agar a
   Abraham.
7. Tanto Abraham como Sara se rieron por la promesa de
   que iban a tener un hijo a pesar de haber pasado ya de la
   edad en que podían tenerlos. Explica la diferencia entre
   la manera de reirse de cada uno de ellos.
8. ¿Muestra la actitud de Sara para con Ismael percepción
   espiritual o celos?
9. ¿En qué se parecen las circumstancias que rodean el
   nacimiento de Cristo a las que rodean al de Isaac?
10. ¿Qué sabemos acerca de la muerte de Sara?
11. ¿En qué sentido es Sara un ejemplo para nosotras?

3
La mujer de Lot

Lecturas de la Biblia
Génesis 13 y 19

Hay un cierto escritor que dice que "normalmente la crítica más dura de la mujer la hacen las mujeres". Continua diciendo: "Los hombres tienden a ser indulgentes y generosos con las mujeres. Aunque habitualmente a un hombre le suele caer bien otro hombre, en el caso de las mujeres no les caen bien otras mujeres así por las buenas. No creen la una a la otra fácilmente y con frecuencia se critican unas a otras con demasiada rapidez." Piensa en estas palabras, ¿crees que son ciertas? Puede que resulte tanto necesario como beneficioso que nos analicemos a nosotras mismas.

Tal vez si no somos capaces de decir nada amable o bueno acerca de otra mujer, lo mejor sería que no dijésemos nada. Sin embargo, el que no lleguemos a decir una palabra de aprecio o el que de vez en cuando no hagamos un cumplido no significa necesariamente que no haya nada bueno que decir. Puede que lo que explique la actitud crítica de una mujer hacia otra sea sencillamente el orgullo, la envidia, o el que la mujer esté preocupada por sí misma en esos momentos.

Sin embargo, en el caso de la mujer de Lot se puede decir que lo único que se menciona acerca de ella son cosas críticas. ¿Has oído jamás una palabra amable sobre ella? Aquellos que mejor la conocían bien podrían haber dicho que era una lástima que una mujer tan amable y cariñosa como ella tuviera que ser destruida.

Su herencia espiritual

Algunos se han referido a ella como: la esposa del alcalde, el rostro congelado y otros sencillamente la han llamado la Sra. de Lot o la mujer de Lot y todos están de acuerdo en una cosa: en que fue una insensata. No se dice en ninguna parte que fuese amorosa, amable ni que tuviese fe. No fue ni una buena esposa ni una buena madre. Por lo tanto, nos preguntamos por qué Moisés dedica tanto espacio a hablar sobre ella y su marido en el libro de que es autor, ya que en toda la narrativa no hay nada edificante ni inspirador y lo único a lo que da pie es a la censura y a la tristeza.

Cuando Jesús leyó este relato encontró una lección que era necesaria para las gentes de su época. Les dijo: "Acordaos de la mujer de Lot." La historia puede ser tan anticuada como actual, porque siempre encontraremos casos semejantes por todas partes. Cada parte de la narrativa sugiere lecciones de suprema importancia y haremos bien en seguir la sugerencia de nuestro Señor en cuanto a "acordarnos de la mujer de Lot."

Lot y su mujer no pudieron haber tenido un mejor principio ni fundamento sobre el cual edificar una vida buena y feliz. Estaban íntimamente relacionados, por vínculos familiares, con el mejor hombre de la tierra, ya que el tío Abraham era uno de los más importantes hombres del mundo. La gente importante de su época le respetaban por su carácter intachable y por su buena influencia. Durante muchos años el buen ejemplo de los piadosos Abraham y Sara fue la influencia principal en las vidas de Lot y su mujer, y cuando Abraham recibió el llamamiento también ellos se sintieron inspirados a unirse a la caravana, dejando en la antigua nación de Ur de los caldeos todo lo que les era familiar y querido. Juntos viajaron, llevando consigo los ganados, los sirvientes y todo cuanto poseían, guiados por Dios en su peregrinación de camino a la tierra de Canaán. Viajaron además a Egipto, regresando de nuevo a Canaán, con un tío que había sido reprendido y consagrado. Es razonable pensar que la mujer de Dios debía creer en el Dios de Abraham y, sin duda, debió

adorar junto al altar que había construido Abraham o
tal vez en el suyo propio. Pertenecía a ese grupo selecto
de personas que dio a este mundo los más grandes
profetas y su único Salvador. La relación íntima con los
que son santos es siempre una protección en contra del
mal, y de haber conservado Lot y su mujer esa relación
también ellos se encontrarían entre los fieles.

La familia de Lot era plenamente consciente del favor
y la bendición de Dios, pero de lo que no se habían
dado cuenta era de que sus vidas espirituales se habían
visto favorecidas gracias a la íntima relación que tenían
con Abraham, que era el padre de los fieles y el amigo
de Dios. Tampoco se les ocurrió que las bendiciones
materiales de Abraham se desbordaban a sus pastos,
sus corrales y sus tiendas. La familia de Lot se vio
bendecida, juntamente con el fiel Abraham y lo mismo
se aplica a nuestros días, ya que muchas son las
bendiciones que disfrutan con los que se relacionan con
el pueblo de Dios. El adorar junto al mismo altar de los
padres cristianos o los que asisten a la iglesia
principalmente gracias a la influencia de los cristianos
es, en la actualidad, lo único con lo que cuentan muchos
jóvenes. Pero, aunque no haya una auténtica
consagración, no hay mejor cosa que hacer que el seguir
el buen ejemplo dado por unos padres cristianos. Incluso
después de que Lot y su mujer decidieron apartarse del
ambiente seguro de unas personas santas para meterse
de lleno en los peligros de la gran ciudad, las oraciones
y el amor sincero de Abraham les acompañó.

Sus riquezas terrenales

Lot y su mujer estaban convencidos de que eran ricos,
desde el punto de vista material, gracias a su perspicacia
en los negocios, ya que siempre que surgía una
oportunidad para progresar la aprovechaban. Es posible
que se dejasen influencia por la prosperidad que habían
encontrado en Egipto y que hubiesen pensado con
frecuencia en el fértil valle del Nilo al llevar de un lado
a otro a sus ganados, desde el valle a la colina y de
nuevo al próximo valle, buscando pastos y agua. Los
sirvientes debían de darse cuenta del egoísmo de Lot,

puesto que se pelearon con los sirvientes de Abraham por los mejores lugares y se quedaron con lo que pudieron. Abraham había aprendido a no poner su corazón en las cosas materiales, a pesar de que era un hombre muy próspero. Antes prefería abandonarlas que pelear por ellas y sugirió con generosidad que se dividiese la tierra y que Lot fuese el primero en escoger, ocasión que éste aprovechó para progresar. No tuvo la menor consideración hacia Abraham y al parecer sin darle ni siquiera las gracias, Lot echó un vistazo en dirección a la tierra prometida y calculando con astucia y con ojos perspicaces pensó: "Tengo que estar al tanto de las oportunidades, ya que no se presentan más que una sola vez" escogiendo lo mejorcito que vio.

No hay nada de extraordinario en escoger, ya que es algo que hacemos todos los días entre cosas que son aparentemente insignificantes. Escogemos lo que deseamos comer y qué ropa nos vamos a poner, si vamos a gastar o ahorrar el dinero o si lo vamos a regalar. Escogemos de qué modo vamos a pasar nuestro tiempo y nuestras energías. En ocasiones todos escogemos entre cosas que tienen una gran importancia, como puedan ser los cursos que vamos a estudiar en la escuela, una profesión, meterse en los negocios, marcharse, o al escoger las amistades. No debemos nunca de estar tan ocupados como para no darnos cuenta de las tendencias de nuestro hijos. Cuando ellos tienen ante sí las opciones más importantes, estemos presentes para poder aconsejarles, antes que dejarles hacer las cosas a su manera, teniendo más adelante que pagar las consecuencias. Por ejemplo, cuando nuestros hijos deban de escoger el trabajo que habrán de realizar durante su vida debemos estar presentes, examinando las tentaciones y los peligros con los que se tendrán que enfrentar y la clase de amistades que harán.

La falta de Lot no consistió en escoger lo mejor, sino en el hecho de que, en este caso concreto, fue egoísta al hacerlo. Descuidó el pensar en las necesidades espirituales de su familia y solamente buscó las ganancias materiales. Como es natural, también nosotros buscamos lo que es mejor para nosotros y normalmente lo hacemos prestando la misma atención a los auténticos valores como lo hizo Lot. Jesus se interesaba por nosotros y nos amaba al decir: "Acordaos de la mujer de Lot."

Nuestro problema, en esta era materialista, es también el de tener unos valores distorsionados. Con frecuencia consideramos que hemos tenido éxito basándonos en las cosas que poseemos. Lot y su familia sabían que Sodoma era una ciudad malvada, pero a pesar de ello se transladaron allí y se dedicaron a atender a sus numerosos negocios, puesto que eran muy ricos. Si el poder aumentar su riqueza representaba codearse y hacer negocio con mofadores lo hicieron. Podían valerse por sí mismos y no había duda de que sabían cuidarse. ¡Qué conocido nos resulta este argumento!

La peor de las pobrezas

Leemos que la maldad tan evidente y descarada de Sodoma era de la peor clase (véanse 2 Pedro 2:6-10; Génesis 19:4-9 y también Judas, versículo 7). No solamente se mudó la mujer de Lot a la ciudad de Sodoma, sino que lo que es un pecado mucho más repugnante es que le encantó. El humo que se desprendía de sus chimeneas ocultó el rostro de Dios de la vista, pero ella caminó por sus calles alegremente e hizo amistades en el mercado, se enorgulleció de su cultura mundana, disfrutando de un hogar permanente allí y de prosperidad, convencida de que lo tenía todo.

Pero a su marido no le hizo tanta gracia. En el fondo era un buen hombre y se sintió disgustado, irritado y hasta un tanto escandalizado por lo que veía y escuchaba a su alrededor. Sabía que estaba mal relacionarse con aquellas personas tan malvadas, pero no tenía la fuerza moral ni el valor necesario como para marcharse de aquella ciudad. "El hombre de doble ánimo es inconstante en todos sus caminos" (Stg. 1:8) y siempre resulta molesto tener que encontrarse entre dos opiniones. Su mujer debía saber que él no estaba satisfecho viviendo allí y ella podría haber sido una ayuda idónea, animándole a que llevase a la familia de nuevo a Bet-el y al Dios que da la paz. Pidamos en oración que nuestra influencia en el hogar sea siempre para bien y para Dios.

Pensemos en las hijas de la mujer de Lot, que nunca podrían llamar a su madre bendita y cuyo último recuerdo fue el de un rostro congelado, mirando hacia atras. Se perdieron el amor y la guía que solamente puede dar una madre cristiana. ¿Fue por eso por lo que les fascinó el resplandor y el hechizo del mundo, comiendo y bebiendo, disfrutando con sus amistades sodomitas, tan cargadas de pecado? A pesar de que la esposa de Lot posiblemente amó entrañablemente a sus hijas, la única herencia que les dejó fue un sentimiento distorsionado de los valores morales, la pobreza material y espiritual, sin que dispusieran ni de un hogar ni de un amigo de verdad.

Cuando le hablaron a la mujer de Lot del destino aciago que esperaba a la ciudad que a ella tanto le entusiasmaba lo creyó, pero debido a que su corazón estaba dividido se quedó allí. (Un corazón dividido es un corazón desgraciado y la indecisión nos impide llevar una vida cristiana vital.) No podemos poner nuestro corazón al mismo tiempo en las riquezas y en Dios: "No podéis servir a Dios y a las riquezas" (Mt. 6:24). El ángel tuvo que tomarla de la mano y sacarla de la ciudad. Sin embargo, en lugar de apresurarse, agradecida por poder salvarse de la terrible suerte que habría de correr aquella ciudad, miró hacia atrás con anhelo porque su corazón seguía aún en ella. Eso no era otra cosa que desobedecer el mandato divino (Gn. 19:17) y entonces se convirtió en una columna de sal. Traspasada en esa mirada atrás, se convirtió en una enorme advertencia para todos aquellos que aman el mundo y las cosas de esta tierra. En su pasión por poseerlo todo, lo cierto es que perdió todo cuanto poseía, su herencia espiritual, así como su alma inmortal. Y tú y yo, al acordarnos de la mujer de Lot, tan solo podemos decir con humildad: "De no ser por la gracia de Dios, esa podría haber sido yo."

SUGERENCIAS PARA CHARLAR SOBRE EL TEMA

1. ¿Cuáles fueron algunas de las ventajas de que disfrutaron Lot y su mujer por relacionarse con Abraham y Sara?

2. ¿Hasta dónde viajaron la familia de Lot con Abraham y Sara?

3. ¿Crees que es una buena cosa que llevemos a nuestros hijos con nosotros a la iglesia incluso aunque dé la impresión de que no se benefician demasiado? ¿Por qué?
4. ¿Es mejor siempre separarse que estar discutiendo?
5. ¿Qué dice la Biblia acerca de un deseo descomedido por obtener posesiones? (Véanse Lucas 12:15; Efesios 5:3; Colosenses 3:5; Hebreos 13:5).
6. ¿Puedes explicar el atractivo que tenía Sodoma para la mujer de Lot?
7. ¿Cómo sabemos que sus hijas crecieron con un sentido distorsionado de los valores?
8. ¿Qué clase de influencia ejerció sobre su marido?
9. Demuestra que Lot era básicamente un hombre bueno.
10. Encuentra referencias en la Biblia acerca de Sodoma y Gomorra. ¿De qué viene a ser ejemplo la destrucción de estas ciudades?

4

Agar

Lecturas de la Biblia
Génesis 16 y 21:1-21

La fortaleza de un país está directamente relacionada con la condición de sus hogares. Esta es una verdad ampliamente reconocida y sobre las mujeres recae una tremenda responsabilidad, porque la mano que mece la cuna es la que gobierna el mundo. La influencia que ejerce la madre a la hora de moldear la personalidad y, en parte, el destino de los hijos sobrepasa con mucho la de cualquier otra influencia.

En los Estados Unidos, la nación de la hermandad y las grandes oportunidades, se siente la alarma por el creciente número de hogares destrozados por causa del divorcio. Y si la gloria de un país tiene sus raíces en las familias bien amoldadas e integradas, ninguno de nosotros debiera de sentirse satisfecho acerca del problema, sino que debiéramos de pensar muy en serio al respecto y dedicar una gran parte de nuestro tiempo a orar sobre el mismo.

Normalmente las familias quedan destrozadas por causa de la muerte, del divorcio y de las separaciones de sus miembros. Es una creencia muy extendida que la delincuencia juvenil es el resultado de la ruptura de las familias en nuestra estructura social. Si la familia es, efectivamente, la unidad de la sociedad damos por hecho que la estructura social se desmorona cuando se desintegran los hogares.

Sin embargo, se han realizado estudios especiales que revelan que existen casi igual número de delincuentes juveniles que proceden de hogares en los que existen conflictos emocionales, tensiones y actitudes que son causa de que se produzca la desorganización familiar. En estos hogares la ruptura y el derrumbamiento moral es tan evidente como en aquellos donde se ha producido un divorcio. Hemos de darnos cuenta con cuanta frecuencia un delincuente o un criminal culpa a las peleas continuas entre sus padres de su inadaptación social. El estudio de la vida de Agar, que vivía en un hogar en el cual existían graves problemas familiares, demostrará una vez más que toda Escritura es dada para reprender, para corregir y para instruir en justicia y para llevar una vida santa (véase 2 Ti. 3:16-17).

Agar, la muchacha

El relato de Agar, la esclava que se convirtió en la esposa de su amo y madre de su hijo, nos suena a una historia de alguien que ha pasado de la pobreza a la riqueza de la noche a la mañana, pero en lugar de tener un desenlace feliz, es más bien un relato de amargura y de aflicción, de sueños destrozados y de un sinfín de lágrimas. Es una historia de lo más patética, típica, en cierto sentido, de las desgraciadas condiciones familiares con las que nos encontramos en la actualidad.

Agar no había venido con Sara de Ur de los caldeos, sino que era una muchacha egipcia. Sara había pasado algún tiempo en Egipto y es posible que hubiese ido a aquel país de muy jovencita. Había oído acerca de Agar, la puso a prueba y se encontró con que tenía las cualidades que ella buscaba. Aquella muchacha, de tez morena, era competente, obediente y digna de confianza. Sara era una mujer rica e influyente y es posible que la familia de Agar tuviese poco que decir en el asunto. De modo que se llevaron a Agar de la casa de su madre y viajó cientos de kilómetros, pasando calor y agobiada por las cálidas rachas de viento del desierto, para ir a un país lejano con el fin de convertirse en la propiedad o esclava de una princesa. Debió de servir a su señora con una devoción hecha más intensa a causa de los sentimientos de soledad y la separación de todo cuanto le era familiar y querido. Se encontraba lejos de su hogar, viviendo en la tierra de Canaán, y Sara se portaría con aquella pobre muchachita egipcia como una madre, además de ser su ama. Agar debió de querer y admirar a la bellísima y encantadora Sara, considerándose afortunada por poder servir como esclava a una familia tan noble y buena.

Agar ocupó un lugar importante en aquel pequeño círculo íntimo y familiar. No tardó, al tener una relación diaria con Sara, en conocer a su Dios. Le dijeron que los ídolos de los egipcios no eran dioses y que solamente existía un solo Dios verdadero. Él había sido el Creador del cielo y sus estrellas, las arenas de la playa, los verdes campos, y fue también Él quien dio los ganados que se encontraban sobre miles de colinas. El hecho de que este Dios tan tremendamente importante hubiera convertido a Abraham en Su amigo hizo que Agar sintiese un profundo respeto y veneración hacia su señor.

Poco después oyó hablar acerca del hijo que Dios había prometido darle a Sara y Abraham, pues lo cierto era que tanto uno como otro apenas hablaban de otra cosa, a veces con una gran seguridad y otras con dudas, pero *siempre* con un profundo anhelo. Este hijo de la promesa habría de ser un hombre del destino, que heredaría todas las promesas que le habían sido hechas a Abraham y en él serían benditas todas las familias de la tierra. Al cabo de un tiempo descubrió que este sueño maravilloso era lo que daba sentido y hacía sentir entusiasmo en sus vidas. Qué gran privilegio fue para Agar compartir aquel sueño. Ella, al contrario de lo que sucedería con las otras sirvientas, se encontraría cerca de aquel niño maravilloso y hasta es posible que pudiese cuidar de él. Al ir pasando los años, esperaba con anhelo el día en que Sara habría de sentirse completamente feliz y Abraham sería el orgulloso padre del heredero prometido.

Pero para Sara estos diez años que pasó Agar con ella fueron años de desesperación por tener que esperar y anhelar ardientemente. Al igual que cualquier otra mujer oriental, se sentía avergonzada de su esterilidad. Se estaba haciendo mayor y al ir desapareciendo su belleza también iban esfumándose sus sueños. Entonces pensó en adquirir un hijo por medio de su sierva Agar e incluso lo habló con su marido. El tener una segunda esposa era socialmente aceptable en aquellos tiempos y no cabía duda alguna de que sus motivos eran nobles, ya que generosamente iba a renunciar a su mas preciado sueño. Requería una gran humildad el permitir a otra mujer el honor de ser la madre del hijo que ella había considerado suyo por la fe.

Sintiendo lástima y una profunda compasión hacia Sara Abraham accedió al plan de tomar a Agar con el propósito de tener un hijo. Pero por muy noble que pareciese la actitud de Sara, tanto ella como Abraham pecaron, ya que el tomar otra esposa era una clara violación de la ley de Dios (Gn. 2:24). Además, es evidente que Sara estaba poniendo una terrible tentación ante Abraham. Estaba mal porque a pesar de que Agar era su sierva, no tenía derecho alguno a utilizarla de ese modo y hacerlo sin su consentimiento. Hubo una falta de fe por parte de ambos. Juntos hicieron los arreglos necesarios para conseguir tener aquel hijo que Dios había prometido y que habría de darles sin duda alguna.

¡Cuánto nos parecemos nosotras a ellos! Con cuánta frecuencia hacemos planes y tomamos para nosotras mismas sin pedirle a Dios en oración que nos dé sabiduría y que nos guíe. Luego encima le damos piadosamente las gracias por aquello que hemos conseguido por nuestros propios medios. Pero por desgracia nuestras decisiones nos meten con frecuencia en líos de los que Dios, en Su infinita gracia, nos tiene que sacar. Todas necesitamos aprender a orar y a saber esperar.

Agar, la esposa

Una vez que los dos se hubieron puesto de acuerdo para hacer las cosas de una manera más práctica, que no implicase el tener que esperar, Sara llamó a Agar y se la entregó a Abraham y él la tomó como esposa. Aquí comenzó el triángulo marital que habría de destruir la paz de aquella piadosa familia.

No cabe duda de que para Agar el ascender de esclava

a esposa de su señor debió de ser algo realmente sorprendente. Con un orgullo fácil de entender se coloca junto a él como su otra esposa. Imagínate su euforia al descubrir que iba a tener un hijo. Entonces pudo despreciar el tener que inclinar su orgullosa cabeza para atar las sandalias en los pies de su señora. Hasta es posible que se atreviese a soñar con ocupar el puesto que correspondía a Sara como la mujer favorita, pues era evidente que ella habría de dar a luz al preciado heredero y esperó para sí misma todas las consideraciones del mundo.

Sara no había esperado encontrar una rival en la humilde esclava o de lo contrario nunca la habría invitado a formar parte de aquella estrecha unidad familiar. Pero Sara se siente presa del remordimiento y de unos amargos celos al darse cuenta, según van pasando los días, de que Agar ha adoptado una actitud de orgullo por haber compartido el amor y las atenciones de Abraham. Es fácil de entender que Agar, al verse inesperadamente elevada de su humilde condición para disfrutar los grandes privilegios de ser la esposa de su señor se sintiese muy importante. No acababa de entender las razones y el motivo de Abraham ni el cambio de actitud que se produjo en Sara.

No cabe duda de que Sara había sembrado la semilla para que se produjese la enemistad en el seno de la familia y que estaba recogiendo lo que había sembrado. Se había creado ella misma una situación que resultaba demasiado complicada como para poder enfrentarse con ella. El sufrimiento por no poder tener hijos no era nada en comparación con la congoja que sentía en su corazón.

Sara no podía soportar más la insolencia de Agar y en su ira y frustración se queja amargamente a Abraham (Gn. 16:5). Este se encuentra esclavo de las circunstancias y tiene que sacar el mejor partido posible a una dolorosa situación. A pesar de que Agar reclamaba con insistencia sus derechos y la atención de Abraham, él le dice a Sara: "Haz con ella lo que bien te parezca". De modo que Sara paga su remordimiento con Agar presionando su cansada espalda y haciendo que realice las más serviles tareas. ¡Vaya una reflexión sobre Sara que no le debía a Agar otra cosa que no fuese consideración!

Herida y desconcertada, Agar huye al desierto, en dirección hacia Egipto, donde la encuentra el ángel del Señor, agotada y abatida, junto a un arroyo. En el corazón de su señora no encontró más que odio, pero el ángel se compadece de ella y le hace la promesa de un hijo al que habrá de llamar Ismael. Le promete que recibirá grandes bendiciones, pero le recuerda que sigue siendo una sierva y que debe regresar y obedecer a su señora. Plenamente consciente de que Dios la está viendo y que cuida de ella regresa junto a Sara.

Nace el hijo de Abraham y de Agar y, siguiendo el mandamiento dado por el angel, Abraham le pone por nombre Ismael. A pesar de que las desgraciadas circunstancias que rodearon al nacimiento de Ismael alteraron tremendamente la vida familiar, Abraham tenía por fin a su hijo. ¡Qué contento estaba! Cuánto le amaba e intentaba enseñarle el temor de Dios. Vemos el tierno compañerismo entre el padre y el hijo y aquella íntima relación que les permite compartir las maravillosas promesas de Dios.

Después de trece felices años juntos, el Señor vino de nuevo para hablar con Abraham. Este se queda desconcertado por la noticia de que Ismael no era la simiente prometida y ora al Señor diciendo: "¡Ojalá Ismael viva delante de ti!" Pero Dios le respondió: "Ciertamente Sara tu mujer te daré a luz un hijo, y llamaras su nombre Isaac; y confirmaré mi pacto con él..." (Gn. 17:19).

Agar, la desechada

Al levantarse el telón sobre el tercer acto de este triste drama de la vida de Agar, nos encontramos con una escena desoladora. Las cálidas arenas del desierto se extienden hasta donde alcanza la vista y las tórridas ráfagas de viento dibujan interminables caminos sobre la tierra que no conducen a ninguna parte. No se vislumbra ni un solo árbol ni hay agua para aliviar la ardiente sed de aquellos que se encuentran atrapados bajo el sol abrasador del desierto. Es como si aquella arena fina se hubiera convertido en un sinnúmero de agujas que se clavasen en Agar que tendida, perdida e impotente, padece aquel implacable calor que le hace sentir la agonía de la sed. Un poco más allá de donde se halla, ocultó tras un arbusto marchito se encuentra su querido hijo, moribundo a causa de la sed. Reina el silencio de la muerte hasta que, de repente atraviesa el silencio sepulcral de aquel desierto un grito desgarrador de agonía. Conmovida por los incontrolables sollozos que hacen temblar todo su cuerpo, Agar oye una voz. Es un angel ministrador, que le dice: "¿Qué tienes, Agar...?"

* * *

¡Agar e Ismael se han convertido en parias! ¡Qué terriblemente dramática su historia! Aquel heredero que Dios le había prometido a Abraham y cuyo nacimiento habían esperado durante tantísimo tiempo había nacido de Sara, cuando era ya anciana, y en aquel hogar tan numeroso hubo gran regocijo. ¡Qué inquietante para la mente de Ismael había sido la creciente popularidad de que disfrutó Isaac! Aquel joven era incapaz de entender el cambio que se había producido para él que, hasta entonces, había disfrutado de unas circunstancias favorables. Pero era Isaac el que estaba recibiendo la atención y la adoración de todos los que le rodeaban. Era el pequeño Isaac el que se había convertido en el centro de atracción e Ismael, que durante tanto tiempo había recibido los mismos, hizo lo mismo que hubiese hecho cualquier otro chiquillo: se burló y le hizo de rabiar a Isaac, cosa que molestó e irritó tanto a Sara que le dijo a Abraham que debía de echar a su sierva y a su hijo. El pecado cometido por Sara seguía descubriéndola, destrozando el hogar y causando problemas en el caso de los hijos.

Hay una lección distinta que también debiéramos aprender de este relato. Qué diferente habría sido la vida en aquel hogar si a Ismael le hubieran sabido disciplinar y le hubiesen enseñado a respetar y mostrar consideración hacia los demás miembros de la familia. El primer encuentro que tiene el niño con la ley debe tener lugar en su propia casa. La delincuencia no consiste sencillamente en escaparse de casa o en robar en una gasolinera. Las semillas se siembran cuando el niño es aún muy pequeño, cuando muestra falta de respeto y desobedece a sus padres. Es la labor de todos los padres enseñar a sus hijos a ser considerados con los demás, el exigir la obediencia y ejercitar la autoridad. La consideración hacia los demas hubiera hecho posible que Ismael y Agar, que no supo disciplinar a su hijo, se quedasen allí, donde hubieran estado a salvo. Pero viendo todos estos acontecimientos no debemos olvidar que se pecó más contra Agar de lo que ella pudo pecar contra los demás.

Hubo misericordia en la visita que hizo el ángel. Agar fue una mujer especialmente bendecida, porque era la segunda vez que el ángel del Señor había venido en su ayuda. ¿De qué otra mujer se puede decir lo mismo? El ángel le mostró manantiales de agua, de modo que ella y su hijo pudiesen beber y así vivir. A continuación le otorgó una gran bendición y convirtió a su hijo en una enorme y poderosa nación.

Hoy en día, si estamos dispuestos a escuchar la voz de Dios, Él sigue llamando a los cansados, a los que están cargados para que vengan a Él. Dios no echará los que a Él vayan, sino que les dará a beber del agua viva y nunca más tendrán sed. Y para aquellos que dicen con fe: "Tú Dios mío, me ves" no habrá en un día no lejano ni más lágrimas ni dolor porque Dios enjugará toda lágrima de sus ojos.

SUGERENCIAS PARA CHARLAR SOBRE EL TEMA

1. ¿Qué fue lo que hizo que Sara le entregase Agar a Abraham, su humildad o su orgullo?
2. Define: la poligamia, y la poliandria.
3. ¿Por qué crees que tardó Dios tanto tiempo en darle a Sara el hijo que le había prometido?
4. ¿Llamarías tú al hecho de que un matrimonio joven adopte hijos "adelantarse al Señor"?
5. ¿Cuánto crees tú que sabía Agar acerca de los planes de Sara y Abraham?
6. Explica el cambio de actitud que se produjo en Agar al convertirse en la esposa de Abraham.
7. ¿Nos dice algo el hecho de que Agar reconociese al ángel del Señor acerca de su formación religiosa o de su fe? (Gn. 16:7-14).

8. ¿Reveló el ángel del Señor la verdadera relación que tenía Agar con Abraham y Sara? ¿De qué modo?
9. ¿Qué sentía Abraham al pensar en echar a Ismael?
10. ¿Qué le prometió Dios a Abraham con respecto a Ismael? (Véase Génesis 17:20.) ¿Y a Agar? (Véanse Génesis 16:10-12 y 21:18.)
11. ¿Por qué motivos crees tú que Agar se sentó a alguna distancia de Ismael en el desierto?
12. ¿Qué sabemos acerca de la vida de Ismael al pasar los años?
13. Compara la categoría de las dos hijos de Abraham. ¿Cuáles son las implicaciones espirituales? (Ga. 4:22-31.)
14. ¿Qué diferencia hay entre burlarse y hacer de rabiar? ¿Hasta qué punto debemos permitir que nuestros hijos se hagan de rabiar los unos a los otros?

5
Rebeca

Lecturas de la Biblia
Génesis 24; 25:19-28; 27; 28:1-9

La segunda cosa en importancia que podemos hacer en nuestra vida es escoger al cónyuge con el que habremos de compartir nuestra existencia, ya que lo más importante de todo es servir al Señor. No es pura casualidad que Dios haya dado los hijos a los padres, entregándolos a su cuidado, durante una veintena de años y los padres concienzudos se interesan por el bienestar de sus hijos desde la infancia hasta que alcanzan la madurez. Se tienen que enfrentar con el problema de proveer buen alimento y el descanso necesario para ellos durante todos los años que sus hijos crecen y se desarrollan. Ofrecen a sus hijos la mejor educación posible a fin de que tengan a su alcance, al pasar los años, el poderse ganar la vida de una manera digna. Los padres hacen todo lo que está de su parte por fomentar los buenos sentimientos y la justicia en el trato de los niños y, en términos generales, por moldear su personalidad, de manera que los hijos estén socialmente bien adaptados.

Llega por fin el momento en que el hijo se marcha del ambiente protector de su hogar y escoge sus amistades,· entre las cuales habrá de encontrar algún día a la compañera que compartirá con él la más importante aventura de su vida. Su capacidad para juzgar no es aún tan madura como pueda parecer a simple vista y precisa todavía el interés y el amor incesante de las personas que le quieren. Con harta frecuencia en esa época el mayor problema con el que se enfrenta parece ser el conseguir las llaves del coche de su familia y tener dinero para gastar.

Abraham era plenamente consciente de lo difícil que era para un hombre ser leal a su fe si no se veía apoyado por una buena esposa. No deseaba una mujer pagana para su hijo Isaac y se propuso hacer algo al respecto. Lo hizo tema de oración, pero al mismo tiempo se aseguró de que Isaac conociese a la mujer más apropiada para él. También nosotros podríamos y debiéramos hacer lo mismo por nuestros hijos. No es de sorprender que Dios responda a esa clase de oraciones, puesto que es algo que ha hecho siempre. Nosotros debemos animar a nuestros hijos para que vayan a lugares donde puedan conocer a personas como ellos. ¿Hasta qué punto se interesan las madres en que sus hijos e hijas asistan a las reuniones de jóvenes de la iglesia en su ciudad? La influencia ejercida durante las años de formación cristiana debiera ser tal que su hijo, al llegar a la juventud, sienta deseos de reunirse con otros jóvenes que crean en lo mismo que él cree.

No esperes a que tu hijo se presente en casa con una joven que no sea creyente. Ni todas las críticas ni súplicas que le hagas te servirán de nada porque será ya demasiado tarde. La oración y la dirección de los padres han de ocupar el primer lugar en su vida y si es así, Dios responderá con abundantes bendiciones y el resultado será que nuestros hijos tendrán hogares y corazones felices.

El romance

El sol desciende con esplendor majestuoso mientras Eliezer se aproxima a la pequeña ciudad de Harán al este, en Siria. Venía del sur y llevaba varios días viajando, de manera que sentía verdaderas ansias de poder bajarse de su camello y reposar junto a un pozo que se encontraba en las afueras de la ciudad. Sus compañeros de viaje, de tez morena, se bajaron también de sus camellos al arrodillarse éstos sobre la cálida arena. Gracias a la divina providencia él y sus diez camellos pudieron llegar hasta allí a aquella hora del día, pero la sabiduría del experimentado sirviente es lo que le hizo buscar el reposo junto al pozo, sabiendo muy bien que las mujeres y las muchachas de la ciudad tenían la costumbre de ir al reclinar el día a sacar del pozo el agua que habrían de necesitar sus familias.

Aquellas muchachas ofrecían una alegre estampa al acercarse charlando animadamente al pozo y riendo por el camino. Al igual que si se tratase de un cuadro, con un cielo muy azul como fondo, adornado de retazos de malva y oro, deambulaban lentamente, con sus cántaros sobre sus hombros, sujetos por sus fuertes brazos, al tiempo que sus *malaayas* se meneaban con la gracia de sus pocos años.

Tan pronto como Eliezer, el siervo en quien Abraham había depositado toda su confianza, las vio se inclinó a orar cerca de ellas, pidiendo de forma sencilla y directa la ayuda de Dios. (Es fácil de adivinar por la comitiva que le acompañaba que servía a un hombre influyente. Eliezer no había realizado jamás una misión tan importante. Había ido a buscar y a llevar de vuelta consigo a una joven que fuese digna de convertirse en la esposa de su joven príncipe. Abraham le había insistido mucho en lo importante que era saber escoger la mujer apropiada.) Eliezer de Damasco estaba aún inclinado en oración, cuando se le acercó Rebeca. A pesar de que ella era ajena a lo que pensaba él, Eliezer abrió sus ojos y se encontró ante lo que habría de ser la respuesta a sus oraciones.

Al ver a Rebeca bajar a llenar su cántaro, se quedó impresionado por la belleza de la muchacha. Se acercó a ella rápidamente y le pidió que le diese de beber. La muchacha era educada, tenía donaire, encanto y generosidad. Eliezar se quedó muy satisfecho por el anhelo y el entusiasmo de la muchacha que no solamente le ofreció de beber a él, sino también a sus camellos. Se había sentido conmovido no solamente por su belleza física, sino por su personalidad que resultaba más hermosa todavía. Entonces sacó de sus alforjas regalos para la muchacha y le preguntó su nombre, muy complacido por la sinceridad y hospitalidad que le ofrecía la hija de Betuel, dando gracias a Dios de inmediato por el curso de los acontecimientos. Estaba seguro de haber dado con la mujer ideal, con la esposa destinada por el cielo mismo para Isaac. ¡Qué atractiva era corriendo, delante de todos, a la casa de su madre para comunicarle la llegada de los visitantes procedentes de la casa de la familia de su tío abuelo Abraham! (Es realmente ideal que una muchacha pueda acudir a su madre para contarle sus cosas más confidenciales; no hay lugar donde sus secretos estén más seguros, ni un lugar más dichoso para compartir las alegrías que el corazón de una madre.)

Eliezer fue agasajado al estilo de la realeza oriental en la casa de Betuel, quien era el sobrino de Abraham. ¡Con cuánta atención escucharon todo lo que les contó acerca de la prosperidad de que disfrutaban Abraham, Sara e Isaac! Le escucharon pasmados, mientras les contaba de qué modo había estado orando a Dios y la manera en que Él le había contestado. Se miraron unos a otros serenamente y dijeron: "No hay duda de que ésto es obra de Dios."

Fue una jóven decidida y valerosa la que dijo en respuesta al ofrecimiento de Eliezer: "Iré". Dios había prometido bendecir a todas las naciones de la tierra por medio de la familia de Abraham, según le habían dicho a la muchacha, y fue con una mezcla de sentimientos de fe, el amor por la aventura y el romance, ante la perspectiva de la riqueza y el prestigio, que hizo apresuradamente los preparativos necesarios para ir con aquel siervo en el cual había confiado Abraham.

Al dirigirse la comitiva de camellos en dirección sur, llevó consigo a la vivaracha y encantadora Rebeca y a sus sirvientas a Beer-la-hai-roi. La primera vez que pudo ver brevemente a su futuro esposo fue una pintoresca ocasión que auguraba un buen futuro. Al declinar el día, habiendo metido a los rebaños en sus rediles y acabado el trabajo del día, se encontraba a solas en los campos con Dios. Al caer la suave luz de las estrellas sobre su rostro anhelante, Rebeca se deslizó rápidamente del camello para ir a su encuentro. Con solo mirarla Isaac se enamoró de ella y no tardó en convertirse la muchacha en su esposa.

Las sombras

No tardó Rebeca en darse cuenta de lo mucho que su suegro amaba a Isaac, en que había llevado una vida protegido por una madre que le adoraba, teniendo muchísimos criados a su servicio, estando destinado a ser un hombre grande. Ismael había sido desterrado y los seis hijos de Cetura se marcharon más adelante, llevando consigo regalos (Gn. 25:5 y 6) y entonces Abraham pudo dar todo cuanto tenía a Isaac.

Isaac tenía ya cuarenta años cuando se casó con Rebeca y no tardó en aprender, como lo había hecho antes su padre, que los hijos son una bendición del Señor y que era preciso vivir por fe. Después de haber estado orando incesantemente durante veinte años, su fe fue recompensada y Rebeca tuvo gemelos.

Parece ser que a pesar de este comienzo tan maravilloso Isaac y Rebeca comenzaron a alejarse el uno del otro. Es una experiencia corriente que con el transcurso de los años los matrimonios o bien se sienten más unidos o más separados. En el caso concreto de Isaac y Rebeca el motivo principal por el que se distanciaron el uno del otro parece encontrarse en esta frase: "Y amó Isaac a Esaú, mas Rebeca amaba a Jacob" (Gn. 25:28).

¡Qué adorables e interesantes son los gemelos! El amor que sentían hacia ellos debería de haber unido más a Isaac y Rebeca, y el que ambos se hubieran esforzado por el bien de sus hijos debiera haber sido su principal tarea. Pero en lugar de ello, vemos que el favoritismo enfrentó a los hermanos, haciendo que cayese una sombra de sospecha, de discordia y de rivalidad en el hogar.

Otra sombra que nubló el sol de la felicidad fue la falta de reverencia y respeto que mostraba Rebeca hacia Isaac, que era el menos pintoresco de los tres patriarcas. Fue un buen hombre, pero de una personalidad un tanto pasiva. Era tranquilo y reservado y le gustaba que le sirviesen. Es posible que como hijo de su madre le protegiesen con exceso, que le mimasen demasiado y le complaciesen en sus caprichos y en esos momentos Rebeca le tiene que tratar como a un hijo. Ella era una mujer agresiva y fue gradualmente tomando más responsabilidades e Isaac menos. Al mismo tiempo, Rebeca perdió su admiración y su respeto por su anciano esposo y, a juzgar por la manera en que le trató, nos da la impresión de que incluso llegó a sentir desprecio por él.

El tema de *quién es el cabeza de familia* ha sido uno que se ha venido debatiendo a lo largo de todos los tiempos, a veces en broma y otras en serio. Este problema ha ido en aumento al ser posible para la mujer obtener una mejor formación académica y con su industrialización. Los consejeros matrimoniales han llegado, sin embargo, a la conclusión de que para ser felices es preciso que la mujer respete al marido y le aprecie. Insisten en que toda mujer *puede* y *debe,* de hecho, encontrar motivos por los que admirar y respetar a su esposo. Rebeca no lo intentó, yendo de mal en peor, convirtiéndose en una fisgona, una intrigante y una tramposa. Lee el relato de cómo ensayó con Jacob el gran engaño que había planeado. De modo que se extendieron las sombras sobre el atardecer de una que había comenzado con tanto esplendor el día.

Distanciamiento

El anciano Isaac, con la vista ya tan nublada que la forma de su amado Esaú no es ya más que una sombra que se mueve, está callado y se muestra reservado, tumbado sobre su sofá. Han desaparecido el gozo de su juventud y el amor por la vida, a excepción de en la medida en que se manifiestan aún en Esaú. Tal vez el fuerte contraste que había entre su propia perspectiva más sosegada y tímida hacían del vigoroso, atlético y despreocupado modo de comportarse de Esaú algo muy atractivo. Esaú que era un aventurero, un joven franco, ocupaba el lugar más importante en el corazón de su padre. Aunque el mensaje celestial que había recibido Rebeca designaba a Jacob como el heredero del pacto, Isaac se propuso, en secreto, concedérselo a Esaú.

Teniendo en cuenta que era un acontecimiento de tanta importancia, lo cierto es que debería haberlo hablado con Rebeca. Pero qué insignificante y mezquina se nos antoja, viéndola escuchar a escondidas y, tramando un plan, yendo apresuradamente a comunicárselo a Jacob. A continuación se produjo un tremendo drama familiar en el que ella planeó y consiguió que Jacob se convirtiese en el principal de los herederos. No había nada que ella no hubiera hecho por Jacob, al que amaba más que su propia felicidad, más que a Isaac, más que su propia vida. Jacob era de los suyos. Tenía un verdadero sentido del valor del futuro y de las cosas espirituales y se parecía mucho a ella, siendo ambicioso, agresivo, un intrigante que conocía bien la emoción del éxito. Sí, la verdad es que se parecía mucho a la familia de su madre y, por lo tanto, Rebeca había depositado en él todo su cariño.

Si bien es posible que la motivación de Rebeca fuese buena, lo cierto es que su método fue deplorable. No se puede excusar su engaño, tanto por lo que hizo a su esposo como a sus hijos. El favoritismo de que hicieron gala estos padres, en los dos casos, fue un pecado, dando a sus hijos el sentido de haberse cometido una injusticia, de haberse visto privados del amor de sus progenitores. Hizo que se sintiesen desgraciados y surgiesen los celos y la rivalidad entre los hermanos. Dio pie al engaño, que Dios aborrece, a estafas y al odio y, finalmente, a años de separación y desconfianza, fruto del temor, del uno hacia el otro.

Cuando Jacob expresó su temor de verse descubierto, Rebeca le contestó muy decidida: "Hijo mío, sea sobre mí tu maldición" (Gn. 27:11-13). ¡Qué palabras tan terribles y de las que no podía volverse atrás! El castigo de la soledad y de la aflicción que hubo de soportar Rebeca fueron más que suficientes. Había creado la enemistad entre sus hijos. Es muy posible que Esaú odiase a su madre y también a Jacob, el cómplice, hasta el punto de desear vengarse cometiendo un asesinato. Después de una apresurada despedida, ella también perdió a su amado Jacob y el engaño que había tramado hizo que se distanciase aún más de su esposo.

Rebeca no fue la única que sufrió; padecieron todos

los miembros de su familia. Su amado Jacob se enfrentó con el mundo teniendo unas ideas equivocadas de lo que eran el derecho y la justicia, de cómo llevarse con los demás y con la noción errónea de que el pecado daba buenos resultados. Los padres cristianos deben ser siempre honestos, justos e imparciales en su trato, sin olvidar que las más poderosas lecciones son las que se aprenden del ejemplo que ellos dan a sus hijos.

Así termina la verdadera historia de este romance, los fracasos y las pruebas por las que pasó la hermosa Rebeca, la mujer a la que amó Isaac.

SUGERENCIAS PARA CHARLAR SOBRE EL TEMA

1. Haz una lista de las cualidades que tenía Rebeca como futura esposa de Isaac. ¿Cuáles de ellas te gustaría que tuviese la novia de tu hijo?
2. ¿En qué tuvo que meditar y por qué causa oró Isaac?
3. ¿Tenía algún significado el que Isaac llevase a su esposa a la tienda de su madre?
4. ¿Qué sugiere acerca de las obligaciones de una esposa para con su marido el que Rebeca consolase a Isaac en distintas circumstancias?
5. ¿De qué manera puede un joven mostrar consideración hacia aquellos padres que le entregan a su hija?
6. ¿De qué manera se puede comparar lo que dice Génesis 26:1-11 con la situación en la que se vieron implicados Abraham y Sara?
7. El favoritismo fue el pecado más destacado que cometió Rebeca. Habla acerca de la posibilidad de que surja este problema en nuestros hogares. ¿Con qué clase de favoritismos nos encontramos en nuestras familias?
8. Los estudios sociales muestran que el favoritismo de los padres con sus hijos pueden ser causa de un grave resquebrajamiento en la estructura del hogar. Explica los posibles efectos que puede tener.
9. ¿Qué nos enseña la Biblia acerca del respeto que le debe la mujer al marido? Mira lo que dice en Efesios 5:22-24 y 33. Aplícalo a las relaciones actuales entre esposos.
10. ¿Qué carga compartieron Isaac y Rebeca? Mira lo que dice en Génesis 26:34 y 35; 27:46 y 28:1-9. ¿Tienen los padres de nuestros días problemas semejantes a éstos?
11. ¿Qué características positivas y negativas encuentras en Rebeca?

"Raquel era de lindo semblante y hermoso parecer..."
pero "Raquel tuvo envidia de su hermana."
GÉNESIS 20:17; 30:1

6
Raquel

Lecturas de la Biblia
Génesis 29 al 35

Para la gran mayoría de nosotros el tema más fascinante en la vida es el amor. En un mundo de pecado y de avaricia, no hay fuerza más potente para el bien que la del amor. El amor a Dios, el amor entre los padres y los hijos, entre el marido y la esposa, el amor hacia el hogar, hacia el país y hacia todo lo hermoso es el antídoto en contra de la inmoralidad y el mal de todas las clases.

Lo popular que resulta, además de lo importante que es, el tema del amor queda demostrado con solo echar un vistazo a la lista de libros cuyo tema es el amor y las revistas que habitualmente hablan acerca del tema, como pueda ser: "todo acerca del amor", "cómo conservar el cariño del marido", "cómo no amar a la esposa". Se enfatiza de manera especial lo indispensable que es el amor en el hogar para conservar todo lo que vale la pena en la personalidad humana y en la vida. El resquebrajamiento moral en los hogares nos ha hecho plenamente conscientes de la necesidad de ese amor que es una emoción positiva que edifica, protege, enriquece y nos alarga la vida.

La palabra *amor* tiene una amplia gama de significados. Existe el amor al dinero, al poder e incluso al arte. Existe el amor fraternal, el amor a la libertad y al país. Pero el más intenso de todos ellos es el verdadero amor que existe entre los esposos. Es la clase de amor que se sale de uno mismo para convertirse en parte del otro. Es el amor que comparte y da de una manera espontánea.

Uno de los ejemplos más encantadores a lo largo de toda la historia se encuentra en el amor entre Jacob y Raquel.

Raquel escogida

Una de las partes más interesantes de los relatos de amor es invariablemente aquella en que la jóven pareja se conoce: en algunas ocasiones en una ciudad o en una universidad lejana, durante una reunión social o, tal vez en casa de unos amigos. La reunión que tuvo lugar entre Raquel y Jacob es una escena pastoral. Jacob, solo y a pie, había huido de la ira de su hermano. Atormentado por las amenazas de Esaú y la ansiedad dibujada en el rostro de su madre, no logró encontrar la paz hasta llegar a Be-tel, donde Jehová le dijo: "Yo estoy contigo". Inspirado por nuevas esperanzas, Jacob se apresuró, marchándose hacia el este, en dirección a Mesopotamia, la tierra de su tío Labán. Al acercarse a Harán, llegó a un pozo en el campo, junto al que había tres rebaños de ovejas. Se sintió a gusto con los pastores y tuvo una charla amigable con ellos. Eliezer, el criado de Abraham, se había detenido también, una generación antes, en un pozo cercano a aquel lugar. Las mujeres se dirigían normalmente a los pozos en las afueras de la ciudad, metiendo sus grandes cántaros en el pozo para sacar agua que habrían de utilizar sus familias y junto a uno de ellos fue precisamente donde Eliezer conoció a Rebeca.

El pozo junto al cual descansó Jacob se encontraba en pleno campo. Tenía una ancha cubierta con un agujero en el centro y había sido sellado con una pesada piedra que quitaban solamente cuando estaban allí todos los rebaños, de modo que todos ellos pudiesen compartir aquella agua que era de tanto valor. Jacob se había dado cuenta de que se encontraba cerca del lugar donde vivía Labán y vio al otro lado de las bajas colinas ondulantes un gran número de ovejas que se aproximaban, acompañadas por una pastora. ¡Imagínate el placer que debió causarle al darse cuenta de que aquella hermosa pastora no era otra que su prima Raquel! Jacob la saludó con cariño y la besó. Y entonces descargó sus tensas emociones, llorando de puro gozo y gratitud hacia Dios por haberle permitido llegar, sano y salvo, al hogar del hermano de su madre. Muy emocionada, Raquel se dirigió apresuradamente a su casa para contarle a su familia que había llegado un hombre que decía ser su primo Jacob y éste fue recibido por Labán con una cálida bienvenida.

No tardó mucho Jacob en descubrir que estaba enamorado de Raquel y que estaba dispuesto a hacer cualquier cosa con tal de ganársela. Y tampoco le llevó demasiado tiempo a Labán darse cuenta de que Jacob era un hombre ambicioso y un fiel trabajador. De modo que, tramando un complot, Labán y Jacob, que estaba apasionadamente enamorado, llegaron a un acuerdo. Fue un acuerdo riguroso, pero debido al amor espontáneo que sentía Jacob por Raquel los siete años de duros trabajos se le antojaron si cabe aun más largos. Llegó por fin el deseado y feliz momento en que Jacob se había ganado a su futura esposa pero, muy desalentado y profundamente dolorido, descubrió cuando era ya demasiado tarde que Labán había hecho, con astucia, que su hija mayor, Lea, de los ojos tiernos, ocupase el lugar de Raquel con la que Jacob estaba tan tremendamente enamorado. Incluso después de este engaño, Jacob no estuvo dispuesto a renunciar a Raquel, de manera que acordó trabajar otros siete años con el propósito de conseguir a Raquel.

Raquel era una muchacha dulce, agraciada y hermosa. Jacob trabajó de buen grado durante catorce largos años de su vida de arduas labores con tal de conseguir a Raquel. Las personas que están verdaderamente enamoradas son siempre fieles, pase lo que pase. Para estas personas los sacrificios no son nada, ya que el gozo, el consuelo y el amor del ser amado es la esencia misma del deseo. Hay mucho que debemos aprender de la constante devoción de Raquel y Jacob.

Su personalidad

Aunque su padre Isaac no lo hubiese tolerado jamás

Jacob adoptó, aparentemente sin el menor remordimiento de conciencia, la práctica pagana de la poligamia y se encontró con sus amargos resultados. Lea, la otra mujer de Jacob, no era atractiva, pero sí se vio bendecida teniendo hijos. Sin embargo, Raquel, que era una mujer de rostro y hermosa figura, no tenía hijos y para ella aquello era una verdadera desgracia, que hizo que le tuviese envidia a su hermana, llenándola de amargura y haciendo que estuviese continuamente quejándose. En lugar de echarle la culpa con ira a Jacob (Gn. 30:1, 2) hubiera hecho mejor imitando la conducta de su suegra, que hacía de sus problemas un asunto de oración. Aunque debiéramos solamente alabarla por su deseo de tener hijos, no estuvo bien que se rebelase en contra de la providencia divina y, a pesar de que fue auténticamente femenina y deseaba poco más en la vida que el poder ver realizados sus deseos de ser madre, bien podría haber vuelto sus pensamientos hacia los demás y en un noble gesto haberse interesado en los hijos de su hermana. Al entregar a Bilha, su sierva, a Jacob, vemos que fue un gesto de envidia, de impaciencia y una muestra de insistencia por conseguir que se hiciesen las cosas a su modo (Gn. 30:3-8).

Sus hijos

Raquel tenía que aprender que los hijos son un don de Dios, cosa que indica claramente el episodio de la mandrágora (Gn. 30:14-18). (Había una superstición según la cual la mandrágora curaba la infertilidad.) Pero cual no sería su asombro y envidia al ver que su hermana Lea había tenido otro hijo, aunque había sido Raquel la que había utilizado aquellas hierbas fragantes. Al nacer José al cabo de dos años dejó de sentirse humillada y se sintió feliz y tuvo paz en su corazón, puesto que entonces vio la mano de Dios en su vida. Pero Raquel, que tanto había deseado tener hijos, conoció el profundo significado de la maldición pronunciada en el Paraiso, pues murió al dar a luz a su segundo hijo. Toda el alma de aquella mujer se expresó con un último y desesperado clamor: "Benoni", *hijo del dolor*. Las gentes de Israel no podían olvidarse de Raquel. Durante siglos resonó el clamor de aquella madre moribunda hasta que en Belen, cerca de donde falleció y fue enterrada, hubo un día grande de lamentación y lloro debido a la terrible masacre de muchos niños pequeños (Jer. 31:15; Mt. 2:16-18).

La muerte prematura de Raquel dejó tras de sí a un pequeño bebé y a un esposo afligido que durante toda su vida había dado todo su amor a aquella mujer. El pequeño José, que posiblemente fuese ya un adolescente, lloró la muerte de su madre. Había heredado mucho de la dulzura y del atractivo de ella; además de que Dios le dio una gran perspicacia en los negocios y una gran nobleza de carácter.

El padre Jacob parecía haber olvidado todos los espantosos problemas que tuvieron que padecer sus propios padres por causa del favoritismo. Aunque las túnicas corrientes estaban bien para sus otros hijos, hizo tejer una de muchos colores para su hijo José, favoreciéndole y adorándole muy por encima de sus otros hijos, cosa que después habría de hacer caer la desgracia y los problemas sobre él, pero a pesar de todo Dios obraría para el bien de José por medio de aquel mal que le sobrevendría. Por mucho talento y agradable que pueda ser uno de nuestros hijos, debemos estar atentos, en oración, para dar a cada uno de nuestros hijos la atención y el cariño que necesiten.

SUGERENCIAS PARA CHARLAR SOBRE EL TEMA

1. ¿Cómo explicas que Jacob se encontrase tan a gusto con los pastores? (Véanse Gn. 25:27; 27:9; 30:29-31.)
2. ¿Qué sabes acerca del significado de los pozos en aquellos tiempos?
3. ¿Crees que en el caso de Raquel y Jacob se puede hablar de amor a primera vista?
4. La costumbre del beso tuvo originalmente un sentido simbólico. Busca cada una de las siguientes referencias y decide lo que significan: Génesis 27:26, 48:10; 33:4; 45:15; Mateo 26:48; Lucas 7:44, 45; 1 Samuel 10:1; 1 Corintios 16:20; Romanos 16:16.
5. ¿Crees tú que el trato que Labán hizo con Jacob fue justo? ¿Quién estipuló las condiciones? ¿En qué costumbre se basó?

6. Explica el motivo de por el cual Raquel se sentía tan desesperada por ser estéril. ¿Es anormal que una mujer tenga envidia de los hijos de su hermana?

7. ¿Qué indica la respuesta de Jacob a las acusaciones que le hizo Raquel acerca de cada uno de ellos?

8. "El amor es ciego" es un dicho muy corriente. ¿Acaso pueden ser las personas que están enamoradas conscientes de las imperfecciones de la persona a la que aman?

9. ¿Qué podemos aprender sobre Raquel basándonos en el episodio que se encuentra en Génesis 31, comenzando por el versículo 19?

10. ¿Fue el amor de Jacob hacia Raquel fiel a lo largo de los años? (Gn. 33:2)

11. Demuestra que José era un favorito y que Jacob amaba de manera especial a Benjamín (Gn. 37:3; 42:38). ¿Qué sentían José y Benjamín el uno hacia el otro? (Gn. 45:14).

12. ¿Fue Raquel enterrada junto a los patriarcas?

13. ¿Por qué causa recordaron a Raquel?

"Para dicha mía;
porque las mujeres me dirán dichosa..."
GÉNESIS 30:13

7

Lea

Lecturas de la Biblia
Génesis 29:16-35; 30:9-21; 35:23-26

Muchas muchachas hermosas, procedentes de todas las partes de los Estados Unidos, van todos los años a Atlantic City, Nueva Jersey, para el certamen anual en el cual se nombra a Miss América. La mayoría de las concursantes representan a su estado, aunque unas pocas son enviadas por su ciudad o territorio. Millones de personas que ven el programa en la televisión están convencidas de que no hubo jamás mujeres tan hermosas en ninguna parte.

Hubo un tiempo en que la decisión dependía solamente de la belleza física de la concursante. Pero en la actualidad, a fin de poder obtener ese título tan preciado, es preciso tener además talento. Para convertirse en la reina de la belleza de los Estados Unidos de América es preciso que la muchacha sea hermosa, tanto en lo que se refiere a su rostro como a su tipo, pero debe al mismo tiempo destacarse en alguna de las bellas artes.

Hace muchos siglos, en los tiempos de los patriarcas, también había mujeres hermosas que gozaban de popularidad, que eran admiradas y buscadas. Leemos acerca de la belleza de Sara, la encantadora Rebeca, la atractiva Raquel y muchas otras. El nivel de su popularidad era tal vez distinto al de nuestros días. Para ellas la cosa más importante del mundo era tener hijos. Por lo tanto, las mujeres que tenían tanto belleza física como descendencia eran dichosas y recibían honra. Labán y Betuel bendijeron a la hermosa Rebeca y dijeron: "Hermana nuestra, sé madre de millares de millares..." (Gn. 24:60). Esta bendición indica el profundo deseo que sentían en sus corazones aquellas mujeres orientales y nos ayuda a entender mejor los problemas que tuvieron Lea y su hermana Raquel.

Corriente, pero tolerada

¡Qué intrigante es el relato del cambio de esposas! Vemos en este relato conmovedor el fraude, el misterio, la amargura y la terrible desilusión. Ni el mejor dramaturgo ha sido capaz de igualar semejante drama. Lo que le falta al relato de Lea en belleza, lo compensa sobradamente en interés. Algunos han dicho que las vidas de Lea y de Raquel estuvieron tan íntimamente relacionadas que resulta imposible estudiarlas por separado, pero sacaremos a Lea de entre las sombras de "la hermosa y bien favorecida" Raquel y nos daremos cuenta de que vale la pena conocerla.

Jacob amaba tanto a Raquel que no tuvo ojos para nadie más. No hacía más que pensar en su encanto y su sonrisa no hacía más que aumentar y hacer su amor más apasionado y ardiente. Con solo mirarla al declinar el día o después de haber estado ausente durante unas semanas cuidando de los rebaños, se olvidaba de inmediato de su cansancio. En lo que a Lea se refería se puede decir que la quería como se quiere a una prima y sus comentarios los hacía como a un familiar.

Durante toda su vida Lea había visto como los hombres miraban a su hermana con admiración y al ir creciendo se sintió plenamente consciente de que ella sólo tenía un rostro y una figura corriente y vulgar en comparación con los de su hermana menor y que sus ojos tenues no brillaban al sonreír. Cuando se dio cuenta de que su hermana, que era tan hermosa, se había adueñado por completo del corazón de aquel atractivo joven del país montañoso de Canaán, su deseo de sentirse amada y de vivir un amor romántico se hizo aún más intenso, naciendo en lo más hondo de su corazón el amor hacia Jacob. ¡Ella hubiera dado cualquier cosa por ser amada como lo era Raquel!

Teniendo en cuenta la tremenda importancia que tenía el matrimonio para las muchachas de aquellos tiempos nos damos cuenta de lo afligida que se sentiría Lea, que era la mayor, viendo cómo la dejaban a un lado. De modo que es fácil de comprender que al proponerle su padre Labán el plan para engañar a Jacob estuviese de acuerdo con su proposición. Parece ser que para ella fue de poca importancia el pensar si era justo o no que engañase a su hermana. El engaño era fácil de realizar porque en aquellos tiempos la esposa permanecía callada, en oscuridad, al ser llevada a la tienda de campaña del esposo.

El problema de "la suegra" surge precisamente en esos momentos, porque a partir de la noche de bodas Jacob tuvo continuos roces con su suegro. ¿Cómo era posible respetar a un padre que quebranta una promesa solemne, hace un gran daño a su hija menor, engaña a su sobrino y prácticamente prostituye a su otra hija? ¿Cómo podía su familia, sumida en la aflicción y los consiguientes problemas familiares, esperar una sincera dedicación y recibir sus consejos sabios en el futuro? ¡Cuánto debió doler y escandalizar a Jacob la débil excusa de Labán! Por primera vez el astuto Jacob, que había engañado a su propio padre y le había hecho trampas a su hermano, sintió de una manera patética el sufrimiento de ser engañado el mismo. Y lo mismo nos sucede a nosotros. No pensamos que sea tan malo si hacemos una pequeña trampa, si decimos alguna mentirijilla o si cotilleamos hasta que alguien nos engaña a nosotros, nos dice alguna mentira o va con chismes sobre nuestra vida a otros. Hasta que alguien nos trata injustamente no nos damos cuenta de cuánto daño hace y lo depravado que resulta que hagamos daño a los demás.

Pocas de nosotras somos en realidad mujeres hermosas. Más bien somos corrientes, como lo fue Lea. No está mal admirar la belleza, ni tampoco que nos interesemos por nuestro aspecto físico. Todas podemos conseguir el encanto, la elegancia y tener buen gusto a la hora de vestirnos y una mujer corriente, que posea una personalidad encantadora y bien acabada puede resultar más atractiva que una belleza malhumorada y voluntariosa. En Lea, esa mujer a la que nadie parecía amar, a la que nadie buscaba, no deseada y de aspecto corriente y vulgar, tenemos las cualidades de una mujer espiritualmente sensible. El mayor atractivo de la mujer consiste aun ahora en un espíritu de mansedumbre y un carácter tranquilo, el adorno del amor hacia Dios y hacia sus semejantes combinado para formar una personalidad atractiva por su ternura y encanto.

No amada, pero sí honrada

Los problemas que surgieron constantemente en este hogar polígamo, en el cual dos hermanas rivalizaban por el amor de un mismo hombre, fueron muchos, sin duda muchos más de los que ha dejado constancia la historia. Lea le dio a Jacob sus cuatro primeros hijos y Raquel, torturada por los celos, tuvo que escuchar todos los días los arrullos y las risas de los hijos de su hermana. Aunque Raquel contaba con el amor de Jacob, el amor que éste mostraba hacia sus hijos le hizo a Raquel atraerle egoístamente más hacia sí misma. También Lea amaba a Jacob, pero no era correspondida por él y el tener que ser testigo del amor apasionado que él sentía hacia su hermana debió de hacer que se sintiese desgraciada en su ardiente deseo por ser amada. Lea deseaba, con todo su corazón, lo que desea cualquier mujer del hombre al que ama, una constancia en el amor que sea profunda, protectora y considerada. Está profundamente arraigado en la naturaleza femenina el florecer en una relación de auténtico amor y fue por el amor de Jacob por el que Lea y su hermana lucharon en espíritu y mentalmente a lo largo de toda su vida. Solamente leemos en una ocasión que estaban unidas en mente y propósito y eso fue en relación con su actitud hacia su padre (Gn. 31).

Podemos comprobar lo mucho que echaba de menos Lea el amor de su esposo en el relato del nacimiento de sus hijos (Gn. 29:31-35; 30:17-20). Vemos repetidamente que ella albergaba la esperanza de que sus hijos consiguiesen que algún día el corazón de Jacob se uniese al suyo. Era tan esposa de Jacob como lo era Raquel y él le debía una parte de su cariño. ¡Qué terriblemente duro debió de ser para Lea, esa mujer con tanta ternura y amor, ver a su esposo rechazarle su amor! Un día Lea imitó los malos sentimientos de su rival favorita, entregándole su sierva Zilpa a Jacob. También nosotras nos sentimos decepcionadas al leer cómo peleaba y hacía trueques con Raquel con el propósito de conseguir la atención de Jacob (Gn. 30:15). Al ir haciéndose mayores los niños fueron en aumento sus preocupaciones porque vemos el resultado del favoritismo que engendró celos entre los once hermanos.

La desesperación de Raquel por su esterilidad hicieron que sintiese toda la amargura de los celos y que lanzase las más airadas acusaciones. Envidiada y desatendida, Lea parece haber adquirido una disposición tranquila y dulce y sus problemas conyugales le llevaron a buscar ayuda y consuelo en el Señor. Tenía una fe que le permitía orar y confiar, alabando a Dios por todas las cosas. Esto es algo que podemos saber basándonos en los nombres que dio a sus hijos. Es muy posible que pudiera finalmente compartir su vida con Jacob después de la muerte prematura de su amada Raquel. Llegamos a la conclusión de que debió de fallecer en Canaán, pues nada se nos dice de que fuese a Egipto con Jacob. Fue enterrada junto a Sara y Abraham, Isaac y Rebeca, en la cueva de Macpela, donde más adelante también sería enterrado Jacob junto a ella.

Aunque Jacob no había escogido a Lea, Dios la había favorecido y la había escogido para ser una de las antepasadas del Salvador. En el libro de Rut, se la honra porque "edificó la casa de Israel" (4:11) puesto que fue madre de ocho de sus tribus.

SUGERENCIAS PARA CHARLAR SOBRE EL TEMA

1. Piensa en dos motivos, por lo menos, por los que Labán pudo engañar a Jacob dándole a su hija Lea.
2. El nombre de Lea significa insulsa, fatigada, anhelante. Muestra de qué manera se aplican estos adjetivos a su vida.
3. Si nosotras somos mujeres corrientes, como lo fue Lea, ¿significa eso que tenemos motivos para quejarnos?

¿Cuánto puede hacer la mujer cristiana para mejorar su aspecto? ¿Puede hacer algo a favor de su personalidad? Si es así, ¿qué puede hacer?

4. ¿Qué dice Levítico 18:18 acerca de casarse con las hermanas?

5. ¿Odiaba Jacob realmente a Lea? (Gn. 29:30, 31).

6. ¿Hasta qué punto es importante el amor en el matrimonio? ¿Estás de acuerdo en que una persona se case solamente para tener compañerismo o por seguridad económica?

7. Menciona los nombre de los hijos de Lea. ¿Qué significan sus nombres? Recuerda algunos de los hechos más destacados en sus vidas.

8. Compara el concepto que tenía Lea de la familia con el de nuestros días. Evalua, en este sentido, la maternidad o paternidad planeada, el alto nivel de nuestras vidas y la condición económica de la mujer actual.

*"Salió Dina . . .
a ver a las hijas del país."*
GÉNESIS 34:1

8
Dina

Lectura de la Biblia
Génesis 34

No resulta agradable relatar la historia de las indiscreciones y el consiguiente deshonor en la vida de una jóven, ya que no es un tema fácil de comentar y es un tema que además normalmente se oculta entre nosotros. Es agradable y nos inspira leer acerca del valor y los logros de una mujer hermosa, pero no lo es el relato que leemos en Génesis 34, que es uno de relajación moral y de una venganza que raya en lo bárbaro.

Se nos da bastante información acerca de los hermanos de Dina, la fortaleza y las debilidades de su carácter, la importancia de su posición y la influencia que tuvieron en el mundo de aquellos tiempos y del lugar que ocuparon en la historia de la redención. Aunque nada más se nos dice sobre Dina aparte de este desgraciado relato, no cabe duda de que este suceso ocupó su lugar en el desarrollo del reino y que tiene su valor en nuestros días.

Como madres del siglo veinte, nos enfrentamos constantemente con la relajación de la moral. Es posible que el que nos resistamos a hablar de los asuntos más íntimos y personales con nuestras hijas contribuya a que ellas ignoren los hechos reales de la vida y se produzcan los consiguientes malentendidos y la falta de armonía en las relaciones familiares que establecemos con ellas.

Haríamos bien en enfrentarnos con la verdad de que es imposible eludir lo desagradable y las tareas difíciles relacionadas con la maternidad cristiana.

La valiosa pequeña Dina

Dina, la pequeña y querida hija de Jacob, había vivido muchas emociones desde los días en que por primera vez su madre Lea, la puso sobre la grupa de un camello y la hizo desaparecer sigilosamente de la casa de su abuelo en Padan-aram. Sabía que algo misterioso estaba sucediendo, cuando su padre llamó a su madre y a su tía Raquel para que fuesen con él a los campos con el propósito de tener una reunión secreta. Como haría cualquier crío de cinco años, es posible que intentase ayudar con aquellos preparativos realizados a toda prisa. Después de varios días de cabalgar tan deprisa como les era posible con una procesión tan difícil de manejar, de tener que cenar junto a distintas hogueras todas las noches, se produjo una repentina consternación en el campamento. Vio desde lejos a su abuelo y a sus criados levantando una gran nube de polvo mientras espoleaban a sus enormes monturas a fin de que galopasen todo lo rápidamente posible. Tal vez el rostro ensombrecido y enfurecido de Labán la llenaría de temor mientras se asia con fuerza a las faldas de su temblorosa madre.

Más terrible todavía fue la inquietud que se apoderó de la familia al enterarse de la noticia de que su tío Esaú, muy enfurecido, venía de camino con sus cuatrocientos hombres que infundían pavor. Recordaba siempre como los niños se habían mantenido muy cerca de sus madres la noche en que su padre oró y luchó con el ángel al otro lado del arroyo. Se preguntaba quiénes serían aquellos ángeles que habían visitado a su padre y que le habían convertido en un hombre tan fuerte y tan lleno de esperanza. Se sintió tan complacida como el resto de ellos cuando cada uno de los problemas que iba surgiendo quedaba amigablemente resuelto y le enseñaron, ya desde niña, a orar y a alabar a Dios por cada una de Sus bendiciones.

Los años que vivió en Sucot, en el valle del Jordán, al este del río, fueron años felices y libres de ansiedad. Allí había construido Jacob una casa y un lugar donde tener al ganado. Al cabo de los años Jacob se trasladó con su enorme caravana, sus rebaños y su familia y acamparon en el valle de Siquem, entre el monte Ebal y el monte Gerizim. Jacob compró la tierra a Hamor, el príncipe hitita, de modo que la propiedad en la que vivían les pertenecía. ¡Qué profundo significado tenía para esta numerosa familia el poder elevar un altar al Dios del pacto, del cual dependían todas las bendiciones, en aquel lugar!

Una adolescente aventurera

Para Dina, que posiblemente tendría ya unos quince años, había otras cosas que ver y hacer. La extraña ciudad de Salem que estaba cercana resultaba muy atractiva para Dina, mucho más que el campamento nómada de su padre o incluso que el altar sagrado alrededor del cual se arrodillaban sus familiares para alabar a Dios. Dina era joven y todo lo que era nuevo y desconocido le había atraído enormemente, pero ya se había hecho más mayor. Ya había dejado de correr de un lado a otro y de recoger florecillas salvajes. En la vida había otras flores exóticas que recoger y tenía la intención de encontrarlas.

Dina disfrutaba de todas las bendiciones: tenía una madre espiritualmente sensible, un padre devoto y rico, y once hermanos que adoraban a su única hermana. Le habían enseñado que a las personas que habían recibido el pacto se les había encomendado una tarea especial, la de llevar una vida perfecta, santa y apartada del mundo. Posiblemente por ser hija única la adorarían, la mimarían y le darían todos sus caprichos. Me imagino que debió ser una muchacha muy bonita, que se parecería a su tía Raquel más que a su madre, que era una mujer más corriente. Estoy segura de que su madre le pondría la ropa más hermosa y el velo más primoroso que pudiese encontrar y que sentiría lástima de la hermosa Dina, rodeada de sus muchos rudos y morenos hermanos. Su madre debía saber que Dina anhelaba la amistad de las muchachas hititas y era difícil negarle a la insolente Dina ningún placer.

Se estaba celebrando uno de los muchos festivales

paganos de modo que Dina se arregló el pelo y el velo, con un especial cuidado, y salió de la tienda de su madre con el propósito de ver el mundo y descubrir sus estilos y placeres por sí misma. Con sus ojos inocentes muy abiertos por la curiosidad, Dina se unió de buena gana a aquel grupo de muchachas de la ciudad. La vida en la ciudad le pareció alegre y muy diferente de lo que era la suya en aquel valle tranquilo.

Cuando Siquem, el hijo del príncipe Hamor, vio a la atractiva y vivaracha Dina se enamoró de ella y la deseó tanto que "la tomó, y se acostó con ella, y la deshonró" (Gn. 34:2). Para la jóven y aventurera Dina, aquel encuentro agradable con el mundo tuvo un final brusco y un complicado punto culminante, dejándose cautivar por el encanto y las declaraciones de amor del jóven hitita.

Una familia afligida

Cuando Dina se encontraba todavía en la casa de Siquem, Jacob se enteró de lo que había hecho el hijo de Hamor. Jacob se quedó dolorido, sin saber apenas qué decir, posiblemente indeciso y no sabiendo de qué modo enfrentarse con aquella situación. Los hermanos desearían que se les consultase ya que era un asunto tan grave y que estaba relacionado con su hermana, de manera que Jacob esperó. Mientras tanto el padre de Siquem vino a ver a Jacob con el propósito de ofrecerle una generosa dote y la mano de su hijo en honorable matrimonio.

Para los hijos, a los que se les había hecho venir del campo, el acto cometido por Siquem les pareció un abominable ultraje. El haberse atrevido a degradar a la hija del que era la cabeza de una línea teocrática y que tenía, por lo tanto, obligaciones especiales de llevar una vida santa, era vergonzosamente malvado. La ira de los hermanos de Dina adquirió unas dimensiones desproporcionadas y su venganza fue horrible. Tramaron un complot para engañar a los de Siquem, abusaron de los sacramentos sagrados y a continuación hicieron una masacre y saquearon toda la ciudad de Salem. La ira es una expresión humana, pero debemos controlarla para que no se convierta en una fuerza destructora. El terrible crimen que cometieron los hermanos fue mucho peor que el pecado de Siquem, que nunca hubiera llegado a conocer a Dina si para empezar ella no se hubiera dejado seducir por los placeres mundanos.

No entendemos el que Jacob su padre, les reprendiese con tan poco énfasis, pues tuvo que sentir por fuerza todo el horror de aquel espantoso pecado que habían cometido y su ruin venganza (Gn. 49:5-7). Es posible que de niños les hubiese consentido y que ahora temiese reprenderles. ¿Es posible que ese sea también el motivo por el que nosotros no nos atrevemos a regañar a nuestros hijos? "Padres, vosotros sois la ley en la vida de vuestros hijos", dicen los psicólogos actuales, pero la Palabra de Dios dice claramente: "Hijos, obedeced a vuestros padres" (Col. 3:20). ¿Por qué permitimos que nuestros pequeños nos estén constantemente desobedeciendo? "Tal vez estemos intentando proteger nuestros sentimientos", dijo un comentador de radio, que continuó diciendo: "Nos desagrada profundamente tener que estar discutiendo con ellos, pero los quejicas (que es en lo que se convierten cuando saben que se pueden salir con la suya) ya sean pequeños o mayores, no se llevan bien con los demás. Aquellos padres que corrigen a sus hijos e insisten en que obedezcan hacen que sus hijos sean fuertes."

¡Qué resultados tan catastróficos tuvo ese acto, aparentemente inocente, de Dina! Perdió su justa reputación, trajo problemas sobre la casa de su padre, deshonró su buen nombre e involucró a sus hermanos, que fueron la causa de una terrible desgracia a toda una ciudad. Aunque los adolescentes son "sabios" y les gusta ser independientes, no han alcanzado aún la madurez en su manera de pensar. No es pura casualidad que el Creador pusiese a los hijos al cuidado de los padres durante tantos años, porque la juventud tiene necesidad de los cariñosos consejos de aquellos que han aprendido viviendo. La historia de Dina es un enorme desafío para todas las madres, para que ellas enseñen a sus hijos aquellas cosas que tienen un valor auténtico e imperecedero.

SUGERENCIAS PARA CHARLAR SOBRE EL TEMA

1. Dina se marchó del lugar tranquilo donde vivía con el propósito de vivir las emociones de la ciudad. ¿Es cierto el dicho: "Qué hay para que lo puedan hacer nuestros jóvenes"? ¿Es responsabilidad de la iglesia proveerles distracción y entretenimiento?

2. Tanto nosotras como nuestros hijos nos enfrentamos con el mismo desafío que Dina, el de vivir una vida separada de la del mundo. ¿Somos nosotras conscientes del pacto? ¿Y nuestros hijos lo son también?

3. ¿Debieran dedicarse más sermones a la juventud y sus problemas?

4. ¿Qué clase de jóven era Siquem? ¿Qué obligaciones morales tenía para con la casa de su padre? ¿Intentó poner remedio a lo que le había hecho a Dina o fueron los suyos esfuerzos puramente egoístas?

5. Un consejero de la juventud dijo: "Entérate de con quién están tus hijos y con la clase de personas con que se tratan." ¿Es esa la solución a la delincuencia juvenil? Explica de qué modo se podría hacer esto.

6. ¿Por qué crees que en la Biblia hay tantos relatos acerca de la inmoralidad sexual? ¿Crees que existe una mayor tendencia a los pecados carnales que a otros males?

7. ¿Es la ira una emoción admisible? ¿Debemos reprimirla? Si es así, ¿hasta qué punto?

8. Lee acerca de la venganza llevada a cabo por los hermanos. ¿De qué modo se vieron Jacob y su familia afectados por ella?

9. ¿Estaba justificada la acusación de los hermanos de Dina (en el versículo 31)?

10. ¿Resulta fácil encontrar la moral para la historia en el relato de Dina? ¿Qué pueden aprender las madres de ella?

"Y la mujer tomó al niño y lo crió.
Y el niño creció..."
ÉXODO 2:9, 10

9
Jocabed

Lecturas de la Biblia
Éxodo 1; 2:1-11; 6:20; Números 26:59; Hebreos 11:23-27

Una joven y dulce madre dijo con un profundo interés: "Quiero leer todo lo que me sea posible y aprender todo lo que pueda a fin de ayudar a mis hijos para criarlos como es debido." Hay muchas madres así, por lo cual damos gracias a Dios y eso nos infunde valor frente al futuro. Toda madre fiel se siente dominada por el papel tan importante que desempeña al mirarse en los ojos inocentes e interrogantes de sus pequeñines. El grado de interés que puedan tener los niños pequeños en su reducida esfera es imposible de predecir. Para ellos este es un mundo nuevo y lleno de maravillas y tienen que tocar, probar e investigar todo lo que se pone a su alcance. La madre se encuentra siempre en el centro del universo del pequeño y las diminutas mentes acaban averiguando que hasta a la madre "se la puede poner a prueba".

Durante las dos últimas décadas se han realizado tantas investigaciones y se ha experimentado tanto en el campo de la formación de los niños que ha brotado un auténtico ejército de psicólogos que prácticamente han obligado a las madres a sentirse totalmente inadecuadas. La temible palabra disciplina había quedado almacenada por temor a dañar la floreciente personalidad del niño. Pero no tardaron las madres en darse cuenta de que el tener que dejar los cacharros amontonados sobre la pila para dedicar todo su tiempo a atender a cada uno de los caprichos y deseo del niño (aunque muchos de sus deseos puedan ser buenos en sí mismos) no beneficiaba a nadie. Lo único que conseguía era convertir al pequeño en un diminuto dictador y, por lo tanto, sintiéndose bastante frustrados, los padres optaron por recurrir de nuevo a los psicólogos y a los libros que hablaban acerca de la formación de los niños.

Por fin comenzaron a caer en la cuenta de que el Creador, que había diseñado a los padres humanos, era todo un experto y ahora se pide a los padres que recurran a sus propios medios, habilidades y sentido común, siendo el factor dominante el del cariño y el interés en el bienestar del niño. Por lo tanto, la disciplina ha dejado de ser una herramienta que ha llegado a nosotros desde los tiempos del oscurantismo. Ahora se nos informa que la palabra *disciplina* procede de la misma raíz que *discípulo* y que por medio de un liderazgo creativo es preciso que los padres hagan discípulos de sus hijos. Ya no debe ser el pequeño el que lleve las riendas, sino que se le deben transmitir unos valores, unos ideales y unos principios morales que le ayuden a vivir en la actualidad. Nosotras, como cristianas, debemos añadir al consejo de los expertos y decir que debemos de enseñar el temor de Jehová, que es el principio de la sabiduría y la base de una vida bien amoldada.

No hay en el mundo una tarea de mayor importancia que nos haya sido encomendada que la de la educación de los hijos. Aunque es posible que la energía atómica desintegre el mundo, las almas de los hombres continuarán viviendo. Aunque nos hagamos viejos y aquellas cosas que tanto significaban para nosotros antes queden olvidadas, el carácter que hemos formado quedará indeleblemente grabado en las vidas de otros. Haz un buen uso de los libros que hablan de cómo guiar y enseñar a los niños, pero no descuides el buscar el consejo del Señor en Su Palabra y en tus oraciones, al pedirle que te dé sabiduría. Tú eres un gerente a Sus órdenes, y lo que Él te diga que hagas no quedará colgado como un péndulo en el reloj del tiempo, porque la verdad de Dios es la misma hoy, ayer y para siempre.

La fe de Jocabed

Este relato, que comienza de una manera sencilla, nos dice que lo importante no es *quién* eres, sino *lo que haces* con tu vida —la manera de enfrentarte con los desafíos y las responsabilidades de la vida—eso es lo que cuenta de verdad. Ni siquiera encontramos el nombre de Jocabed en este conmovedor relato del nacimiento de su tercer hijo Moisés, y la manera tan poco pretenciosa en que comienza: "Un varón de la familia de Leví fue y tomó por mujer a una hija de Leví, la que concibió, y dio a luz un hijo" (Éx. 2:1, 2). Pero la emocionante historia que viene a continuación posee todos los elementos de un cuento de hadas gracias a su patetismo, su misterio y el final feliz que tiene.

Jocabed pertenecía a una raza que con anterioridad se había visto favorecida, pero que vivía entonces en la aflicción. Unos cuatrocientos años antes, José se había convertido en el gran benefactor de su pueblo. La familia, con un total de setenta personas, además de las esposas e hijos de los hijos de Jacob, habían emigrado de Canaán a Egipto para evitar morir de hambre. Un amable faraón había dado a la familia de Jacob la tierra de Gosén, donde una nueva era comenzó para ella. Fue preciso que los israelitas cambiasen, dejasen de ser un pueblo nómada para convertirse en agricultores y que se adaptasen a la vida en las ciudades y el Señor les bendijo abundantemente. Se habían hecho grandes y numerosos, multiplicándose de un modo tremendo hasta que en el momento del éxodo eran cientos de miles y tenían enormes riquezas en ganados y en posesiones. Un nuevo faraón, que prácticamente nada sabía acerca del famoso benefactor de Egipto, y al que le traía además sin cuidado, temía a estas gentes tan fuertes que se habían convertido casi en una nación dentro de otra nación. Este rey se propuso restringir el poder de Israel convirtiéndoles en obreros esclavos, pero cuanto más les oprimía más fuertes se hacían hasta que, en el colmo de la desesperación, promulgó un edicto a las parteras para que éstas matasen a los niños recién nacidos (Éx. 1). Estas mujeres eran temerosas de Dios y desobedecieron al rey, gracias a lo cual Dios estuvo con ellas. Pero el faraón estaba empeñado en acabar con aquella nación y aquellos fueron días de aflicción para los esclavos, que tuvieron que sufrir al enterarse que el faraón había mandado dar muerte a los hijos nacidos a las hebreas. En aquellos tiempos, cuando las gentes se quejaban por los feroces latigazos que recibían y por las tremendas cargas que tenían que llevar, cuando el temor acompañaba los dolores de parto de las mujeres, Jocabed dio a luz a su tercer hijo. Al ver a su precioso hijo, sano y fuerte, lo colocó junto a ella y su corazón clamó a Dios con un intenso anhelo. Algunos dicen que vio en su bebé a un hijo del destino. Todos están de acuerdo en que Moisés fue un niño excepcionalmente hermoso y sano. Una cosa sí sabía su madre: que aquel bebé era un don de Dios y no se conceden dones así para ser destruidos, sino para ser amados y alimentados y devueltos a continuación a Dios como joyas de mucho precio para adornar su corona de brillantes. Sabía además que la desobediencia al mandato del faraón, si era descubierta, representaría un severo castigo y la muerte segura del niño.

En todo cuanto hizo Jocabed su fe resultó de importancia primordial y por el único motivo por el que la conocemos es, en realidad, por su fe. Todas sus acciones giraban alrededor de dicha fe en el amor, el poder y la providencia de Dios. La voz del mismo Espíritu que la guió a ella, nos guía a nosotros en medio de nuestras perplejidades y problemas: "Cuando pases por las aguas, yo estaré contigo; y si por los ríos, no te anegarán. Cuando pases por el fuego no te quemarás, ni la llama arderá en ti. Porque yo Jehová, Dios tuyo, el santo de Israel..." (Is. 43:2, 3). "¿Por qué teméis, hombres de poca fe?" dijo Jesús en Mateo 8:26. Vuestra fe y esperanza la debéis depositar en Dios, Pedro nos dice en 1 Pedro 1:21. "Esta es la victoria que ha vencido al mundo, nuestra fe" (1 Jn. 5:4). La fe es algo que se demuestra por medio de nuestras obras y en el caso de Jocabed ella podía decir: "El Señor es mi ayudador; no temeré lo que me pueda hacer el hombre" (He. 13:6).

La fe perfecta echa afuera todo temor, y así sucede con los héroes de la fe en Hebreos 11:23, donde encontramos a los padres de Moisés porque "por la fe Moisés, cuando nació, fue escondido por sus padres por tres meses, porque le vieron niño hermoso, y no temieron el decreto del rey." ¡Qué agotadora la vigilancia que mantuvo Jocabed durante tres meses, escondiendo a su bebé de la mirada inquisidora y de los oídos ávidos de sus vecinos! Nos resulta fácil imaginar con cuánta frecuencia debió de clamar a Dios, con toda su alma, aferrándose a Sus promesas, siendo la fe fuerte de Jocabed lo que le daba la fortaleza necesaria para seguir adelante con sus labores.

Vemos que su fe era fuerte y que mostró ingenuidad al entrelazar una pequeña arqueta con los largos y flexibles tallos de la planta papiro que, según se dice, era una protección en contra de los cocodrilos. ¡Qué fe más positiva la suya al pensar que, sin duda alguna, Dios cuidaría de su hijito, mientras ella hacía aquella pequeña arca cómoda y resistente al agua.

No se puede decir que su fe careciese de sabiduría al colocar al niño junto a los juncos de la orilla del río. Allí era donde iba todos los días la hija del faraón a bañarse y ella era, tal vez, la única que tenía el poder necesario para salvar al niño, si Dios ponía ese deseo en su corazón. A continuación hizo que Miriam vigilase y estamos seguras de que debió de orar como sólo sería capaz de hacerlo una mujer que fuese consciente tanto de su propia necesidad como una que se sintiese segura de lo que su Dios podía realizar.

La fe de Jocabed se vio recompensada de una manera extraordinaria. Dios inclinó el corazón de aquella princesa pagana, de modo que sintiese lástima y salvase a aquel niño tan hermoso. ¡Qué alivio debió sentir aquella madre, después de tantos meses de vivir en tensión, y qué canto de gozo debió brotar del fondo del corazón de aquella mujer tan valiente cuando la llamaron para que amamantase a su propio hijo! Ninguna de las que se encontraban agrupadas junto a la orilla del río podía darse cuenta de las implicaciones tan asombrosas de la decisión que tomó la princesa al decirle a Jocabed: "Lleva a este niño y críamelo, y yo te lo pagaré" (Éx. 2:9). Vemos que cuando Dios quería tener a un gran dirigente le ponía en un hogar con padres santos que le pudiesen criar, adiestrar y hacer de él un niño fuerte que necesitaría en el futuro poseer unas convicciones fuertes y el valor necesario para el liderazgo.

A Jocabed le fue encomendada una labor sagrada. Ella sabía que la que mandaba sobre ella no era, en realidad, la princesa, sino Dios mismo y qué peso fue depositado en su corazón a fin de que ella transmitiese el amor y la fe del Dios del pacto para que quedasen grabados en el corazón de aquel niño pequeño. Sabía que su educación sería pagana, pero amplia, ya que como jóven príncipe le enseñarían todos los conocimientos del antiguo Egipto.

Vale la pena que nos demos cuenta de que este precioso niño, por medio del cual sería derramados un sinnúmero de bendiciones en el mundo, no fue puesto en manos de una pagana para recibir sus primeras enseñanzas, sino en las de una madre santa. Jocabed fue una buena madre, puesto que estaba dispuesta y ansiosa por realizar aquella labor. Hay muchas madres que no se sienten dichosas viéndose atadas al cuidado constante y a las responsabilidades que conlleva el criar a los hijos. Muchas de ellas se sienten como si llevasen una tremenda carga y muy inquietas y se quejan de que no les queda tiempo para dedicarse ocupaciones más agradables. Jocabed fue llamada no con el propósito de destacarse en la sociedad ni siquiera con el de hacer algo tan noble como pudiera ser el dar conferencias acerca de la libertad que era preciso conceder a un pueblo esclavo, sino para "tomar al niño y criarlo". Le fue concedido el privilegio de amar y entregarse, de hacer de aquel niño un hombre fuerte para que se pudiese enfrentar con la vida, con todos sus problemas y sufrimientos y esa sigue siendo, aún hoy, la labor más importante que han de realizar todas las madres.

Su fama

No se describe a Jocabed con ningún lujo de detalles, como sucede con otras mujeres que encontramos en el Antiguo Testamento, y solamente se mencionan algunos de los acontecimientos de los primeros años de la vida de Moisés; sin embargo, se puede decir que su grandeza fue notable. Su nombre es imperecedero, porque su fama perdura en las vidas de unos hijos extraordinarios. A ellos les transmitió carácter y el desafío del concepto de una fe inquebrantable, que viviesen de un modo muy real. Es un ejemplo para todas nosotras y no porque hiciese nada realmente extraordinario, sino más bien por la sabiduría de que hizo gala y lo bien que sirvió como madre.

Aquí tenemos a una madre que entregó a su primogénito al sacerdocio y cuyo hijo menor se convirtió en un gran profeta y dirigente cívico, además de que educó a su hija para que ocupase un lugar destacado sirviendo a su pueblo. Sin duda alguna, la principal influencia en las vidas de cada uno de ellos se atribuye a la formación escrupulosa dada por una madre devota.

Su hijo Moisés fue el hombre más destacado de aquel tiempo. Más que eso, Moisés fue, aparte de Jesús, el más grande de los hombres que jamás pisó esta tierra. Conversó con Dios, en su mismísima presencia, e incluso con Jesús durante la transfiguración. El libro que escribió hizo más que ningún otro para lograr erradicar los males de este mundo y aún en nuestros días son muchos los que viven conforme a los principios que se encuentran en él. Fue el más grande de los emancipadores de su pueblo, viniendo a ser figura de Cristo, el Salvador del mundo.

Moisés fue un hombre de carácter intachable, convencido de que el futuro pertenecía no al pecado, sino a Dios. Era un hombre decidido y, por medio de la fe, fue capaz de elevarse y mirar muy por encima de los placeres y la magnificencia del lugar que ocupaba en la corte de Egipto. Era capaz de decir "no" al pecado y "sí" a Dios porque *escogió* el oprobio de Cristo. Gracias a la fe no tuvo ningún temor a las privaciones y, por ello, pudo hacer un gran servicio a su propia nación y al mundo entero. Aunque no cabe duda de que se sintió influenciado por la elevada moral entre los egipcios de su tiempo, fue la fe en el Dios de su madre lo que le convirtió en un gran hombre.

El ambiente al que pertenecía Jocabed nos habla de la

santidad porque ella y Amram pertenecían a la tribu de Leví y ella transmitió esta herencia a Aarón, que era uno tres años mayor que Moisés. Aarón se convirtió en el primer sumo sacerdote de Israel y había sido apartado, junto con el resto de su familia, para el sacerdocio. Dios le encomendó varios privilegios, obligaciones y ordenanzas para el servicio del Señor. Era un excelente orador y fue dirigido por Dios para ayudar a Moisés.

La madre Jocabed enseñó a su hija Miriam a confiar en Dios y a aprovechar, sin temor alguno, cualquier oportunidad de servirle. Miriam es la primera mujer acerca de la cual leemos que se interesó en su pueblo como nación y que ayudó a sus hermanos Aarón y Moisés, prestando un gran servicio a Israel (Miq. 6:4).

De modo que los hijos de Jocabed fueron lo que los buenos cristianos quieren que sean sus hijos, es decir, personas que participan en cualquier actividad o situación con el único propósito de dar gloria a Dios. Transmitió a cada uno de sus hijos la formación y la sensibilidad de propósito necesarios como para que voluntariamente optasen por hacer lo recto, para que siguiesen a Dios y Su verdad. Es un buen ejemplo para las madres de nuestros días, que permiten que sus hijos se dejen influenciar durante horas enteras por dudosos programas de televisión o que se sienten aliviadas pudiendo enviar a los pequeños, tan jaleosos, a la guardería. Ella ilumina el camino para aquellas de nosotras que dejamos con demasiada frecuencia nuestros pequeños sensibles en manos de niñeras durante horas enteras. ¿Qué clase de hombre hubiera sido Moisés si su formación y su inspiración hubieran procedido de semejantes personas? ¿Qué hubiera sido de su personalidad, de su sentido de la justicia y de su escala de valores?

Jocabed se aferró a Dios y se aseguró de que sus hijos se fijasen la más elevada de todas las metas: la del servicio especial al Señor. Hoy los campos están listos para la cosecha, pero ¿dónde están los obreros? (Mt. 9:35-38).

SUGERENCIAS PARA CHARLAR SOBRE EL TEMA

1. Leemos en Éxodo 2 que la madre de Moisés era hija de Leví. ¿Dónde encontramos su nombre?
2. ¿Vieron los padres alguna cosa extraordinaria en su bebé? (Éx. 2:2; Hch. 7:20; He. 11:23).
3. ¿Cómo se explica la bondad de la princesa?
4. ¿Era razonable la fe de Jocabed? Demuestra, mediante otros ejemplos, el poder que tiene Dios para proteger la vida en medio de las pruebas.
5. ¿A quién corresponde la labor de educar a los hijos: a los padres, a la iglesia o a la escuela?
6. ¿Cuáles son los años más impresionables en la vida del niño?
7. Haz una evaluación sincera acerca de los posible efectos que pueden tener ahora y en el futuro los programas de televisión en nuestros hijos. ¿Cómo afectarán programas como "Súperman" y las populares aventuras de "cowboys" el concepto que tendrán nuestros hijos de la providencia de Dios, del amor, de la verdad, del amor hacia los semejantes, de su sentido de lo que está bien y lo que está mal?
8. Sugerencia: lee un buen artículo o un buen libro acerca de la formación de los niños y realiza una evaluación.
9. Habla sobre los ideales que deben tener los padres a la hora de relacionarse con sus pequeñines.
10. ¿Cuántas cosas buenas y dignas de ejemplo encuentras en Jocabed?

10
Miriam

Lecturas de la Biblia
Éxodo 2:1-10; 15:20, 21; Números 12; 26:59; 20:1

El libro del Éxodo es un libro sumamente interesante y en él ha quedado constancia fidedigna del intervalo de trescientos sesenta años que transcurrió entre la muerte de José y el momento en que fue dada la ley en el monte Sinaí. En el primer capítulo encontramos que el pueblo al que Dios había llamado cuando no era más que uno solo (Is. 51:2) se había convertido en una nación numerosa y poderosa. El libro del Éxodo trata principalmente de la salida de los israelitas de Egipto y es el relato, con muchos detalles accesorios, de su marcha en dirección a Canaán, la tierra que había sido prometida en Génesis 12:1.

Además de ser interesante desde el punto de vista histórico, Éxodo nos ofrece alguna información acerca de la antigua geografía y el arte y de cómo se estableció la ciencia de la ética y la jurisprudencia por medio de Moisés. Se entrega la ley a la nación y se forma la teocracia; se dan planes detallados para el tabernáculo y se establece el sacerdocio. Cada uno de los acontecimientos registrados marca época en el desarrollo de Israel como nación, siendo tres las personas que más se destacan en su desarrollo: Moisés, Aarón y Miriam (o

María). Pero el que más se destaca, por supuesto, es Jehová, que es la cabeza del pueblo escogido.

No hay ningún otro lugar en las Escrituras en el que se vea con más claridad la realidad del Dios viviente que en este libro. Aquellos que creen que Dios se encuentra en un cielo lejano, ajeno por completo a todo cuanto hacen los hombres, no tienen más que leer el libro del Éxodo para encontrarse con que es un Ser infinito y grande ante el cual todos quedan sometidos. Su omnipotencia, tal y como la vemos en Sus grandiosos actos (Éx. 14:13, 26-31), la constante protección que da a Su pueblo (Éx. 13:21, 22), Su ira ante el pecado (Éx. 32:33) y Su gracia salvadora (Éx. 32:14) se destacan de un modo muy evidente. En el capítulo 33, versículos del 17 al 23, continuando hasta el 34:10, encontramos una escena majestuosa del Ser supremo, Señor de todos. Ojalá nosotras, al igual que Moisés, inclinemos de inmediato nuestras cabezas a tierra para adorarle.

Una niña precoz

Miriam es la primera mujer que se menciona en la Biblia que tenía un interés nacional y cuya misión fue patriótica. Durante muchos años Miriam ocupó un lugar único entre su pueblo. Leemos en Miqueas 6:4: "Porque yo te hice subir de la tierra de Egipto, y de la casa de servidumbre te redimí; y envié delante de ti a Moisés, a Aarón y a María."

Para comenzar, se nos permite tener una visión de lo que fue su infancia. Miriam fue hija de Jocabed y de Amram, la hermana de Aarón y Moisés. Vivió en Egipto, tal vez en el valle del río Nilo, cerca de la ciudad de On, que era la residencia de los antiguos reyes y que es en la actualidad el sector del Cairo.

El faraón que gobernaba en aquellos tiempos era un hombre despiadado y cruel. Temía el creciente poder de los israelitas y se preocupaba por la posibilidad de que se convirtiese en una quinta columna que pudiera volverse en contra de los egipcios en caso de producirse un ataque de los enemigos procedentes del exterior. Hizo caer sufrimientos sin par sobre la nación de Israel con el propósito de quebrantar su espíritu. Con el fin de reducir su número y su fortaleza promulgó a continuación un decreto mediante el cual matasen a todos los niños que naciesen. El horror de este edicto llegó profundamente al corazón de Miriam al nacer su hermanito Moisés. Miriam, que por aquel entonces debía tener unos trece años, entendió que aquello creaba una situación de emergencia.

El plan secreto para intentar salvar la vida al recién nacido, ideado a puerta cerrada en la pequeña cabaña, no causó impresión alguna a Aarón, que era un pequeño de unos tres años, pero sí causó una honda impresión a Miriam porque en cada niñita late un corazón de madre.

Es posible que Miriam recogiese los tallos de los papiros para dárselos a su madre y que la ayudase arrullando al bebé, mientras ella entretejía los tallos. Seguramente ayudaría a su madre, aprovechando la oscuridad, para dejar la canasta con su preciada carga. Es evidente que su madre sabía que la niña era valiente y que podía confiar en ella al encargarle la vigilancia del bebé para que viese lo que pasaba con él. Imagínate la ansiedad que sentiría Miriam cuando los primeros rayos del amanecer trajeron los mugidos de los ganados al río y los sonidos de un mundo que se despertaba. El temor y la fe lucharon en ella al escuchar voces y ver que era Themutis, la hija del faraón, y sus criadas que habían descendido al río a bañarse. Miriam contemplaría, sin aliento, con sus ojos fijos en la princesa, observando cada una de sus reacciones al tomar la canasta y colocarla sobre la arena y abrirla. Miriam muestra aplomo y sutileza al escoger el momento oportuno para acercarse a la honorable princesa, ya que era preciso evitar correr el riesgo que se descubriese su identidad y, discretamente, no dice ni demasiado ni muy poco.

Basándonos en este suceso, llegamos a la conclusión de que Miriam fue una niña precoz, dando muestras de una inteligencia y una sabiduría muy por encima de la que es normal en la mayoría de los niños de trece años. Pensamos además que su madre la educó muy bien, porque aprendió desde una temprana edad a ayudar a su madre, a cuidar de sus hermanos, y a afrontar responsabilidades. En un artículo de *Selecciones de*

Reader's Digest, escrito por un juez, decía: "Permitamos que trabajen nuestros adolescentes." Es posible que esté en el buen camino. Al parecer, las características inherentes en la personalidad de Miriam y la formación que había recibido desde la infancia hicieron de ella una gran mujer.

Una solterona patriótica

Han transcurrido ochenta años antes de que nos volvamos a encontrar de nuevo a Miriam en las páginas de la Biblia. Sin duda alguna debió de vivir durante todos estos años con sus padres, sufriendo toda clase de privaciones. Se había criado en el deprimente ambiente del temor, de un sufrimiento que no se podía aliviar, oyendo hablar de construcción, del progreso de las ciudades almacén y de los crueles capataces. Pero a lo largo de todos estos años no lograron quebrantar su espíritu sino que, como profetisa, debió ir de un lugar a otro haciendo el bien, manteniendo viva la fe en Dios de sus conciudadanos y la esperanza de tiempos mejores. Es la primera mujer a la que la Biblia honra, concediéndole el título de profetisa (Éx. 15:20).

Da la impresión de que no llegó a casarse nunca, sin que se nos diga el motivo. Miriam fue una mujer brillante, mucho más inteligente y considerada que la mayoría de las mujeres de su época, y tal vez estuvo tan interesada en su labor que no tuviese ningún otro interés. La tarea concreta a la cual Miriam se sintió llamada era la de asistir a sus hermanos en la creación de una nueva nación.

Un autor la llama la "gran solterona patriótica" y continua diciendo que no es necesario que la mujer se case para ser útil, porque ha quedado constancia de que algunas de las más importantes mujeres que jamás vivieron no se casaron. Detesta las bromas que se hacen sobre las mujeres solteras y dice que la mayoría de estas mujeres no se casan porque prefieren permanecer solteras. Son mujeres inteligentes que hacen una carrera y, en otros sentidos, encuentran un lugar donde pueden ser útiles a la sociedad. Muchas de ellas hacen un servicio ejemplar como maestras de la escuela dominical, haciendo obras de caridad, otras en el servicio de la música como también hizo Miriam. Poco importa lo que se pueda decir acerca del lugar que ocupa la mujer en el progreso de la iglesia, el lugar que ocupó Miriam nos enseña que el Señor utiliza a las mujeres para edificación de Su reino.

Al aparecer el segundo acto de su vida, la vemos como una destacada figura nacional. Su hermano Moisés ha regresado como el gran emancipador (después de un exilio de cuarenta años) y Aarón se ha convertido en un importante personaje entre su pueblo. Han acontecido milagros maravillosos que demuestran que la misión ha sido encomendada por Dios a sus ilustres hermanos. Se ha llevado a cabo la liberación de Israel y las gentes son libres y viven a salvo mientras que el Mar Rojo arrasa sin misericordia a los ejércitos de los egipcios, que durante varias décadas han tenido esclavos a los israelitas.

Los sentimientos estáticos de gozo y gratitud por haber sido liberados de una manera tan maravillosa llenan el corazón de Moisés que se expresa con un precioso canto de victoria y gratitud a Jehová (Éx. 15:1-19). Se le ha llamado el cántico de Moisés y de Miriam y es la primera y una de las más preciosas poesías hebreas que ha llegado hasta nosotros. La obra de Miriam parece haberse realizado entre las mujeres y nos la encontramos en la hora del triunfo ayudando a las mujeres al ser los israelitas separados, como era la costumbre egipcia, en distintos grupos de hombres y mujeres. Mientras Moisés dirigía a unos 600.000 hombres, ella dirige a un número equivalente de mujeres en un canto de victoria. Casi podemos ver a Miriam, aquella mujer valerosa, dominante y radiante al tocar su pandereta, dirigiendo a las mujeres para que bailen y toquen sus instrumentos. Una y otra vez se escucha la voz de las mujeres en el formidable coro, mientras Moisés dirige a la enorme compañía de hombres en el canto de las estrofas. Por encima de ellos, tras ellos y delante de ellos se encontraba la bendita presencia de Dios y en el corazón de la nación de Israel hay un canto de alabanza, lleno de valor y nueva esperanza. ¡Qué gloriosa escena es la de Miriam, a la cabeza de las mujeres israelitas, casi a la par con sus hermanos!

Una mujer bonita

Dejamos a Miriam en su hora de triunfo y volvemos las páginas a Números 12. ¡Qué contraste encontramos! Ha sufrido una caída espiritual y ha quedado empañada su carrera. Fue ocasionada posiblemente por lo que menos pudiéramos esperarnos. ¡Había hablado en contra de su hermano Moisés! Se nos revelan las limitaciones de la personalidad de Miriam y nos damos cuenta de que a su corazón le faltaba la auténtica humildad y satisfacción. Sabía que era una mujer capaz y estaba orgullosa de ello, ambicionando alcanzar mayores poderes políticos.

Se dio cuenta de que Moisés era más eminente que ella y sintió celos de él. Debió haber albergado envidia y pensamientos amargos en su corazón durante un largo tiempo antes de que se manifestasen por medio de una propaganda perjudicial para Moisés, que se había casado con una cusita. Siendo una profetisa, puede que tuviese poderosos sentimientos, que es posible que estuviesen justificados, en contra de los matrimonios inter raciales. Sin embargo, cometió una equivocación al hacer pública su queja, poniendo en peligro la autoridad de Moisés.

El que la crítica que hizo acerca de Moisés fue solamente un pretexto que ocultaba sus verdaderos sentimientos, lo indica su respuesta airada a Moisés, en el sentido de que él no tenía el monopolio sobre la comunicación divina y al decir que Aarón y ella también eran dirigentes, en todo el sentido de la palabra, con los mismos derechos que lo era Moisés. El Señor la oyó y convocó una reunión de los tres implicados. Dios miró en el corazón de Miriam y se dio cuenta de que el verdadero motivo por el que ella estaba tan molesta no era por causa de la mujer cusita, sino por la envidia que le tenía a Moisés.

El Todopoderoso está furioso (Nm. 12:4-9). ¿Cómo se atreve ella a atacar al hombre que ha hecho tan bien el trabajo que le ha sido encomendado. El Gran Defensor de Moisés deja bien claro a Miriam que lo que ella dice no es cierto. Él se aparece a los profetas en visiones y sueños, pero ha querido hablar personal y visiblemente a Moisés, colocándole aparte y por encima de otros profetas. Dios había convertido a Miriam en profetisa, a Aarón en sacerdote, pero la obra de Moisés se extiende, cubriendo cada uno de los departamentos "en toda la casa de Dios."

La responsabilidad de Miriam consistía en hacer bien la labor que le había sido dada. ¿Es posible que nosotras seamos alguna vez culpables del pecado que cometió Miriam? ¿Hemos descubierto nosotras las faltas y hemos dicho cosas maliciosas acerca de alguien de quien tenemos celos? No hay ninguna otra cosa que más distorsione el corazón y la mente que la envidia y Miriam debería haberse sentido satisfecha del favor de que disfrutaba su hermano. Podría haber hecho un bien incalculable prestando a Moisés todo su apoyo sincero para que realizase una tarea sobrehumana. Es bueno saber que Dios da a *cada uno su propia labor que realizar* y es preciso que la llevemos a cabo con humildad, gratitud y que la hagamos lo mejor que podamos.

Mi Padre tiene necesidad de los pájaros y las flores,
Y un lugar para cada precioso árbol
De modo que estoy seguro de que en su maravilloso plan
Hay un lugar y una misión para mí.

De modo que do quiera vaya y haga lo que haga,
Deseo tener una visión clara
Para ocupar mi lugar en el plan maravilloso de Dios,
Mi tarea y su bendición para mí.

—Autor desconocido

Dios mismo puso al descubierto el pecado que cometió Miriam y la reprendió. No sólo eso, sino que a continuación demostró Su disgusto con ella poniendo una marca sobre ella: la cubrió de una horrible lepra en sus etapas más avanzadas y ella, enferma y avergonzada, fue echada del campamento. Ella que había codiciado el honor se veía entonces deshonrada. Fue en respuesta a la oración de aquel al que había perjudicado que fue restablecida su salud y su relación con su pueblo, pero no se realizó su gran deseo de entrar en la tierra prometida. Falleció y fue enterrada en el desierto un año antes de que Israel entrase en Canaán.

Por la gracia de Dios Miriam volverá a cantar con el ejército de los redimidos porque "todos bebieron la misma bebida espiritual; porque bebían de la roca espiritual que los seguía, y la roca era Cristo...en pie sobre el mar de vidrio, con las arpas de Dios. Y cantan el cántico de Moisés siervo de Dios, y el cántico del Cordero, diciendo: Grandes y maravillosas son tus obras, Señor Dios Todopoderoso..." (1 Co. 10:4; Ap. 15:2, 3).

SUGERENCIAS PARA CHARLAR SOBRE EL TEMA

1. ¿Qué significa el nombre "Miriam"?
2. ¿Qué rasgos de la personalidad vemos en Miriam cuando era una niña?
3. ¿Es bueno dar responsabilidades a los niños pequeños? ¿Que clase de responsabilidades? ¿Hasta qué punto?
4. ¿Cómo podemos ser guarda de nuestro hermano en el círculo familiar? ¿Y en la comunidad de creyentes?
5. ¿En qué contribuyó Miriam con respecto a la creación de una nueva nación?
6. ¿Qué papel desempeña la mujer en la actualidad en la edificación del reino? ¿Es la reunión de señoras en la iglesia parte de la obra de Dios? ¿Qué opina usted de participar en el terreno de la política?
7. ¿Era cierto o falso lo que afirmó Miriam en Números 12:2? Demuéstralo.
8. ¿Cuál fue su pecado? ¿Está extendido hoy esta clase de pecado? ¿Qué efectos tiene sobre aquellos que lo cometen? ¿Y sobre otras personas involucradas?
9. ¿Qué cualidades de corazón y mente debemos tener a fin de poder llevar a cabo nuestro trabajo para la gloria de Dios?

"Por la fe Rahab la ramera no pereció
juntamente con los desobedientes..."
HEBREOS 11:31

11
Rahab

Lecturas de la Biblia
Josué 2; 6:17-25; Hebreos 11:31; Santiago 2:25

Habían transcurrido cuarenta años desde aquella aciaga media noche en que hubo un gran clamor en Egipto por los primogénitos que habían muerto. Aquel mismo día un pueblo esclavo atrevido había marchado hacia el Mar Rojo, buscando la libertad, guiado por Moisés, por Miriam y por Aarón. Durante muchos años habían acampado en el desierto en muchísimas ocasiones. Y ahora en el último año de su estancia, habían muerto estos tres valerosos dirigentes. Aunque tenía ya ciento veinte años, Moisés estaba todavía fuerte y seguía siendo un hombre valeroso cuando, después de ver en la distancia durante un largo tiempo la tierra de Canaán, murió en el monte Nebo. Pero antes de morir había transferido el liderazgo a Josué, su Primer Ministro, que era un hombre piadoso y lleno de espíritu de sabiduría. Moisés había, sin embargo, apuntado a los límites de la herencia de Israel, dando instrucciones muy concretas para su división (Nm. 34).

La tierra al oeste del Jordán se encontraba ya ocupada por Gad, Rubén y la mitad de la tribu de Manasés, que estaban muy ocupado construyendo hogares para sus familias y rediles para sus rebaños para cuando Josué ocupó el lugar de Moisés. Al otro lado del Jordán, al oeste, se encontraba la tierra para el resto de las tribus.

Al meditar Josué acerca de la enorme tarea que tenía ante sí, oyó la voz de Jehová: "Como estuve con Moisés, estaré contigo; no te dejaré, ni te desampararé. Esfuérzate y sé valiente; porque tú repartirás a este pueblo por heredad la tierra de la cual juré a sus padres que la daría a ellos...para que seas prosperado en todas las cosas que emprendas" (Jos. 1:6, 7b).

El forastero

La nación que habitaba la tierra al oeste del Jordán eran los poderosos cananeos. Parece ser que estaban divididos en dos insignificantes reinos, teniendo cada uno de ellos su propio rey y, cuando la situación lo demandaba, podían formar poderosas alianzas (Jos. 9:1, 2). Estaban protegidos por montañas, el río Jordán, que fluía con ímpetu, y el mar Mediterraneo. Sus ciudades estaban bien fortificadas y era una nación culta. Eran bien conocidos sus logros en el terreno comercial y comerciaban pacíficamente con otros países. Los cananeos eran una nación de idólatras, cuya adoración era sensual y terriblemente cruel. Los israelitas se quedaron escandalizados por sus ritos de fertilidad y por sus sacrificios humanos a Baal, ya que las leyes por las que se regían en su vida los israelitas eran las que habían sido dadas por Moisés. La copa de iniquidad de los cananeos estaba llena hasta el borde y entre esta gente vivía Rahab, siendo una de ellos. Es posible que se convirtiese en una ramera al servicio de Astarté y como tal hasta es factible que gozase del respeto de los cananeos.

Rahab vivía en Jericó, la más fuerte de las ciudades fortificadas de Canaán. Esta antigua "Ciudad de las Palmeras", como era conocida, estaba rodeada y protegida por dos murallas que estaban a una distancia de unos 4,5 metros (15 pies). Aunque las murallas no eran altas, eran anchas y muy fuertes y se construían las casas con ladrillos secados al sol, apoyados por maderos, construidas sobre el claro. La casa de Rahab ocupaba un lugar encima de las murallas.

Jericó, con sus tejados planos y blanqueados, se encontraba situada en un valle muy verde, donde había

pintorescas palmeras. El sector regado por los pozos era
precioso y fértil y el clima cálido de la planicie era muy
adecuado para disfrutar de jugosas frutas y tener una
abundante cosecha. Era una tierra en la que fluía la leche
y la miel, ya que las gentes eran prósperas.

Esta era la tierra que José debía reclamar para el pueblo
de Israel. Tenía la promesa de conseguir la victoria, que
le había hecho Dios, pero como dirigente militar era
preciso que planease con sabiduría. Escogió Jericó como
el punto de partida de su campaña. Tal vez su estrategia
consistiese en separar a los reyes del norte de los del
sur. Desde la agradable arboleda de acacias, al este del
Jordán y directamente al oeste de Jericó, Josué envió a
dos jóvenes como espías a la "Ciudad de la Fragancia".
El Jordán fluía con aguas turbulentas y rápidas en su
descenso al nivel del mar en aquel sector y no cabe duda
de que aquellos jóvenes aventureros debieron de escoger
para cruzarlo un lugar donde la orilla fuese menos
profunda y el río suficientemente estrecho como para
poder atravesarlo a nado. Es fácil imaginárnoslos,
atentos, discretos, con sus ropas que se pegarían a sus
fuertes piernas y brazos, al avanzar rápidamente y
recorrer los pocos kilómetros que les separaba de la
ciudad clave, que se encontraba en la planicie. Ansiosos
por evitar ser reconocidos, se mezclaron durante un breve
tiempo entre las multitudes que se encontraban en las
afueras de la ciudad. Posiblemente el tiempo suficiente
como para enterarse de que la casa que se encontraba en
lo alto de las murallas, tan estratégicamente situada,
pertenecía a una prostituta llamada Rahab, donde al
menos se encontraron un poco más a salvo, porque las
autoridades de la ciudad seguramente habrían visto
entrar con frecuencia a extranjeros en su casa.

Creyente

La extraña y un tanto romántica historia de Rahab
presenta muchas dificultades de índole moral. Resulta
fácil darnos cuenta de que hombres de un carácter
intachable y de vidas ejemplares como lo fueron
Abraham, el amigo de Dios, y Moisés, el siervo de Jehová,
se consideren como héroes de la fe. Pero a muchos les

resulta difícil comprender que Rahab, con su herencia pagana y su dudosa moral, pertenezca a esa ilustre línea de hombres y mujeres cuya fe debemos imitar. Los comentaristas han intentado restarle importancia y explicar el significado de esa mancha de prostitución que se encuentra en el linaje de Cristo, insistiendo en que en aquellos tiempos una ramera no era, de hecho, otra cosa que una posadera. Otros dicen que es posible que pecase en una ocasión, pero que se había vuelto respetable. Pero no es posible evadir la verdad, porque vemos que en todas partes se habla de ella como una ramera. No podemos pretender entender todos los caminos del Señor, porque "mis caminos son más altos que vuestros caminos, y mis pensamientos más que vuestros pensamientos", dice Dios (Is. 55:9).

Los hilos oscuros son tan necesarios
en las diestras manos del tejedor,
como los de oro y plata,
para el patrón que quiso tejer.

—Autor desconocido

En Mateo 1:5 encontramos que entre los cuatro nombres de mujeres que se mencionan como pertenecientes a la línea mesiánica, una de ellas es Rahab y tres de ellas eran adúlteras. El Señor nos dice, sin embargo, que la salvación no depende de la bondad humana, sino de la gracia que ha concedido gratuitamente a los pecadores y que Él está dispuesto a redimir a los más pecadores. Este ejemplo de cómo elevó a una mujer pecadora nos advierte que no debemos mirar nunca con desprecio a otras personas por causa de los pecados que hayan podido cometer.

Tenemos evidencia de que Rahab mintió y lo hizo con mucha astucia. Para los depravados cananeos poco significaba una mentira, pero para los oídos de Dios es siempre un pecado. ¿Y quién es más despreciable que un traidor? Ella sabía que los espías habían venido con el propósito de comprobar las fortificaciones de la ciudad y para determinar la moral de sus gentes. Ella les había dicho voluntariamente todo lo que sabía, les había animado, protegido y ayudado a escapar. Rahab no pudo haber hecho mucho más para traicionar a sus amigos y a su país.

Con todo y con ser Rahab una ramera, una astuta mentirosa, y una traidora, ¡se convirtió en una heroina de la fe! Le salvó la vida a los espías y más adelante salvó la suya propia porque *creyó en Dios de verdad*. Les dijo a aquellos hombres que había oído hablar acerca de Dios con anterioridad. Jericó se encontraba en la ruta de las caravanas que iban de Babilonia a Egipto y, teniendo en cuenta que los mercaderes se detenían en casas como la suya, pudo oír mucho acerca de esta gran nación que se estaba formando, sus conquistas y el poder de su Dios. Su pueblo estaba lleno de temor hacia un Dios tan poderoso como lo era el YO SOY de los israelitas, pero ella estaba convencida de que aquel debía de ser el Dios verdadero, pues Él había estado obrando en su corazón. Su confesión es convincente al decir: "*Sé* que Jehová os ha dado...*Jehová* hizo secar las aguas del Mar Rojo...Jehová vuestro Dios *es Dios* arriba en los cielos y abajo en la tierra" (Jos. 2:9, 10). ¡No queda en su mente lugar para Astarté, ni Baal ni Moloc!

Desde dentro

Rahab y Sara son las únicas mujeres que se mencionan como pertenecientes a la gran nube de testigos que fueron extranjeras y peregrinas en la tierra y para las cuales Dios ha preparado una ciudad. En Santiago leemos que la fe de Rahab se menciona juntamente con la del eminente Abraham. Santiago dice de ella que tenía una fe viva, demostrada por sus obras. Sus convicciones eran firmes y, aunque puso en peligro su vida por hacerlo, escogió ponerse de parte de Dios. Se atrevió a quedar sola, porque sabía que con el Todopoderoso estaba segura. Ayudó a los espías y guardó su secreto por amor a Dios. ¡Fíjate en lo pronto que pensó en el bienestar de su familia! Era ya una misionera, por así decirlo, porque deseaba que su familia también fuese salva. "Porque como el cuerpo sin el espíritu está muerto, así la fe sin obras está muerta" (Stg. 2:26). ¡Qué gran lección la de Rahab!

Ella y su familia se salvaron de la terrible destrucción de la ciudad y su propia recompensa fue eterna. De modo que vemos que toda buena acción hecha por amor a Dios y a Cristo se verá recompensada por multiplicado. ¡Ni siquiera el dar "un vaso de agua fría" quedará sin recompensa! Ella fue aceptada por los israelitas, convirtiéndose en uno de ellos. Parece ser que se casó con Salmón, que posiblemente fuese uno de los dos espías. Su hijo Boaz se casó con Rut, y fueron los abuelos de David. Cristo sigue aún buscando y salvando a los perdidos y está llamando, no a los justos sino a los pecadores, al arrepentimiento. Él es el Buen Pastor, que trae a los perdidos y a los que se han alejado de entre todas las naciones a Su rédil.

La iglesia ha sido muy lenta a la hora de hacer que los de "afuera" se conviertan en "uno más"...han tardado en aprender a poner por práctica el principio de la aceptación. No se puede dejar fuera a ninguna persona que haya aceptado a Cristo por poseer una herencia diferente, por pertenecer a otra raza o cultura. Cuando Dios salva a un pecador, por muy depravado que sea, permite que tenga una comunión *total* con Él en los lugares celestiales. Tanto si procede de un hogar cristiano o pagano, sea blanco o negro, eso nada le importa a Dios. Cuando los sumos sacerdotes y los ancianos que estaban inmersos de lleno en "la herencia" y la tradición le interrogaron, Jesús les dijo: "De cierto os digo, que los publicanos y las rameras van delante de vosotros al reino de Dios" (Mt. 21:31). Cuanto más honda sea la necesidad mayor es la gracia. ¡Sea la gloria al que a todos salva por la eternidad!

SUGERENCIAS PARA CHARLAR SOBRE EL TEMA

1. ¿De quiénes descendían los cananeos? (Gn. 9:18). ¿Por qué los destruyó Dios?
2. ¿De qué modo sería castigada Israel si se olvidaba de su Dios? (Dt. 8:19, 20).
3. ¿Qué sabemos acerca de los recursos materiales y las bendiciones de la tierra de Canaán? (Dt. 8:7-10).
4. ¿Cómo sabemos que la nación de los cananeos o los fenicios estaba dividida en estados o reinos? (Jos. 9:1, 2).
5. ¿Fue necesario que Josué hiciese planes detallados con el fin de tomar la tierra cuando el Señor le había prometido ya que se la daría a Israel? Cuenta lo que te sea posible

sobre la estrategia que utilizó Josué. ¿Crees que sus métodos se parecen en algo a los que se utilizan hoy en la
guerra?

6. Cuenta lo que puedas acerca de los antecedentes y la
   vida de Rahab. ¿Cuánto sabía acerca de Dios antes de
   que llegasen los espías?

7. Demuestra que Rahab tenía fe. ¿Qué clase de fe tenía?

8. ¿Para qué hacemos buenas obras? ¿Debe ser algo que
   hagamos de manera consciente o el resultado natural de
   la fe?

9. ¿Tenía algún simbolismo la cinta escarlata que colgó Rahab de su ventana?

10. ¿Nos aclara algo el relato de Rahab acerca de cuál ha de
    ser nuestra actitud hacia los convertidos en las misiones?
    ¿Qué actitud tenemos en la actualidad hacia ellos? ¿Cuál
    debiera ser?

11. Ocasionalmente vienen a nuestra iglesia personas del ex-
    terior. ¿Aceptamos y cuidamos realmente de las Rahabs?
    ¿Qué hizo Jesús?

12. ¿Crees tú que la iglesia debería aceptar a una persona
    convertida de verdad y que antes de convertirse haya es-
    tado divorciada sobre una base que no sea bíblica?

*"Despierta, despierta, Débora;
despierta, despierta, entona cántico."*
JUECES 5:12

12
Débora

Lecturas de la Biblia
Jueces 4 y 5

Hace más de cien años que las mujeres vienen siendo noticia. Un cierto escritor está convencido de que el hecho más importante del siglo no son las tremendas guerras mundiales que hemos vivido, sino la mujer.

En el libro *Angels and Amazons*, escrito por Inez Irwin, leemos que las mujeres tenían más derechos, en algunos sentidos, en los tiempos coloniales que al principio de la República. En el siglo diecinueve se inició un movimiento para dar a la mujer los mismos derechos que tenía el hombre. Este movimiento feminista se expresó en la mente pública para comenzar como una serie de aseveraciones para la igualdad ciudadana en la política, en la enseñanza, en el empleo industrial, en la condición legal y en el respeto social. Mujeres como Abigail Adams, Susan B. Anthony y Lucretia Mott, en los Estados Unidos de América, se convirtieron en dirigentes que lucharon, como se llamó "en la Guerra de los Cien Años para la Determinación de la Mujer" entre otras muchas causas. Esta lucha tocó, por así decirlo, a su fin con la guerra de 1914, después de la cual hizo su aparición la nueva mujer, demostrando tener los mismos derechos que el hombre en casi todos los campos.

Cuando estudiamos a Débora, llegamos a la conclusión de que no hay nada nuevo bajo el sol, porque hubo también mujeres nuevas en las primeras civilizaciones. Débora, que fue una mujer heróica y genial, pensaba en el bienestar del público y fue una nueva mujer en los tiempos en que vivió. Aunque seguimos estando de acuerdo en que la esfera de mayor influencia de la mujeres se encuentra todavía en el hogar, es cierto que Dios concede a algunas mujeres unos dones superiores y para estas mujeres, como en el caso de Débora, vemos que hasta los hombres estaban dispuestos a seguirlas.

"Despierta, Débora"

"¿Porque, quién es Dios, sino sólo Jehová? ¿Y qué roca, hay fuera de nuestro Dios?" fue la confesión que hizo el rey David (Sal. 18:31). Sabía que el Dios del pacto no estaba sujeto a la menor sombra de variación. Sin embargo, pocas naciones tuvieron más altibajos, tanto desde el punto de vista espiritual como nacional, que el pueblo escogido de Dios. Pero el Dios santo e inmutable no vacila, ni siquiera cuando se trata de Su pueblo escogido.

Dios había dicho: "Toda esta tierra te la daré y nunca quebrantaré el pacto contigo." Dios había prometido destruir a las naciones que se encontraban en Canaán, pero fue preciso que Israel las desposeyese (Dt. 31:3). Les fue dicho que destruyesen sus altares y que no hiciesen pacto alguno con los paganos. Les estaba prohibido casarse con personas paganas de aquella nación. Israel no debía tener nada que ver con ellos y no podía ni siquiera nombrar a sus dioses (Jos. 23:7; Jue. 2:2).

El pueblo, profundamente impresionado, dijo: "Nunca tal acontezca, que dejemos a Jehová para servir a otros dioses porque Jehová nuestro Dios es..." (Jos. 24:16-21). Vemos que eran muy positivos: "A Jehová seguiremos." ¡Pero lamentablemente no tardaron en perder su entusiasmo! Apenas se habían establecido en aquella tierra cuando se dejaron dominar por su avaricia y su egoísmo y se olvidaron de Aquel del cual procedían todas las bendiciones. Se apoderaron de todos los dones terrenales que Dios les dio, pero rechazaron al mismo tiempo su Palabra. El propósito de Dios era destruir la idolatría y ellos disfrutaron de las viñas y de la variedad de culturas. A pesar de las piadosas promesas que habían hecho, los israelitas le dieron la espalda a Dios, volviéndose carnales y terriblemente corruptos, haciéndose amigos de los sensuales cananeos y además inclinándose ante sus ídolos (Jue. 2; 3:5-7).

Pero sucedió que la ira del Señor se manifestó en contra de los hijos de Israel y dondequiera que iban la mano de Dios estaba en contra de ellos y del mal que hacían. Las promesas de Dios a los suyos son seguras, pero Él no puede, de ninguna manera, aprobar la desobediencia ni el mal. Su odio al pecado es tan seguro como la maravillosa manifestación de Su gracia. El pueblo de Dios le había abandonado y Él ya no estaba dispuesto a ayudarles para echar al resto de los cananeos. De modo que permanecieron en la tierra muchas naciones paganas (aquella tierra que podía haber sido suya), y estas naciones se convirtieron en una aflicción inexorable para los israelitas y los dioses de aquellos pueblos serían una trampa y piedra de tropiezo para el pueblo de Israel. Por muy angustiados que se sintiesen, no tenían excusa por haberse metido en aquel lío en que se habían metido porque Jehová les había advertido repetidamente del peligro y había razonado con ellos diciendo: "¿Por qué habéis hecho ésto?" Ellos habían dicho de boca: "Serviremos a Jehová", pero a pesar de ello se arrodillaron en el polvo ante Baal y entregaron a Astarté la fortaleza de sus cuerpos. ¡Cuánto nos parecemos nosotros, lamentablemente, a aquellos antiguos hijos de Dios! Decimos: "Utilízame para tu gloria" pero a continuación buscamos la nuestra. Oramos diciendo: "Ayúdame a vivir para ti" y, sin embargo, dedicamos toda nuestra fuerza a satisfacer nuestros propios deseos egoístas.

Leemos que Dios entregó la nación en manos de sus enemigos, como si dijese: "No es ya más mi pueblo, son vuestros, haced con ellos lo que os plazca" (Jos. 23:13; Jue. 4:2). De modo que el pueblo de Israel fue explotado y oprimido; fueron otros los que se alimentaron de sus cosechas y saquearon sus propiedades, echando a las personas de sus hogares, aprovechándose sexualmente de sus mujeres y convirtiendo a sus jóvenes en esclavos. Los guerreros se amedrentaron y sus dirigentes se dispersaron. Se sintieron, por lo tanto, terriblemente angustiados, habiendo perdido su independencia y viéndose oprimidos por un poder militar que no tenía el menor sentido de la justicia. En esta ocasión fue Jabín, rey de Canaán, y el despiadado Sísara, los que tenían sometidos al pueblo de Israel con mano de hierro.

Por fin llegó el momento en que a este orgulloso pueblo no le quedó más remedio que elevar sus ojos a lo alto, clamando a Dios que les oyó y les dio una libertadora, una mujer decidida, llamada Débora, y a ella fue a la que le contaron todas sus desgracias. Sabían que era una mujer valerosa, sabia y piadosa y clamaron diciéndole: "Despierta, despierta Débora, despierta, despierta, entona cántico" de modo que nosotros, que nos sentimos afligidos y humillados podamos cantar una vez más las gloriosas alabanzas del gran YO SOY.

"Debora se levantó"

Esta fuerte y valiente mujer se convirtió en la Juana de Arco de los israelitas, arrasando a los enemigos y devolviendo a su pueblo la libertad. Pero mucho antes de que se convirtiese en una mujer famosa por sus hazañas en la guerra, había sido un ama de casa, una madre de la nación de Israel. Ella había oído hablar y hasta es posible que fuese testigo de las atrocidades que había tenido que soportar su pueblo durante veinte largos años. El sufrimiento de su país hizo que Débora se arrodillase ante el Dios vivo, en el cual confiaba plenamente. Se dice que toda oración auténtica es peligrosa porque representa una entrega absoluta de la persona. ¿No es cierto que cuanto más oramos con más intensidad sentimos el deseo de hacer la voluntad de Dios?

Como profetisa, habló a su pueblo, de corazón desfallecido, acerca de Dios y del poder que tenía para ayudarles, profetizando liberación si tan solo se volvían a Él. También para nosotros debe ser este el primer paso para conseguir la paz, sea cual fuere nuestro problema.

No era esa la primera vez que Israel se encontraba en

apuros. Después de la muerte de Josué habían caído con frecuencia en el pecado, sufriendo por ello, pero siendo misericordiosamente librados por hombres que estaban llenos del Espíritu de Dios, llamados jueces. En esta ocasión concreta le fue concedido ese alto honor a Débora, que llegó a ser muy bien conocida por todo el país, extendiéndose su fama, pues eran muchos los que venían de cerca y de lejos para que ella dictase sentencia e hiciese justicia, sentada bajo una majestuosa palmera, que era en sí misma un símbolo de prosperidad y de victoria. Tenía ante ella una enorme labor que realizar por causa del rechazo de Dios por parte del pueblo de Israel y por el hecho de que "cada hombre hizo lo que era justo en sus propios ojos". Como juez y profetisa fue una mujer inspirada y las personas que acudían a ella, con intención de pedirle consejo, buscando enseñanza y consuelo, se marchaban llenas de esperanza, sabiendo que vendrían tiempos mejores.

Pero ella podía hacer más que juzgar y profetizar, pues era capaz de animar y estimular a las gentes. No cabe duda alguna de que esta brillante y noble mujer debió tener una personalidad resplandeciente y un espíritu intrépido. De una cosa sí podemos estar seguras, de que era una agitadora elocuente, puesto que consiguió conmover a un pueblo que estaba desesperado y afligido. ¡Qué maravilloso que pudiese inspirar a otras personas para que tuviesen la misma confianza en Dios que tenía ella! Débora se convirtió en una gran mujer porque descubrió una necesidad y supo lo que hacer para resolver el problema. Dijo: "Las aldeas quedaron abandonadas en Israel, habían decaído, hasta que yo Débora me levanté, me levanté como madre de Israel" (Jue. 5:7). Y no hay duda alguna de que actuó como una buena madre para su pueblo porque hubo paz en la tierra durante cuarenta años.

"Marcha, oh alma mía"

Se ha dicho que las mujeres no deben buscar en la política el honor ni el deseo de que se escuche su voz en el gobierno, sino que deben servir con devoción a una causa determinada y eso era algo que Débora supo hacer.

Se propuso firmemente una meta, la de la libertad y para conseguirlo llamó a su guerrero, el general Barac, de Cedes de Neftalí, y le dijo que debía de ir y luchar como Dios lo había mandado y Él les concedería la victoria. Barac era un hombre de fe débil y solamente estaba dispuesto a ir si iba Débora con él. Ella le respondió: "Iré contigo."

En los versículos que vienen a continuación leemos un relato de una de las más extraordinarias batallas de toda la historia. Muchos fueron los que respondieron ante el llamamiento a tomar las armas, pero no todos porque había en Israel algunos partidarios del aislamiento político, entre ellos Meroz que no era nada patriota. Algunas de las tribus estaban tan preocupadas por su propia agricultura y sus negocios (Jue. 5:16, 17) que, a pesar de que *consideraron el* peligro al que se enfrentaba la nación, *no acudieron* en su ayuda, por lo cual fueron maldecidos. Vinieron, sin embargo, diez mil hombres valientes procedentes de Zabulón, de Neftalí e Isacar. Marcharon a la cumbre del monte Tabor, con Débora a la cabeza para servirles de inspiración y Barac para conducirles a la batalla. Desde ese punto de mira elevado tenían una enorme panorámica de la parte central de Palestina. Por la planicie de Esdralón descendía el amplio río Cisón, alimentado por muchos diminutos riachuelos y manantiales que durante las lluvias del invierno se convertían en pantanos y valles en lugares que eran realmente traicioneros.

Vieron al ejército de Sísara, con sus novecientos carros de hierro, situados en el valle. A pesar de que contaban con armamento poco adecuado, se levantaron como un solo hombre cuando Débora les gritó: "Levántate, porque este es el día en que Jehová ha entregado a Sísara en tus manos" (Jue. 4:14). Dios luchó a favor de ellos, enviando lluvias torrenciales y terremotos que confundieron a Sísara y a sus ejércitos, de manera que los carros quedaron atascados en el fango y entre la maleza. El río Cisón, cuyas aguas descendían caudalosas, arrolló a cientos de hombres, mientras los hombres de Barac atacaban con furia y sin el menor temor, hasta no quedar ni un solo hombre, aparte de Sísara, que huyó a pie hacia las colinas, donde vivían los ceneos. En el ambiente cordial de la tienda de campaña de Jael y Heber, "le metió la estaca en las sienes y lo enclavó en la tierra, pues él estaba cegado de sueño" (v. 21). De esa manera murió el poderoso Sísara. El cántico de Débora, que ella misma escribió y que cantó con Barac, es de una gran belleza y posee un inmenso poder lírico. En él alaba al fiel guerrero, pero sobre todo, se regocija en Dios y le da la alabanza por haberles concedido la victoria.

¡Ojalá que nosotras, al igual que le sucedió a Débora, *despertemos* a la necesidad que tiene el reino de Dios, que *nos levantemos* para cumplir con nuestra parte y que *marchemos* adelante con el Señor de los Ejércitos para obtener la victoria! Y aquellos que le aman y que le sirven serán "como el sol cuando sale en su fuerza" (5:31).

SUGERENCIAS PARA CHARLAR SOBRE EL TEMA

1. ¿Dónde vivía Débora? ¿Dónde se sentaba a juzgar?
2. Numera algunas de las cosas que Débora hizo bien.
3. ¿Cuántos jueces precedieron a Débora? Nómbralos.
4. ¿Cómo describirías la personalidad de Débora?
5. ¿Qué naciones se convirtieron en una prueba para el pueblo de Israel? (Jue. 3:1-5).
6. ¿Qué naciones respondieron al llamamiento al deber? ¿Quiénes se quedaron atrás y por qué motivo lo hicieron? (Ver cántico de Débora.)
7. ¿Hay realmente lugar para los objetores de conciencia en tiempo de guerra?
8. ¿Quiénes eran los ceneos? ¿De parte de quién estaban?
9. Describe la famosa batalla que tuvo lugar entre el pueblo de Israel y Sísara.
10. ¿Encontramos alguna ilustración espiritual en el relato de Débora?
11. ¿Participamos nosotras, como mujeres, de modo suficientemente activo en la política? ¿Cuáles son algunas de las cosas que pueden hacer las mujeres en este aspecto?

Sus amigas le dijeron: "Tu nuera que te ama...
es de más valor para ti que siete hijos."
RUT 4:15

13
Noemí

Lectura de la Biblia
El libro de Rut

El lugar donde tiene lugar nuestro relato es la tierra de Moab. El padre de los moabitas fue el hijo de Lot por parte de su hija mayor y vivió cerca de Zoar. Los amonitas, que también eran descendientes de Lot, fueron al noreste, pero los moabitas, que eran más pacíficos, permanecieron más cerca de su tierra natal, reemplazando a los altos y poderosos emims. El territorio, al este del Mar Muerto y en frente de Jericó, había sido dado por Dios a sus hijos como posesión. Cuando Moisés condujo a los israelitas hacia Canaán no invadieron Moab porque Dios les había dicho que no molestasen ni luchasen contra ellos. A pesar de que los moabitas no permitieron a Israel pasar por su tierra, actuaron de modo amigable con ellos.

Parece ser que no era un pueblo hostil, porque Jefté dice que Moab no luchó en contra de Israel, cuando fueron vecinos, durante unos trescientos años. Hubo, sin embargo, ocasiones en las que Moab e Israel tuvieron algunos enfrentamientos. Debido a que Israel obró mal, Dios fortaleció a Moab para que oprimiese a su pueblo durante dieciocho años. Ehud liberó a Israel; David hizo que Moab pagase tributos; tuvieron que someterse a Omri de Israel, pero al morir Ahab, Moab se reveló. Leemos que años después bandas de moabitas acosaron a Joab, pero durante la cautividad de Babilonia muchos judíos hallaron refugio en Moab.

Isaías profetizó que al final Moab sería maldita por Jehová y quedaría desolada por causa de su orgullo y su arrogancia. Sin embargo, Jeremías, que estaba familiarizado con la profecía acerca de Israel, prometió un rayo de esperanza para los moabitas.

Esta fue la nación que tan bien recibió a Noemí y a su familia, cuando encontraron una residencia temporal entre ellos.

"Llamadme Mara"

En este libro que tanto apreciamos, nos desviamos del camino principal de la historia hebrea con sus actos heróicos, su violencia y sus guerras, para adentrarnos por un sendero precioso que nos conduce a la vida doméstica. Esta es una historia de amor, de ansiedad, de sufrimientos y de dulzura que llena el corazón humano. El libro se llama Rut, pero sin la existencia de Noemí no existiría tampoco Rut. Hay pocas narrativas que sean tan hermosamente conmovedoras como ésta de Noemí. Durante la adversidad, descubrió que Dios era bueno, amable y misericordioso para con los afligidos.

Noemí era afortunada por el hecho de que la herencia de su marido se encontrase en los fértiles campos de Bélen. Desde los comienzos de la historia, el frondoso valle que descendía desde la ciudad, situada sobre lo alto de la colina, al norte, al sur y al este, había sido tan enormemente productivo que la ciudad que dominaba sobre la planicie en terraplén, con su grano y sus frutos, era conocida como la Casa del Pan.

Pero entonces aconteció lo inesperado. ¡Hubo una gran hambre en la tierra! Los fértiles campos de Elimelec se encontraban despojados y desolados, prevaleciendo en ellos la pobreza y el hambre. Algunos creen que el hambre fue el resultado de una invasión enemiga que descendió sobre el país como una plaga de langostas para destruir la tierra (Jue. 6:1-6). Elimelec estaba desesperado porque no lograba alejar al fantasma del hambre de su casa.

Noemí y Elimelec se enfrentaban con un grave

problema. Se enteraron de que en la tierra de Moab había abundancia de alimento y Moab no estaba demasiado lejos. Desde los lugares más altos de Belén, al otro lado del estrecho río Jordán y la brumosa expansión del Mar Muerto, podían ver las montañas purpúreas de Moab. Era difícil para Noemí acceder a ir, ya que el hogar, las amistades y las pequeñas cosas tanto significan para la mujer. Pero con todo y con eso, al contemplar los rastrojos secos de su huerto y ver a sus hijos tan delgados, se dio cuenta de que no le quedaba otra opción.

Elimelec, cuyo nombre significa *Dios es Rey*, hizo lo poco que pudo de su parte para que su herencia permaneciese segura, recogió el ganado que le quedaba, sus sencillas posesiones y su familia y se puso en camino. Para los muchachos, el polvoriento camino hacia Moab no era otra cosa que el sendero hacia la aventura. Debió costarle muchísimo trabajo a Noemí romper los lazos que le unían a sus amigas y familiares y dejar atrás aquellos parajes que tan bien conocía, pues era una mujer que tenía un corazón sensible y amoroso.

Sacamos la conclusión de que esta reducida familia, tan necesitada, fue bien recibida en Moab. La lengua que allí se hablaba era muy parecida a la suya, de modo que no tardaron los muchachos en hacer amistad con los moabitas. Seguramente Noemí y Abimelec se sentirían muy preocupados cuando Mahlón y Quelión se interesaron muy seriamente por las muchachas del país. Aunque nada se había dicho en contra de la posibilidad de casarse con los moabitas, los padres debieron sentirse preocupados porque habían conocido a algunos muchachos hebreos estupendos que se habían casado con mujeres moabitas y se habían vuelto a Quemos, dios de Moab.

No llevaban mucho tiempo en Moab cuando Dios se llevó a Elimelec del lado de Noemí. Entonces la carga de tener que ganarse la vida y de los problemas familiares, reposaron tan solo sobre sus débiles hombros. Se había quedado viuda, un hecho sombrío en sí mismo. Sintió doblemente el peso de su soledad, lejos del hogar, de sus familiares y sus amigas, encontrándose con que los hijos eran una bendición, pero además una tremenda responsabilidad. ¡Cuánto debió sufrir viendo sus necesidades y sus problemas!

En este mismo valle de Moab, donde Israel había lamentado y clamado a Dios durante treinta días, Noemí clamó, con el corazón desgarrado, para que Jehová la sostuviese y le diese sabiduría y fortaleza para seguir adelante en la vida. Dios le aseguró:

> Hija mía, conozco tu dolor; bien lo tengo presente,
> No te esfuerces con tu dolorida voz por hablarme,
> Sencillamente ven a mí, descansa tu cabeza sobre mi pecho
> Y yo te daré consuelo, dulce paz y calma.
>
> —Autor desconocido

Noemí fue aprendiendo, día tras día, que Dios era su refugio y su fortaleza, que Jehová es el Padre de misericordia y el Dios de todo consuelo.

Cuando Mahlón y Quelión se hicieron mayores se casaron con Rut y Orfa, dos muchachas moabitas. Seguramente Noemí se sentiría dolorida y consternada por el hecho de que sus hijos se casaran con mujeres paganas, pero fue lo suficientemente inteligente y dio muestras de sentido común al recibirlas en su casa y aceptarlas en su corazón. Es una experiencia corriente para los padres que aconsejan a sus hijos enamorados, encontrarse con que éstos hacen oídos sordos a sus consejos. Cuando los hijos contraen matrimonio con personas que no parecen las más apropiadas y a los padres les parece que han cometido una tontería, es posible que se dejen dominar de tal modo por sus sentimientos que les hablen a sus hijos de manera precipitada, y ese es el modo más seguro de perder a los hijos. Noemí sabía que para salvar tanto a sus hijos como a sus esposas debía dar la bienvenida a las muchachas y debía de quererlas.

Al cabo de unos pocos años, Mahlón y Quelión se pusieron enfermos y murieron. El Señor se había llevado a los hijos en los cuales Noemí esperaba encontrar apoyo y un motivo para seguir viviendo. En el corto período de diez años, tres de aquella reducida familia de cuatro miembros habían fallecido, convirtiéndola en una viuda sin hijos en un país extraño. Se había marchado de Belén

cuando era jóven, feliz y "repleta", pero ahora todo lo
que tenía era "un tremendo vacío, dolor y tristeza". Podía
decir sin duda alguna: "Todas tus ondas y tus olas
pasaron sobre mí."

Hija de mi amor, apóyate con firmeza,
Y permíteme sentir el peso de tus sufrimientos;
Conozco tu carga, hija mía, yo la formé.
—Paul Pastnor

Todas conocemos a muchas personas que se sienten
agobiadas por el sufrimiento y las penalidades, cuyas
vidas necesitan la dulzura del amor y de la amistad.
Como cristianos, debemos llevar los unos las cargas de
los otros y, de ese modo, cumplir con la ley de Cristo.
Las personas que son prósperas critican con frecuencia
a las viudas y a sus hijos, con respecto a lo que tienen y
lo que hacen, pensando que porque Dios "les ha tratado
con dureza" no son tan dignas de aprecio como otros.
Estas personas están siempre dispuestas a dar consejos,
pero no hacen nada por alegrar ni aligerar la carga y les
resulta demasiado fácil decir: "Bueno, en realidad es tan
poco lo que podemos hacer." Lo que las viudas necesitan
no es que los demás sientan lástimas de ellas, sino amor
y comprensión.

Dios amó a Noemí durante todo el tiempo que la
estuvo guiando, mientras ella caminaba por las sombras.
El Padre eterno la acercó, para que se apoyase en Su
hombro con Su amor, susurrando a su dolorido corazón:
"Créeme, hija mía, si te digo que todas las cosas obran
para bien para aquellas personas que me aman y confían
en mí. Aunque el peso de tu sufrimiento te resulte casi
insoportable, piensa que mi gracia te basta."

Cansada y ya anciana, Noemí echaba de menos a su
familia y al hogar que había conocido en su juventud.
Cuando se enteró de que Jehová había visitado a su
pueblo para darles de nuevo alimento, decidió volver a
Belén. La admiramos porque a pesar de sus
circunstancias, fuesen las que fuesen, su maravillosa
independencia femenina se mantuvo incólume y tuvo
valor para afrontar la vida solamente con la ayuda de
Dios.

Ella y sus dos nueras eran tres viudas a las que unía la aflicción y Noemí las animó para que buscasen de nuevo la felicidad donde la pudieran encontrar más fácilmente, en su propia tierra. "El Señor las trató con bondad". Vemos, pues, que Noemí conocía al Señor. ¿Estamos nosotras convencidas de que el Señor actua con amor cuando nos da la impresión de que todo nos va mal? Yendo de camino hacia Belén, con sus nueras junto a ella, recordó tiempos mejores en Moab. Temblando de emoción, les dijo lo mucho que las amaba por el cariño que habían mostrado hacia su familia. ¿Cómo podían evitar querer a esta dulce mujer que se había tenido que enfrentar con una adversidad abrumadora con un espíritu manso y sumiso?

Orfa regresó a su tierra pagana, pero Rut no pudo separarse de los brazos de su suegra. Noemí tenía una personalidad dominada por Dios, tenía encanto y dulzura y de ese modo se supo ganar a Rut. Al mismo tiempo Rut la necesitaba, necesitaba al Dios que sostenía a Noemí. Debido a que Noemí era fiel a Dios en medio de las tensiones y de las tempestades de la vida sucedió algo maravilloso. Ganó a Rut para Dios y no ha habido jamás una confesión de amor que haya superado a la que hizo Rut a Noemí, mostrando el amor de una nuera hacia su suegra.

De modo que las dos prosiguieron juntas a Belén. Era el tiempo de la cosecha y los campos no habían sido nunca tan tentadores ni habían olido sus flores con mayor dulzura. Las casitas blancas brillaban bajo los rayos del sol. Polvorienta y cansada, con las arrugas causadas por el sufrimiento y el dolor profundamente grabadas en su rostro, sus amigos casi no pudieron reconocer a Noemí. "¿Es ésta Noemí?" se preguntaban unos a otros. Durante muchos días hubo un gran revuelo en el pueblo y Noemí tenía mucho que contarles. Su madre le había puesto Noemí por nombre, es decir "Dios es dulce" porque le había tratado con dulzura, pero Noemí les dijo: "Llamadme Mara porque en grande amargura me ha puesto el Todopoderoso" (Rut 1:20). Les dijo que había salido con muchas cosas, pero que había regresado con las manos vacías. Pero a pesar de todo aprendemos de Noemí:

Porque Dios mismo lo ha dicho
Él, Dios fiel y verdadero;
Cuando llegues a las aguas,
No te anegarán, sino que a salvo estarás.
—Annie Johnson Flint

No se convirtió en una mujer inútil, que tuviese lástima de sí misma, sino que dio testimonio a sus amistades de que Jehová era el Señor de su vida. Había vivido en una nación pagana plenamente entregada a Dios de modo que Rut podía decir: "Tu Dios será mi Dios" (1:16). Una vez que hubieron regresado a Belén, aconsejó a Rut y planeó su vida para que fuese una vida plena y segura. Rut se casó con el hombre que Noemí aprobaba y Rut fue mejor para ella que siete hijos, al menos eso decían sus vecinas, que alabaron a Dios cuando nació el nieto de Noemí. "Noemí ha dado a luz", dijeron aquellas mujeres y le pusieron por nombre Obed (véase 4:17).

Nos encontramos en la vida que por cada prueba por la que tenemos que pasar existe una dulce compensación. Dios nos quita para poder darnos aún con mayor abundancia. Jesús no nos muestra Su amor evitándonos todos los sufrimientos, sino haciéndonos fuertes para que los podamos soportar. Nos muestra Su amor purificándonos y dando forma a nuestra personalidad y carácter hasta que aparece, de modo evidente, la belleza de Jesús en nosotros.

Dios quiere que sea para tu bien, querida amiga.
El Dios de Noemí es el mismo hoy;
Su amor permite las aflicciones extrañas y amargas,
Mientras Su mano nos guía a lo largo del camino desconocido.
—Autor desconocido

SUGERENCIAS PARA CHARLAR SOBRE EL TEMA

1. Con el propósito de conocer la breve historia de Moab, que aparece en la introducción del libro de Rut lee las siguientes citas:
   a. Gn. 19:36, 37; b. Dt. 2:9, 28, 29; c. Jue. 11:17, 25, 26; 3:12s; d. 2 R. 3:4, 5; e. Jer. 40:11, 12; f. Is. 15 y 16.
2. ¿Qué aprendemos acerca de Moab en Isaías, capítulos 15 y 16; en Jeremías 48:46, 47?
3. ¿Por qué fueron Noemí y Elimelec a Moab?
4. ¿Cuál fue la causa de la aflicción de Noemí?

5. ¿Fue justo que Noemí dijese que el Todopoderoso la hubiera causado amargura?

6. Con frecuencia las viudas se quejan de que se sienten como "pez fuera del agua" cuando están con personas de los dos sexos. ¿Sería tal vez mejor que se relacionasen con otras mujeres que puedan entenderlas y comprender sus problemas? Habla acerca de este problema, puede ser de ayuda a alguna persona en tu grupo.

7. Lee Santiago 1:27. ¿Qué significa este versículo?

8. ¿Cuál debe ser la actitud de una viuda en lo que se refiere a recibir ayuda por parte de la iglesia?

9. ¿De qué modo suele afectarnos el sentir lástima hacia nosotras mismas?

10. ¿Por qué es Noemí un buen ejemplo para los momentos de aflicción?

11. ¿Por qué es Noemí una suegra ejemplar?

*"Tu pueblo será mi pueblo,
y tu Dios mi Dios."*
RUT 1:16

14
Rut

Lecturas de la Biblia
El libro de Rut; Deuteronomio 25:5-10; Mateo 1:5, 6

La novela de carácter histórico resulta siempre tremendamente popular y cuando tiene un tras fondo bíblico es especialmente atractiva para muchas personas. Libros como *The Robe* (La túnica sagrada), *The Big Fisherman* (El gran pescador) ambos escritos por Douglas; *The Galilean* (El galileo), por Slaughter, *The Cardinal* (El Cardenal) por Robinson y *The Prophet* (El profeta) por Asch, por mencionar tan solo unos cuantos, pocas veces quedan olvidados en las estanterías de las bibliotecas.

Para el estudiante serio de la Biblia hay libros históricos, en lugar de los de ficción, y relatos de Rut. Estos, además de las novelas que se han escrito acerca de Rut, tendrán siempre un profundo atractivo, porque cuentan la historia de una gran historia de amor entre la joven moabita, unida por devoción al mundo de los gentiles, con el pueblo de Dios.

La joven viuda ideal

Se puede decir que el libro de Rut es una joya entre los libros del Antiguo Testamento. Se encuentra apropiadamente entre los libros de Jueces y de Samuel, porque Noemí y Rut vivieron durante la época de los jueces, aunque se considera que el libro mismo fue escrito mucho después. Es un libro que ha sido escrito con una gran belleza y al mismo tiempo con sencillez. Goete, el poeta alemán, dice acerca de él que "es el más encantador idilio breve que la tradición nos ha transmitido". Es una historia real acerca de la lealtad y la devoción a la familia. Nos presenta un mensaje vital a nosotras, las que nos ha tocado vivir en estos tiempos en que tantos problemas surgen en las familias.

Rut, el personaje central de este libro, es una de las mujeres más conocidas en la Biblia. Es cierto que el mundo no la consideraría espectacular ni heróica, pero sí que resulta extraordinaria por su propio sentido de la lealtad y la devoción que mostró para con su suegra y su pueblo por adopción. H. Morton dice: "La cualidad más sobresaliente en Rut fue la belleza de su corazón, la generosidad de su alma, un firme sentido del deber y una mansedumbre que con frecuencia corre parejas con la decisión." Da la impresión de que pareció decir y hacer siempre lo más correcto de una manera encantadora.

La Biblia no nos ofrece una descripción de su aspecto físico, pero la literatura y el arte se han encargado de presentárnosla como una mujer muy atractiva. En *El canto de Rut* se la presenta como "de una belleza extraordinaria, con oscuro pelo cobrizo, con elevados pómulos, ojos cálidos y ataviada con los vestidos ajustados de una sacerdotisa del templo." De hecho, lo que nos hace pintar un cuadro precioso de Rut, la moabita, es el atractivo de su personalidad tan encantadora.

La primera vez que nos la encontramos es cuando aparece como una joven viuda, teniendo que afrontar un futuro inseguro. Los diez años felices de su vida de casada habían pasado demasiado deprisa. Había conocido a Mahlón, el joven judío, cuando éste había ido a vivir al fértil país montañoso de Moab con sus padres, con el propósito de permanecer allí hasta que pasase el hambre en Judá. Mahlón y Rut se habían enamorado y se habían casado. Eran felices, pero una mujer necesita un hijo al que amar, y el hombre necesita un hijo junto a él. Fue un golpe terrible el perder a Mahlón, pero ella encontró consuelo y comprensión en su noble y maravillosa suegra, Noemí. El problema con el que las dos mujeres se tuvieron que enfrentar fue muy real, porque una viuda "abandonada y sin nada" solamente podía encontrar "reposo" y seguridad en la casa de su marido.

Noemí se enfrentó con decisión al destino de una viuda en una familia oriental y decidió regresar a su antiguo hogar, junto a sus familiares. Rut y Orfa comenzaron juntas el viaje en dirección a Belén, pero mientras iban de camino Noemí les instó a que regresasen a Moab y se casasen de nuevo. Orfa decidió regresar, pero Rut era reacia a abandonar a su suegra. Adoraba a Noemí, que era una esposa y una madre perfecta, que supo mantener la calma y actuar con valor al afrontar la adversidad. En la reacción de Rut (1:16 y 17) tenemos la más exquisita expresión de amor y devoción que jamás encontraremos en toda la literatura. No se ha expresado nunca la devoción de una manera más perfecta o con un espíritu tan desinteresado.

Rut resultó ser una mujer decidida. A pesar de que Noemí le había dicho que no le podía ofrecer nada de lo que pudiese necesitar una mujer en Judá, Rut olvidó de buen grado su antigua vida, su familia y sus dioses, y afrontó con valor un futuro desolador e inseguro junto a su suegra, que se encontraba desamparada.

Era primavera cuando las dos viudas llegaron a pie, o tal vez cabalgando sobre sus burros, después de haber ido por caminos estrechos y polvorientos, en dirección al hogar. Una de ellas anciana y ajada, llevando una negra *malaaya*, la otra joven, con amuletos dorados que brillaban bajo el pañuelo que llevaba sobre su rostro hermoso, mientras la brisa de la primavera hacía moverse sus vestiduras. Podemos estar seguras de que Noemí le hablaría a Rut acerca de su gente y aquel Dios al que Rut había escogido para sí. Era mediados de abril, los campos cubiertos por azules anémonas y amapolas que florecían alegremente a lo largo del sendero y junto a las colinas. Los campos de dorado trigo meneaban sus ramas al viento, bajo el cálido sol oriental. Al ascender las mujeres la fuerte pendiente hacia la ciudad, vieron los campos llenos de sembradores, hombres y mujeres, que cortaban el trigo que estaba listo para la siega con sus azadones, atándolos en montones y recogiendo alegremente la cosecha. En la ciudad las gentes le dieron la bienvenida a Noemí.

La nuera ideal

Rut se convirtió entonces en la que debía mantener a Noemí. Normalmente cada familia contaba con suficientes mujeres como para ocuparse de todas las necesidades del hogar, no habiendo trabajo para la mujer fuera de la casa. De hecho, de no haber provisto Dios sus necesidades, las viudas y los pobres se hubieran encontrado totalmente indigentes (Lv. 19:9, 10). Ser una espigadora con los demás pobres era una tarea humillante, pero Rut no le temía al trabajo (Rut 2:7) de modo que estuvo espigando, desde que amanecía, hasta que desaparecía el cálido sol rojizo de sobre la cebada que se mecía con el viento y se ocultaba lentamente tras las pequeñas colinas de Judá. Después de estar aventando el preciado grano de los tallos, llenó su manto con la cebada y regresó al hogar, donde le esperaba Noemí.

Los campos eran una larga extensión de maíz y grano, marcados solamente por montones de piedras que eran los mojones en aquellos lugares. Rut no tenía ni idea de a quién pertenecía la tierra hasta que, después de haber pedido permiso con toda educación para espigar, le dijeron que aquella gran parcela de tierra le pertenecía a Booz, un rico propietario de tierras, que era un hombre sabio y generoso, influyente y altamente respetado en su comunidad. Cuando Booz se dirigió hacia sus acres de tierra para ver cómo iba la cosecha, vio a aquella atractiva muchacha extranjera entre sus segadores. Le habló con amabilidad y le invitó a que espigase en los campos durante la cosecha y ella, juntamente con las demás muchachas a las órdenes de Booz, trabajó y las siguió durante varias semanas. Booz admiró en seguida la serena belleza de Rut, su laboriosidad, su cortesía y devoción. Mostró una especial consideración hacia ella y ella se mostró agradecida (Rut 2:10, 13).

Ideales en la familia

Noemí estaba contenta de que Booz se mostrase tan

interesado en Rut, porque era un familiar lejano. Comenzó a tramar un plan en su mente porque se le ocurrió una manera para conservar el nombre de la familia y hacer, al mismo tiempo, feliz a Rut.

En los tiempos de Noemí la unidad familiar era de vital importancia. Era imprescindible conservar el nombre de la familia y la hacienda de generación en generación. En caso de que falleciese el padre el hijo mayor era responsable de la propiedad y se convertía además en el que proveía las necesidades de las mujeres de la familia. Si un hombre moría sin haber dejado un heredero, la ley del levirato exigía que un hermano se casase con la viuda. Entonces el primer hijo se convertía en el heredero del muerto, conservando de ese modo su nombre y heredando su propiedad. Toda la familia vivía en su hacienda y juntos trabajaban para proveer todas las necesidades de la familia.

Se han producido tremendos cambios en el patrón familiar en nuestros días. La idea de que el nacimiento de los hijos es un acto de Dios hace ya tiempo que ha sido reemplazada por la familia planificada, en la que los padres deciden el número de hijos que pueden comodamente atender y sacar adelante.

Se ha desintegrado el hogar compacto tradicional, como unidad, hasta el punto de que se han organizado por distintos países oficinas de consejería para los matrimonios. Los padres ceden el control a sus hijos que viven bajo las diversas influencias del exterior. Se ofrecen continuamente soluciones a las dificultades en el hogar y de los jóvenes, pero el problema sigue yendo en aumento. La labor de los padres cristianos, que viven en este mundo cambiante, consiste en crear un hogar en el cual exista una sólida unidad familiar, en la que predominen el amor y el respeto mutuo.

Un matrimonio ideal

Noemí, que estaba encantada con las atenciones de Booz hacia Rut, planeaba un futuro brillante para ella. Le habla a Rut de la ley del levirato y quiere que ella aproveche sus ventajas. Noemí, mujer valerosa y sabia, le dice a Rut lo que tiene que hacer y decir, y ella confiada y cumplidora le responde: "Todo lo que me dijeres, haré."

Booz había visto a Rut ataviada con los ropajes toscos de trabajo, pero entonces era preciso que la contemplase debidamente vestida, con su dulce belleza y su fragancia. Ocultando su rostro tras un velo, Rut avanza entre las sombras de la noche. Se deja guiar por la luz de la luna de la cosecha que ilumina con esplendor las colinas de Judea. Dirigiéndose a los campos donde había estado espigando, camina silenciosamente, entre los hombres, oyendo la respiración pesada, mientras duermen envueltos en sus capas, hasta donde se encuentra Booz también durmiendo. Era una antigua costumbre que aprovecha Rut para visitarle de una manera que resultase lícita. Booz la recibe atentamente, le dice que la admira (Rut 3:10-14) y hablan acerca del matrimonio, pero antes es preciso que Booz consulte con unos familiares.

Nos encontramos a Booz, por la mañana muy temprano junto a las puertas de la ciudad, negociando con soltura a favor de Noemí y Rut. El familiar más cercano no puede redimir tanto la propiedad como a Rut, después de lo cual Booz anuncia públicamente sus intenciones de casarse con Rut. Los ancianos y los otros que se encuentran presentes se sienten felices con el desarrollo de los acontecimientos porque respetan al noble Booz y solamente han oído cosas buenas acerca de la hermosa moabita. Muchos son los buenos deseos y las bendiciones que desean a los novios. De manera que Booz redime a Rut para que pertenezca a la familia de Dios y se hace realidad su deseo de ser una con ellos en su fe y en su relación.

Al cabo de poco tiempo tienen un hijo, Obed. Todos los que conocían a Noemí, a Rut y a Booz se alegran y dicen: "Bendito sea Jehová". Obed se hizo famoso en Israel, porque fue el abuelo del rey David, de cuya casa y linaje nació Cristo, el Redentor. De manera que Rut, la moabita, que tenía un maravilloso carácter, estaba emparentada con el Hijo de David que fue la Luz Verdadera de los gentiles y con todos los redimidos de todos los rincones de la tierra.

SUGERENCIAS PARA CHARLAR SOBRE EL TEMA

1. ¿Qué significa el nombre Rut? Estudia la personalidad de Rut.

2. ¿Qué fue lo que hizo decidirse a Rut, el amor que sentía por su suegra o hacia Dios?

3. En caso de haber una necesidad económica en el círculo familiar, ¿quién tiene obligación de ayudar, los miembros de la familia, la iglesia o el estado?

4. ¿Qué provisión especial se hizo a favor de los pobres israelitas?

5. Fíjate en el saludo que era acostumbrado (2:4). ¿Eran los israelitas más conscientes de la presencia de Dios de lo que lo somos nosotros hoy?

6. Compara los patrones familiares de los tiempos de Rut con los actuales. ¿Qué grandes cambios se han producido desde los tiempos de nuestros abuelos? ¿Han ayudado a las relaciones familiares estos cambios?

7. ¿Cuál es la causa de que se produzcan tantos divorcios? ¿De los problemas que tienen actualmente las escuelas con los niños? ¿Qué solución ofrecerías tú si te pidiesen que ayudases a resolver estos problemas?

8. Relata la manera en que Noemí actuó como casamentera en este relato. Fíjate muy bien en su sabiduría femenina.

9. ¿Debe la mujer maniobrar para conseguir al hombre que desea o es prerrogativa del hombre escoger una compañera?

10. ¿Cuáles son los valores principales del libro de Rut?

"Por este niño oraba
y Jehová me dio lo que pedí."
1 Samuel 1:27

15
Ana

Lecturas de la Biblia
1 Samuel 1 y 2

Creemos que la oración es una gran realidad y que las oraciones hacen cambiar las cosas. Es, por así decirlo, el oxígeno vital del cristiano, su aire natural. Sabemos que Aquel que enseñó a Sus discípulos a orar también puede enseñarnos a nosotros.

La oración es potencia. Nosotros los cristianos tenemos la maravillosa posibilidad de hablar personalmente con el Poder Supremo, que dirige nuestras vidas y el destino de todas las cosas. Cuando nosotros venimos ante la presencia de Dios, en nuestra profunda necesidad, y nos ponemos en contacto con Su poder y Su misericordia, las cosas tienen que cambiar forzosamente.

La oración es la disciplina de uno mismo y el carácter cristiano se desarrolla en el lugar secreto de la oración.

Le presentamos nuestras necesidades a nuestro Padre y Él nos contesta, haciendo que sucedan cosas a nuestro favor. Jesús dice: "Si tuviereis fe como un grano de mostaza, diréis a este monte: Pásate de aquí allá, y se pasará; y nada os será imposible" (Mt. 17:20).

En el libro de los Salmos tenemos muchas promesas que hizo Dios, que nos demuestran que Él oye y responde a nuestras oraciones. "Este pobre clamó y le oyó Jehová y lo libró de todas sus angustias" (Sal. 34:6). En el Antiguo Testamento encontramos muchas respuestas concretas a las oraciones. El relato de Ana es una prueba positiva del poder que tiene la oración, porque la oración de Ana se apropió del poder de Dios y de Su misericordia y Él le concedió las peticiones de su corazón (Sal. 37:4, 5).

El problema de Ana

Ana era la madre de Samuel, que fue el primero de los grandes profetas después de Moisés y el último de los jueces, fundador de la escuela de profetas y de la monarquía hebrea. Dos de los libros de la Biblia llevan su nombre, el primero de los cuales ofrece un relato de su vida y de su obra. Ana tenía un hijo que era digno de ella, pero ella también era una madre digna, que representa el ideal de la maternidad piadosa, humilde, consagrada y leal.

Admiramos tanto más su humildad y piedad cuando nos ponemos a pensar en todas las pruebas por las que tuvo que pasar. Muchas mujeres en su situación se hubieran convertido en unas amargadas, pero ella se convirtió en una mejor hija de Dios al verse obligada a acercarse más al único que la podía comprender.

Elcana, el marido de Ana, pertenecía a la casa de Leví y era un buen hombre. Iba religiosamente todos los años a Silo para guardar la fiesta. El pueblo se encontraba en un estado de corrupción moral y los altos ideales de Moisés habían prácticamente desaparecido. Muchos de los jueces, como sucedió con Sansón, fueron unos dirigentes débiles y se cometían terribles crímenes y se tomaban las más espantosas venganzas (véase Jue. 19 y 20). Cada hombre se inventaba sus propias leyes, según su propia conveniencia (Jue. 21:25) y los tiempos que corrían no eran precisamente los más apropiados como para favorecer la piedad o la adoración, pero sin embargo, Elcana no se perdió nunca la fiesta de Silo. Se merece ser alabado por el hecho de haber llevado siempre a su familia a adorar, a pesar de que había hasta Silo una distancia de aproximadamente quince kilómetros desde donde ellos vivían, en las colinas de Efraín. Enseñó a sus hijos a adorar y presentar sacrificios al Señor de los Ejércitos y sabía muy bien quién era el Señor (Ex. 34:6, 7).

Pero con todo y con eso, este varón bueno y piadoso tenía graves problemas familiares, siendo el pecado mismo cometido por Elcana el que causó los roces en el ámbito familiar que, de lo contrario, era una de las pocas familias ejemplares. Elcana practicaba la poligamia, pues tenía dos esposas.

Esta costumbre estaba ampliamente extendida y se habla sobre ella en relación con algunos de los más importantes personajes del Antiguo Testamento, sin la menor vergüenza, incluyendo a patriarcas, jueces y reyes. Se practicaba entre los ricos y la clase media, a la que pertenecía Elcana. Tomaban más de una mujer por varios motivos. Ocasionalmente para establecer una alianza política, con frecuencia lo hacían por codicia, en otras ocasiones por recoger a las mujeres solteras, ya que en la sociedad hebrea no había lugar para ellas y además por motivos económicos. La razón principal por la que se practicaba era la supervivencia de la familia, ya que las esposas eran un medio de asegurarse que tendrían descendencia. Cuando la primera esposa era estéril, con frecuencia tomaban una segunda. Es bastante probable, por lo tanto, que Ana fuese su primera mujer y, debido a que era estéril, se casó con Penina con el fin de poder tener hijos. La costumbre de la poligamia fue adoptada de una cultura pagana porque, en el principio, Dios instituyó el matrimonio monógamo.

De modo que Elcana, al ir todos los años a Silo, llevaba oculto un pecado en su corazón, un pecado que se multiplicó para convertirse en una serie de numerosos pecados familiares y él no hizo nada por erradicarlos. Su historia resulta oportuna, porque muchos de nosotros continuamos asistiendo a la casa de Dios, semana tras semana, albergando males que toleramos y que incluso excusamos.

Penina, que era una mujer de carácter inferior y, por consiguiente, no era una mujer tan capaz como Ana, le dio a Elcana los hijos que deseaba. Era perfectamente natural que la esterilidad de Ana le hiciese sentir una desesperante ansiedad, porque el honor y el valor de la mujer dependía de poder tener hijos. Incluso el sufrimiento de la hija de Jefté tuvo su origen no tanto en el precipitado voto hecho por su padre, sino en el hecho de que no podía sentirse realizada como mujer (Jue. 11:37). La frustración y la ira que sentía Ana se hicieron cada vez más intensas debido a la actitud persistentemente áspera adoptada por Penina y las expresiones de ésta. Las crueles burlas y las bromas de su rival se convirtieron en una agonía para el dulce espíritu de Ana. La verdad es que Penina no era consciente de que estaba pecando contra Dios al hacer sufrir a Ana, que estaba ofendiendo a su esposo y dando un mal ejemplo a sus hijos. Esta actitud, semejante a la de Penina, se encuentra lamentablemente por todas partes hoy en día y es demasiado corriente entre nosotras. El antídoto a este pecado es el amor, ya que el que ama a Dios debe amar también a su hermano.

Esta familia de pastores debía esperar con verdadero anhelo que llegase el momento de hacer aquella peregrinación anual para asistir a la fiesta de Silo. A pesar de que Ana era la esposa favorita de Elcana, sucedió que incluso aquel grato festival se convirtió en un sufrimiento para ella. El ver a los padres y los hijos reunidos para la fiesta, año tras año, le hacía darse cuenta de que ella no tendría parte alguna en la próxima generación. Viendo el orgullo que sentía Elcana por sus hijos al entregar a cada uno de ellos su porción durante la fiesta, le hizo sentir que por mucho que su esposo la amase, ella se había perdido el más maravilloso don que puede concedernos la vida. Elcana era un hombre compasivo y se esforzó por consolarla con ternura, pero no hubo consuelo en la porción adicional que le dio Elcana porque los oscuros ojos de Penina permanecían siempre vigilantes, encendidos por el resentimiento y el odio. Penina se dio cuenta de que Elcana amaba profundamente a Ana y eso la llevó a adoptar una postura mezquina. El resultado inevitable de los matrimonios polígamos eran siempre los celos, el odio y la rivalidad (véase Dt. 21:15-17). Sin embargo, aquel ambiente de amargura, del cual no le era posible escapar ni siquiera por un día, no dio pie a que ella contestase siempre a Penina con ira, sino a que se refugiase en la oración.

La oración de Ana

Aquel día de la fiesta (1 S. 1:6, 7) la manera de re-
godearse de Penina resultó especialmente detestable y
sus burlas una profunda agonía. Tan deprimida estaba
que no podía ni comer, de modo que se levantó de la
mesa y a solas, dominada por el llanto de su sufrimiento, entró en el templo y cayó sobre sus rodillas. A
pesar de toda su compasión, Elcana no acababa de comprender el alcance del dolor de su mujer ni poseía la fe
que tenía ella. El sufrimiento es algo muy solitario, de
modo que a solas presentó su problema al Señor en oración.

Ana poseía un sentido extraordinario de la presencia
del Señor, convencida de que el cielo no se hallaba lejos
de la tierra. No tuvo que gritar, puesto que el llanto de
su espíritu entristecido y el deseo abrumador de poder
tener un hijo llegó al corazón compasivo y comprensivo
de Dios. Lo profundo de su aflicción alcanzó las
profundidades de la misericordia de Dios. ¿Oye Dios las
oraciones?

Si los finos dedos de una radio captan una melodia
En la calma de la noche lanzándola a traves de continentes y
*   océanos,*
Si las tersas notas de un violín soplan a través de las montañas
*   o del clamor de la ciudad,*
Si los cantos, como rosas encendidas, se transmiten a través
*   del aire límpido*
¿Por qué dudan los mortales de que oiga Dios la oracion?

—Autor desconocido

Cuando Elí, el sumo sacerdote, vio a Ana tan abatida,
con los labios que le temblaban a causa de la emoción,
la cara colorada por lo anhelante de su ruego, llegó a la
lamentable conclusión de que estaba borracha. Tal vez
aquella oración silenciosa fuese algo fuera de lo normal.
Es probable que fuese testigo de tantas borracheras y
libertinajes alrededor del templo en los días de fiesta
que no fuese capaz de reconocer la auténtica piedad.
Nos da la impresión de que era un mal ministro y un
peor padre. Cuando Elí acusó a Ana de estar borracha,
ella le replicó de inmediato: "Yo soy una mujer atribulada
de espíritu" (1:15). Una vez que le hizo esta confidencia
a Elí, éste le dio su bendición.

Orar significa hablar con Dios y el deseo es el alma misma de la oración. Ana había seguido el único camino que era posible seguir, había derramado su corazón ante Dios y había encontrado un refugio en Él (Sal. 62). Ana encontró poder en la oración, consuelo y paz. Una nueva luz brillaba en su rostro porque había estado en la presencia del Señor de los Ejércitos. Ana regresó junto a Elcana renovada y con su espíritu fortalecido. Por la mañana adoró con la familia, comenzando tanto el día como su peregrinación con Dios.

"¿Está alguno entre vosotros afligido? Haga oración" (Stg. 5:13). ¿Está alguno preocupado? "Sean conocidas vuestras peticiones delante de Dios en toda oración y ruego, con acción de gracias" (Fil. 4:6). Esto era algo que había hecho Ana una y otra vez. El Señor contestó a su oración y antes de que se celebrase la fiesta del próximo año, le concedió un hijo y le puso por nombre Samuel, *escuchada por Dios*.

La alabanza de Ana

Ana estaba totalmente convencida de que Dios era el Creador de los niños y que solamente Él podía convertirla en madre. Durante muchos años su más ardiente oración había sido la que expresaba su deseo de tener un hijo. Ahora que el Señor había cumplido su más profundo deseo, recordó la promesa que había hecho en Silo el año anterior. Ella había prometido entregar a su hijo al Señor todos los días de su vida. Se ve la fortaleza de su carácter dulce y humilde en la responsabilidad que le encomendó su marido en cuanto a la importante decisión con respecto a Samuel (1 S. 1:23).

Ana rodeó al pequeño Samuel con todo el amor y cuidado que podía dar una madre devota a su primogénito. Cuidaba de su preciado hijo con gratitud, sabiendo que era un don que le había concedido Dios, no dejándole nunca al cuidado de otras personas, incluso hasta el punto de renunciar a ir a Silo con tal de no dejar a su hijo, no sintiendo nunca la necesidad de alejarse de su familia para tomarse unas vacaciones.

Cuando dejó de dar el pecho a Samuel y el niño comenzó a poder cuidarse solo, hasta cierto punto (que

es posible que sucediese a los cinco o seis años, teniendo
en cuenta que era ya capaz de realizar pequeños trabajos
en el templo) le vistió para que hiciese su primer viaje a
Silo, donde tenía planeado dejarle.

Debió de ser terriblemente duro para aquella madre
tener que separarse de su hijo. Podría haber encontrado
un sinnúmero de excusas para no cumplir su promesa.
Estaba el ambiente polucionado del templo, la mala
influencia de los hijos de Elí (1 S. 2:22-24) y el hecho de
que Elí estaba poco capacitado para cuidarle por su
avanzada edad. Si Ana no sintió ningún temor ni
preocupación por su hijo fue debido sencillamente a que
le dejó bajo el cuidado y la protección de Dios. Dedicó
su hijo a la orden de los nazarenos con un sacrificio
quemado y al servicio del Señor con un corazón lleno de
gozo y de gratitud.

Ana se sentía agradecida por el hecho de que su hijo,
a pesar de su corta edad, pudiese hacer pequeños trabajos
en el tabernáculo. Los hacía tan bien que Elí le regaló un
pequeño efod para que lo llevase puesto. Ana visitaba a
Samuel todos los años cuando iba a Silo y le llevaba una
nueva capa, que ella misma había tejido para que la
llevase con sus vestiduras blancas.

Cuando Elí vio la actitud desinteresada de Ana oró al
Señor para que le concediese otros hijos. ¡Imagínate la
felicidad de Ana cuando el Señor le dio cinco hijos a los
que amar y cuidar! Podemos estar seguras de que les
enseñó a orar, a confiar en Dios y a alabarle.

Se llama a su canto de alabanza el *Magnificat* del
Antiguo Testamento. Mediante él Ana expresó la
profundidad, el fervor y el gozo de una mujer feliz, que
da toda la gloria a Dios, no solamente por haberle dado
un hijo, sino por lo que es para todos: un Dios sabio,
justo, poderoso y que nos concede la salvación.

¿Has pedido tú tus hijos a Dios? ¿Cuántos de tus hijos
han sido sinceramente dedicados a Dios? ¿Le das las
gracias a Dios por cada momento de felicidad como lo
hizo Ana? Ora para que ese espíritu, como el de Ana,
caracterice tu vida. "Esperaré en el Señor...Yo y los hijos
que me has dado...serviremos al Señor con gozo" (Is.
8:17, 18; Sal. 100:2).

SUGERENCIAS PARA CHARLAR SOBRE EL TEMA

1. ¿Es la oración un impulso natural o un arte, es decir, algo que debemos aprender a hacer?
2. ¿Podemos pedirle a Dios cualquier cosa que deseemos?
3. Sara, Raquel y Rebeca fueron estériles, como lo fue Ana. ¿Cómo reaccionó cada una de ellas frente a esta prueba?
4. ¿Con cuánta frecuencia había mandado Dios que se celebrase la fiesta? (Éx. 23:14-17). ¿Con cuánta frecuencia iba Elcana? (1 S. 1:3; 2:19; Jue. 21:19). ¿Qué podemos nosotras aprender de Elcana?
5. ¿En qué sentido se equivocó Elí con respecto a Ana? ¿Qué es lo que eso nos enseña? Fíjate en que a pesar de que Elí tenía fallos, como humano que era, Ana recibió sus palabras con reverencia y con gozo.
6. ¿Crees tú que los pastores deberían tener una mejor preparación en cuanto a psicología, sociología y capacitarse como consejeros? ¿Por qué? ¿Por qué no?
7. Ana dedicó su hijo a Dios. ¿Tienen los padres derecho a escoger una profesión (como pueda ser el ministerio) para sus hijos? Da los motivos.
8. ¿Es la confesión motivada por la fe o por la dedicación? ¿Somos acaso demasiado formales en cuanto a nuestra declaración de fe?
9. Describe el carácter de Ana. ¿De qué modo nos beneficia su historia?
10. Compara el Canto Triunfal de Ana (1 S. 2:1-10) y el *Magnificat* de María (Lc. 1:46-55).

"Ayunad por mí . . .
yo también con mis doncellas ayunaré
igualmente, y entonces entraré a ver al rey . . .
y si perezco, que perezca."
ESTER 4:16

16
Ester

Lectura de la Biblia
El libro de Ester

El libro de Ester es el último de los libros históricos del Antiguo Testamento y se encuentra situado, de modo lógico, junto a los de Esdras y Nehemías porque su historia pertenece a ese período. Fue escrito en hebreo, pero contiene más palabras en persa que los libros de Esdras y de Nehemías.

Al parecer Asuero habia fallecido ya (Est. 10:2) cuando fue escrita la historia. El autor estaba íntimamente relacionado con las costumbres persas de la corte y posiblemente tuviese acceso a las crónicas de la corte y era amigo, sin duda alguna admirador, de Mardoqueo. No fue escrito para los judíos palestinos, sino para los de la dispersión. Es un relato que resulta compacto y completo, y se puede clasificar totalmente aparte de los demás.

El libro no tiene una relación inmediata con el resto de los libros de la Biblia y, debido a que es tan completo y dramático, ha sido considerado como una leyenda, cuya intención es la de presentarnos las condiciones en que se encontraban los judíos en la Dispersión y posee indudablemente todos los elementos de un mito o de una novela. Habla acerca del poder de un antiguo monarca, la belleza de una doncella cautiva que gracias a unas circunstancias extraordinarias pudo reemplazar a la realeza y encontramos intriga y asesinato, codicia y amor, venganza y el inevitable final feliz y pacífico en el relato.

Resulta evidente el que no se mencione a Dios para nada en este libro, cosa que lo hace diferente al resto de los libros de la Biblia, porque incluso el más corto de los Salmos menciona el nombre de Dios. Tampoco se hace mención alguna de Jerusalén, del templo ni de la ley, mencionando, sin embargo, dos hechos históricos, ambos relacionados con la cautividad (2:6; 3:8).

Sabemos, sin embargo, que los judíos siempre han concedido al libro de Ester un especial honor y que lo han leído en sus sinagogas en cada una de las fiestas anuales de Purim. Cuando se leen los nombres de Amán y de sus familiares en voz alta, la congregación los pronuncia con desprecio porque, de no ser por la gracia de Dios, hubiera exterminado a los judíos como nación.

Para ellos, al igual que para nosotros el libro de Ester es el relato del cuidado providencial que tiene Dios de Su pueblo, de cómo vela por ellos y no permitirá que Su pueblo perezca, a pesar de que sean dispersados a todos los rincones de la tierra. Este pueblo es Su especial tesoro y aunque durante un tiempo se haya apartado de sus caminos, "he aquí, no se adormecerá ni dormirá el que guarda a Israel" (Sal. 121:3), sino que los guardará y los mantendrá "desde ahora y para siempre" (Sal. 121:8).

El rey

En este relato, que parece una narrativa histórica, hay cinco personajes que llaman la atención. Son Asuero, el rey, Vasti la reina destronada, Ester la reina que ocupó el lugar de Vasti, Amán, el favorito de la corte, y Mardoqueo, el judío. El primer capítulo nos habla acerca del rey, sus príncipes, la reina y el maravilloso palacio en el que se celebraban los banquetes y las fiestas reales.

Este rey persa Asuero se distingue del Asuero que se menciona en Esdras 4:6 y el de Daniel 9:1. Se cree normalmente que este Asuero es el rey al que los griegos llamaban Jerjes y, lo que se nos dice acerca de él en el libro de Ester parece estar perfectamente de acuerdo con lo que aprendemos de la historia secular sobre él. Era el rey que gobernaba en Persia cuando ese enorme imperio se extendía desde Etiopía hasta la India. El Imperio Persa era mayor que ninguno de los antiguos imperios anteriores y se puede comparar en su envergadura con Inglaterra en su mejor momento.

Asuero despojó de todas sus riquezas a todas las naciones que sometió, utilizándolas principalmente para aumentar su esplendor. Exigía el pago de exorbitantes impuestos y regalos de los pueblos que había conquistado, de modo que pudiera vivir con todos los lujos por los que eran famosos los gobernantes persas. Se cree que fue el Jerjes que condujo a dos millones de soldados (más para exhibirlos que para que le sirviesen) en contra de los griegos y fue derrotado. Trajo una tremenda flota al Mediterráneo y cuando perdió la batalla naval exigió, como un dios furioso y orgullo, que encadenasen el mar, pues era hombre altanero y fatuo. ¡Qué eran para él un millón de hombres, era preciso que la conquista continuase!

Fue como en la fiesta, acerca de la cual leemos en el capítulo uno, cuando se hicieron planes y se prometieron abastecimientos para la invasión de Grecia. La fiesta se celebró durante el tercer año de su reinado, cuando los asuntos del imperio se habían calmado lo suficiente como para permitir que los príncipes y los nobles dejasen sus lejanas provincias para una prolongada visita a la capital, para acudir a las fiestas del rey y para enterarse los planes para realizar más conquistas.

El gran rey hizo un despliegue sin igual de la hospitalidad real a sus invitados, procedentes de ciento veinte provincias, a sus sátrapas, príncipes y muchos nobles de Media, "para mostrar él las riquezas de la gloria de su reino, el brillo y la magnificencia de su poder, por muchos días, ciento ochenta días" (1:4). La fiesta se celebró en Susa, donde estaba su palacio de verano, ampliamente conocido por su esplendor oriental. ¿Qué otro rey había que se le pudiera igualar, que pudiera construir un palacio especial para dar banquetes en él alrededor del patio del jardín, suficientemente grande como para que hubiera sitio en su interior para agasajar a cientos de personas? Hizo que se colocasen unos maravillosos suelos de mármol de colores y a todos los lados hizo que colocaran brillantes colgantes, sujetos por enormes anillas de plata sobre enormes columnas de mármol, con cordones de fino lino y rica púrpura procedente de Tiro. Gracias a haber saqueado a otras naciones disponía de suficientes lechos de plata y oro o de sofás para todos sus invitados. La exageración del enorme lujo lo vemos en que se nos dice que cada una de las vasijas de oro para el vino era diferente de las otras. Y este orgulloso soberano podía superarse incluso a sí mismo porque una vez que hubo concluido la prolongada fiesta hizo preparar otra para los hombres de Susa.

A juzgar por la pintoresca descripción de la fiesta nos es fácil imaginarnos al poderoso monarca con una gran corona llena de joyas sobre su cabeza, llevando una túnica real, color púrpura adornada con oro y cargada de joyas, al inclinarse sobre una larga mesa de cedro. Sus príncipes estaban igualmente ataviados con espléndidos y coloridos ropajes reales y sandalias adornadas por joyas, y reclinados sobre los deslumbrantes divanes buscarían, de modo adulador, ganarse el favor de aquel déspota. Las mesas centelleaban cubiertas de oro y joyas preciosas y el aroma de los más exquisitos manjares y del vino real se mezclaría con el olor de esencia de rosas y flores por lo que tan conocidos son los jardines de los palacios. Están tocando a su fin los siete días de festejos con gran hilaridad y aquel orgulloso rey, complacido consigo mismo y "alegre por el vino" decide culminar aquellos festejos haciendo ostentación de su enorme tesoro, de su preciosa esposa, la reina Vasti. La reina que se encontraba agasajando a las mujeres que habían asistido a la fiesta dada por el rey, se niega a presentarse ante el rey cuando éste se lo ordena y él se pone furioso. ¡Se ha atrevido a desobedecerle! Siguiendo la sugerencia de sus consejeros, destituye a Vasti. De manera que Vasti abandona la majestuosidad del palacio en secreto, pero no en vergüenza, ya que hay en su negativa a dejarse deshonrar dignidad, nobleza y respeto por las costumbres nacionales, que no permiten a las mujeres aparecer ante la presencia de los hombres con el rostro descubierto y mucho menos ante aquellos que estaban borrachos y dispuestos a divertirse. De modo que Vasti, reluciente como un meteoro durante un breve tiempo, desaparece de la vista.

La reina

Tal vez dos años después de estos acontecimientos, Asuero que había regresado de sus hazañas en contra de Grecia derrotado y abatido, buscó los placeres del *seraglio* (el harén). Cansado de sus concubinas, se acordó de Vasti, a la que amaba (aunque se amaba más a sí mismo y al honor) y de la cual se había sentido orgulloso, de un modo desmedido. El pensar en ella, lamentando lo sucedido, hace que la melancolía se apodere de toda la corte y sus altos oficiales y los eunucos, proponen con la intención de animar al monarca que había llegado el momento de escoger otra reina. La mujer más bella del reino sería suya sin problema, de lo cual se asegurarían celebrando un concurso de belleza. El rey estuvo de acuerdo y no tardaron en llegar a Susa hermosas mujeres procedentes de todas las partes del imperio, llevándolas los eunucos a la casa de las vírgenes, suministrando a cada una de ellas los ungüentos y perfumes necesarios para su purificación (2:9, 12), dándoles siete doncellas especiales y cualquier atavío que deseasen llevar para que se lo pusiese cada muchacha la noche que le tocase ir a la residencia real. Aquella que más le complaciese al rey sería coronada con la corona de Vasti. Durante los siguientes meses, aparecieron muchachas de toda clase y raza, desde las morenas bellezas de Etiopía y de la India, hasta las orgullosas princesas procedentes de reinos arruinados, algunas de ellas con esperanzas, otras con temor, para pasar una noche con aquel soberano, que tanto poseía, y fueron asignadas por la mañana a la casa de las mujeres, donde habrían de permanecer como concubinas del rey (2:14).

Había un judío de la tribu de Benjamín, que se llamaba Mardoqueo, y vivía en Susa. Actuaba como portero a la puerta del rey (2:21) o como eunuco (si tenemos en cuenta que todos los días le permitían entrar en la corte de las mujeres, (2:11). Varios años atrás había adoptado o se había llevado a vivir con él y abierto su corazón, a su joven prima Hadasa, que estaba huérfana. Su nombre persa era Ester (que significa *estrella*, en honor de la diosa Istar). Era una muchacha obediente e inteligente y al crecer resultó ser de una belleza impresionante. Mardoqueo, que veía y se enteraba de todo, sentado junto a la puerta de la casa del rey, estaba seguro de que no había sido admitida en palacio ninguna mujer tan hermosa como Ester. Esperando que la suerte se pusiera de parte de su hija adoptiva y con la esperanza de conseguir prestigio para sí mismo y los favores para su pueblo, que se encontraba cautivo, Mardoqueo decide ofrecer a Ester como candidata al favor divino, como sacrificio a la pasión que tenía al rey esclavo.

Existe alguna duda respecto a si Ester estaba dispuesta a ir, cosa que nos da a entender su falta de interés en ponerse adornos especiales (2:15). Aunque es posible que un judío persa considerase el conseguir el favor del rey como un alto honor, es posible que Ester fuese solamente por obedecer a Mardoqueo (2:10). A juzgar por los acontecimientos posteriores nos damos cuenta de que Ester era una muchacha respetuosa, profundamente leal a su padre adoptivo.

Cuando llevaron a Ester a la casa de las mujeres, el camarlengo se quedó tan favorablemente impresionado con Ester que le concedió favores especiales. Cuando le llegó el turno de ir a ver al rey todo el mundo se quedó prendido de su encanto. Debió de ser una mujer extraordinariamente bella, teniendo un porte que la destacaba y la hacía diferente al resto de las vírgenes, para conseguir cautivar de tal modo a uno que conocía tan a fondo el encanto, como Asuero. ¿Fue tan solo la belleza física lo que hizo que el rey escogiese a Ester de entre todas aquellas muchachas tan atractivas? Debió de ver en Ester inteligencia, integridad y valor y no de la clase alagadora, sino de la que tiene una personalidad verdaderamente real. Con gran orgullo y ceremonia Asuero colocó la corona real sobre los rizos dorados de

Ester, convirtiéndola en reina de Persia (2:17). Y entonces "hizo un gran banquete a todos sus príncipes y siervos, el banquete a Ester" (2:18) e hizo regalos a todas las provincias.

La providencia de Dios

Durante cinco años todo fue bien (2:16; 3:7). Ester vivió en un fastuoso lujo, recibiendo el honor y la adoración de todos. Aunque se encontró entonces en una posición superior a la de Mardoqueo lo cierto es que no se olvidó de él. Durante todos aquellos años había respetado su orden de que mantuviese secreta su identidad racial. Mardoqueo seguía siendo para ella un padre adoptivo y un benefactor al que quería y se mantenía en contacto continuo con él por medio de su camarlengo, Hatac y sus doncellas.

Amán, el agagueo de descendencia amalecita, tal vez perteneciente a la familia real de aquella tribu árabe, había llegado a disfrutar del más elevado favor en la corte de Persia. Amán y el rey estaban continuamente juntos y el rey estaba tan infatuado con su favorito que dio órdenes (sin que hubiese motivos que lo justificasen) de que se le reverenciase de un modo realmente ostentoso. El odio que sentían los amalecitas por los judíos había sido algo que había perdurado siglos y cuando Mardoqueo, el judío, se negó a inclinarse delante de él, Amán se puso terriblemente furioso.

La reina Ester averiguó lo grande que era el poder de Amán y el odio que sentía cuando Hatac le informó que Mardoqueo había sido visto en la ciudad e incluso junto a la puerta del palacio, terriblemente angustiado, a pesar de que las señales de duelo estaban prohibidas en el sector real. Al averiguar la causa Ester se enteró por primera vez de la horrible masacre que planeaban cometer con todos los de su raza. Se sabía que el que planeaba llevar a cabo el siniestro plan, era nada menos que el malvado Amán, cuyo odio hacia Mardoqueo se había convertido en una pasión que le consumía y que había sobornado al rey con una tentadora suma de dinero por el privilegio de poder matar a *todos* los judíos (3:2-15) y a continuación había apelado a la codicia de sus conciudadanos para que se llevase a cabo dicho plan.

Cuando la reina leyó una copia del decreto, que le trajo Hatac de Mardoqueo, se sintió profundamente afligida. El decreto venía a ser la aniquilación de todo su pueblo porque toda palestina formaba entonces parte del Imperio Persa. Ester y Mardoqueo intercambiaron rápidamente y en secreto mensajes por mediación del fiel Hadac. Mardoqueo le dijo a la reina que se valiese de su influencia con Asuero para salvar a sus conciudadanos, pero Ester conocía perfectamente cuál era el castigo por presentarse ante el rey sin que él la hubiera mandado llamar. Temía lo que pudiera suceder, pues siendo hombre caprichoso e incondicional su desagrado significaba buscarse la muerte y solamente se permitía el privilegio de presentarse ante él a Amán y a siete de sus príncipes. El temor se apoderó de su corazón, ya que era posible que hubiera dejado de disfrutar del favor del rey para entonces. ¿Era posible que Amán fuere el causante de que su esposo no la hubiera llamado durante esos días? ¡Si era así, le esperaría la muerte, sin duda alguna!

Mientras Ester dudaba Mardoqueo se sentía más preocupado y no podía dejar a un lado su súplica. Cuando insistió diciendo: "¿Quién sabe si para esta hora has llegado al reino?" (4:14) (lo cual ha venido siendo un desafío para todos los cristianos desde entonces), Ester se dio cuenta que debía de salvar a su pueblo. Aunque el verse ascendido a un puesto importante es una prueba para el carácter, Ester no se había olvidado del Dios de su padre ni había dejado de amar a su pueblo, ni había dejado de lado su valor moral. Vemos fe y confianza en Dios en su petición a los judíos de Susa para que ayunasen (4:16; 9:31). El hecho de que también ella ayunase indica su convicción religiosa y sus frecuentes devociones. Con una gran sinceridad, ansia y valor, animada por su fe en el poder y la providencia de Dios, Ester mandó recado diciendo: "Entraré a ver al rey, aunque no sea conforme a la ley; y si perezco, que perezca" (4:16).

Dejando a un lado los vestidos de saco que había llevado puestos durante los tres días que había estado ayunando, Ester se puso sus vestiduras reales. Pálida, pero tranquila después de haber ayunado y orado, se presentó ante el rey "toda gloriosa...de brocado de oro es su vestido. Con vestidos dorados bordados será llevada ante el rey...vírgenes, compañeras de ella...entrarán en el palacio del rey" (Sal. 45:13, 14).

De cara al pórtico, situado sobre su elevado trono en la sala llena de columnas, el rey se quedó atónito viendo a Ester que se dirigía hacia él, caminando con dignidad y reverencia, entrando en la corte. ¡Qué momento tan cargado de tensión! ¡Qué tremendo alivio sentiría al extenderle el rey su cetro de oro! ¿Se había dejado el rey deslumbrar por su belleza? No sabía que "como los repartimientos de las aguas, así está el corazón del rey en la mano de Jehová; a todo lo que quiere lo inclina" (Pr. 21:1).

¿Presintió Asuero, tal vez, que una necesidad real había sido el motivo de la visita de Ester o fue su real magnanimidad lo que le hizo decir: "¿Qué tienes...cuál es tu petición? Hasta la mitad del reino se te dará" (5:3). Con mucho tacto y prudencia, Ester contestó invitando al rey y a Amán a un banquete a su casa, donde pudiese hacerle su petición bajo circunstancias más favorables. Al día siguiente volvió a decirle el rey: "¿Cuál es tu petición y te será otorgada?" Ester esperó hasta el siguiente día, sin embargo, cuando preparó un banquete por el estilo, con el propósito de suplicar por su propia vida y por la de los de su pueblo. Cuando apuntó a Amán, como el que iba a ser el asesino, el rey se quedó horrorizado y se dirigió furioso hacia el jardín de palacio. Cuando regresó al comedor se encontró a Amán postrado sobre el sofá de Ester y ordenó de inmediato que el malvado príncipe fuese colgado de la horca que él mismo había erigido la noche anterior para colgar a Mardoqueo, el judío.

No tardó en ser proclamado otro decreto en todo el reino de Persia, concediendo a los judíos el derecho a defenderse a sí mismos en el día trece del doceavo mes, que es el mes de Adar, para cuyo día Amán había echado suertes o *Pur*, para la destrucción de los judíos. El decreto lo escribió Mardoqueo el judío e iba acompañado de la autorización del rey, por medio de su sello. Y "salió

Mardoqueo de delante del rey con vestido real..." (8:15). Mardoqueo era un gran hombre y muy sabio alegrándose y regocijándose; "y los judíos tuvieron luz y alegría, y gozo y honra" (8:16).

Dios obra de modo misterioso
Para realizar sus muchas maravillas;
Deja sus huellas sobre el mar y cabalga sobre la tormenta.
En lo más profundo de las insondables minas
De habilidad que nunca, nunca falla
Atesora sus brillantes designios llevando a cabo su voluntad divina.
Oh santos reverentes, armaos de valor;
Las nubes que tanto espanto os causan
Rebosan misericordia y se derraman
Trayendo sobre vosotros bendicion.

—William Cowper

SUGERENCIAS PARA CHARLAR SOBRE EL TEMA

1. ¿Qué opinas sobre el derecho de Asuero, según el cual cada hombre podía gobernar en su propia casa? (1:22). ¿Se cumplía ese decreto en sus dominios? ¿Goza esa idea actualmente de popularidad? ¿Es bíblica? Demuéstralo.

2. Cuando Ester fue conducida ante la presencia del rey (2:15) no exigió ir ataviada ni adornada de un modo especial. ¿Qué nos indica esto?

3. Ester supo ganarse el favor de todos los que la conocieron. ¿De qué manera podemos nosotras conseguir ganarnos el favor y la buena voluntad de los demás?

4. ¿Hizo Ester bien o mal en ocultar su identidad?

5. ¿Qué características positivas parece haber tenido Ester?

6. Muchos dicen que Ester fue una mujer terriblemente malvada, que hizo mal en abandonar su hogar para ir a vivir a uno pagano, que cometió adulterio casándose con el rey y que además pidió un día más para que su pueblo se vengase (9:12-16). ¿Qué opinas sobre esta evaluación de Ester?

7. La fiesta de Purim se había convertido en una celebración anual (9:20-22). ¿Es una buena cosa recordar los sufrimientos y penalidades del pasado o es mejor relegarlas a dicho pasado? ¿Por qué?

8. ¿Cuál es la lección más importante que nos enseña el libro de Ester? Nombra otras.

9. Muestra de qué modo es evidente la providencia de Dios a lo largo de toda la historia de Ester.

"He aquí la sierva del Señor; hágase
conmigo conforme a tu palabra."
Lucas 1:38

17

María, la madre del gran Hijo

Lecturas de la Biblia
Mateo 1:16-25; 2; 12:46-50; 13:55-58; Lucas 1:26-56; 2;
Juan 19:25-27; Hechos 1:14

María es una mujer única entre todas las mujeres que encontramos en la historia sagrada. Y lo es no por el hecho de ser santa (es decir, libre del pecado y sus consecuencia, según se enseña en ciertos sectores del cristianismo) sino por ser la madre de un gran Hijo. Solamente hay un Jesús y, de igual modo, solo puede haber una madre de Jesús y, como tal, es igual que cada una de nosotras, pero ocupa un lugar destacado por el hecho de ser la madre de un Hijo tan importante.

María fue como una de nosotras, dejándose dominar con frecuencia por la ansiedad, preocupada, sufriendo, cansada y triste. Es verdad que bebió profundamente del más exquisito gozo, pero además experimentó el mayor sufrimiento que puede deparar la vida. Su hijo era un varón experimentado en quebrantos y, por así decirlo, los hombres ocultaron de Él el rostro y María fue testigo de todo ello. Siendo, en todos los sentidos, una madre leal y amorosa "una espada atravesó su corazón". Su hijo fue un hombre al que malentendieron y del cual se burlaron y también María fue víctima de los malentendidos. Conoció al mismo tiempo la frustración de no poder entender a su propio hijo, pero no encontramos nunca ni la más leve alusión a que sintiese lástima de sí misma ni que jamás se quejase. Ella, que recibió una generosa medida de la gracia de Dios, guardó todas estas cosas, meditándolas en su corazón.

El arte cristiano ha sabido captar el espíritu de María y la ha representado, de modo conmovedor, como Madre de dolores, pensativa y triste, abriendo dulce y confiadamente su mente y su cuerpo a la voluntad de Dios. Desde sus tiempos el mundo entero se ha hecho eco, como melodioso refrán, de las palabras que pronunció el ángel: "Bendita eres entre todas las mujeres", puesto que la adoración a María ha sido algo que viene aconteciendo desde tiempo inmemorial, que se ha dado entre todas las clases. Todos los pueblos y naciones de la tierra han considerado a María y al niño como personas igual que ellos. Los italianos representan a María y su hijo como si fuesen europeos del sur y los africanos pintan a Jesús como un niño de tez oscura; en oriente se representa a María y Jesús como orientales y Melchers, el pintor norteamericano, al igual que hicieran los famosos pintores holandeses, ha representado a María como una holandesa. Con un sentimiento de parentesco y de gozo reverente, las personas de todo el mundo confesarán siempre, juntamente con Elisabet, la madre de Juan el Bautista: "Tú eres la madre de mi Señor."

La joven María

Nazaret era una pequeña ciudad conocida en la parte inferior de Galilea. Sus casas de piedra caliza y de paredes de barro fueron construidas sobre la pendiente de una colina. Un valle se extendía ante ella, rodeado por todas partes de montañas. Al oeste se encuentra el monte Carmelo, reverenciado por el recuerdo del venerable Elías; al este y al sur se encuentran los altos de Tabor y la desolada Gilboa, fáciles de distinguir. Desde la pequeña ciudad en la colina, en la que vivía María, se podía contemplar el llano de Esdralón y recordar, basándose en los antiguos relatos, la historia de Débora, cuyo canto conocía. Y más allá de aquel valle tan antiguo, que causaba el efecto de estar cubierto de sangre, se encontraban las verdes montañas de Samaria. Pero Nazaret era, con sus huertos, sus arboledas de palmeras, de higueras, de granados y campos de trigo y cebada, un pueblecito insignificante y proverbialmente de poca importancia. "¿Puede algo bueno salir de Nazaret?" "Ven, y ve", dijo Felipe (véase Jn. 1:46). No se menciona a Nazaret en la historia ni se menciona en el Antiguo Testamento, pero a pesar de ello el Hijo de la Promesa fue conocido como Jesús de Nazaret.

Allí vivía, en un modesto hogar, una joven judía llamada María (o Miriam, en hebreo) que vivía con su padre. Era hija de Elí, de la tribu de Judá, como lo era José, aunque descendía de una familia distinta. Muchos intérpretes aseguran que la genealogía de Mateo es la de José y la de Lucas la de María. Para los hebreos la genealogía era de mucha importancia y tanto Mateo como Lucas cuentan las generaciones para demostrar a los judíos que Jesús era el Cristo, el Mesías prometido.

María vivió en la plenitud del tiempo. Durante muchos años su pueblo había estado esperando con ansia al Libertador de Israel. En los tiempos de María el pueblo judío se encontraba atrapado entre dos fuegos: el gobierno romano, que oprimía como un yugo tanto a los granjeros como a los artesanos y los escribas y doctores de la ley, por otro lado, que imponían sus rituales y aplicaban la letra de la ley a rajatabla, exigiendo los diezmos incluso de los que padecían hambre. En Galilea había más temor hacia la ley que imponían los rabinos que temor hacia Dios. Dentro de sus puertas había muchos extranjeros que no temían a Dios para nada y era una época de pecado y de opresión, estando corrompidos incluso la Ciudad Santa y el templo. Las tinieblas, el cansancio y el sufrimiento de aquel mundo esperaban las pisadas del Mesías.

La primera vez que oimos hablar acerca de María se nos dice que estaba prometida en matrimonio a José, el carpintero de Nazaret. Se cree que José, que era hombre piadoso y amable, era bastante más mayor que María que debía tener por aquel entonces unos dieciocho o veinte años. Después de haber cumplido con las formalidades apropiadas, es decir, presentar la moneda el novio a la futura esposa, habiendo estipulado cuál habría de ser la dote, habiendo firmado los papeles de los esponsales (como obligación de contraer matrimonio) y habiendo escogido a los padrinos, uno para el esposo y otro para la esposa, se celebró la petición de mano, invitando a los amigos y a los familiares. A continuación venía un tiempo de espera.

José había sabido escoger bien, porque a pesar de ser pobre María tenía sangre real. Es cierto que las Escrituras no describen su aspecto físico, pero no dudamos que debió ser una muchacha muy atractiva. Muchos pintores han representado a María como una mujer de una gran hermosura, pero no debemos de olvidar que era judía y que sus rasgos eran, por lo tanto, característicos de su raza y es muy posible que no nos equivoquemos al imaginárnosla con el pelo oscuro, con una amplia frente, con brillantes ojos negros, largas pestañas y un cutis suave y de color moreno. Había bondad en el corazón de María y poseía además un dulce encanto que sin duda ganaron el noble corazón de José.

María y Gabriel

Podemos imaginarnos que María debió ser más piadosa y seria que la mayoría de las muchachas de Nazaret y que debía de asistir con frecuencia al lugar de oración, pues los padres piadosos proveían siempre un lugar para la oración, donde se guardaba la Torá o los rollos de las Escrituras así como guardar el registro familiar. Normalmente se reservaba un rincón de la chimenea o un cuarto interior para meditar y orar. Muchos creían en el poder de Dios y, sin duda alguna, leerían con frecuencia los libros de Ester y de Rut y estarían familiarizados con las profecías acerca del Mesías. De la misma manera que les había sucedido a Sara, David y Ana antes que ella, María esperaba al Mesías con un anhelo inexpresable. Es muy posible que María se encontrase, como la ha pintado el pintor Ticiano, en su cuarto de oración, meditando sobre la profecía de Isaías, cuando se alarmó al encontrarse de repente ante la presencia de un visitante celestial, con aspecto luminoso y una eterna juventud, belleza y gloria. (Miles de años antes este mismo Gabriel le había hecho a Abraham la promesa del Redentor y unos cuantos cientos de años después le había dicho a Daniel cuándo podrían esperar la llegada del Mesías; Dn. 9:20-27.) El silencio de los años se había roto una vez más cuando Gabriel se presentó ante aquella mujer, altamente favorecida de entre todas las mujeres, la recatada, discreta y humilde María, en la casa de sus padres, en el recóndito pueblo de Nazaret.

El ángel se presentó con un saludo un tanto sorprendente: "¡Salve, muy favorecida! El Señor es contigo; bendita tú entre todas las mujeres" (Lc. 1:28). El silencio de aquel cuarto de oración quedó roto por el resplandor celestial y electrificado por la voz de Gabriel, procedente de otros mundos. A pesar del susto que se llevó, María no pegó un grito, sino que pensó qué podría significar aquello. El ángel había sido enviado para cumplir con una misión que le había sido encomendada y qué maravilloso fue su mensaje: "Y ahora concebirás en tu vientre, y darás a luz un hijo . . . JESÚS . . . Hijo del Altísimo" (Lc. 1:31-33). En las palabras con las que respondió María al ángel encontramos una fe firmemente arraigada: "¿Cómo será esto? pues no conozco varón." El ángel le respondió diciéndole que el cuerpo de Jesús se formaría mediante un acto de poder divino (Lc. 1:35). Aunque María se sintió turbada por las implicaciones de un suceso tan extraordinario, dijo con una fe y una resignación que jamás serán igualadas: "He aquí la sierva del Señor; hágase conmigo conforme a tu palabra" (Lc. 1:38).

Una resignación tan absoluta y la entrega del corazón a Dios convierten a María, por la gracia de Dios, en una mujer verdaderamente noble. Con la visita del ángel a María, la más divina y misericordiosa de las ideas jamás concebidas en la eternidad se actualizó, introduciendo una era de luz, paz y buena voluntad a los hombres de todas las naciones para siempre. Aquel ángel resplandeciente se elevó hacia los cielos y María quedó sola para meditar y orar, para emocionarse con un gozo inexpresable y para alabar con profunda humildad. Sin duda debió recordar la promesa que le había sido hecha a su pueblo: "He aquí, una virgen concebirá y dará a luz un hijo, y llamarás su nombre Emanuel" (Mt. 1:23). ¡Qué profunda emoción debió invadir su joven alma, qué éxtasis debió sentir al ser escogida para ser la madre del Mesías, el Rey cuyo dominio es universal y eterno!

Era preciso que María saliese de su habitación y se reuniese con su familia y con sus amigos para comunicarles aquel tremendo y casi increíble secreto, que llevaba en su corazón. Porque ¿quién podría creer semejante historia? Hacía más de cuatrocientos años que nadie había visto, en ninguna parte de la tierra, a un ángel. No había duda de que un ángel podía visitar a un gran hombre como Abraham, pero ella no era más que una desconocida campesina que daba de beber a los rebaños y llenaba los cántaros todas las tardes en el pozo del pueblo. Sus más íntimas amigas, así como sus padres, pensarían que estaba delirando y que su historia era absurda, de haberla contado. Los escribas hubieran dicho con sabiduría: "¡De Galilea *no* puede surgir un profeta!" Pero y qué había de su linaje real, aunque de qué le servía, dirían sus amigas, ya que habían pasado muchas generaciones desde que la línea de David había tenido influencia. No se atrevía a contárselo a José. ¿Cómo podría él creer su historia? ¿Y qué diría o pensaría de ella? Pero para Dios nada es imposible, ¿no lo había dicho acaso el ángel? Jamás olvidaría a Gabriel mientras viviese. Cada una de las palabras del ángel había quedado indeleblemente grabadas en su memoria. Ella atesoraba las palabras que le había dicho, guardándolas en su corazón, hasta que posiblemente muchos años después se las contase a Lucas, el evangelista.

El viaje a Hebrón

María recordaba que el ángel le había dicho que su prima Elisabet también iba a tener un hijo, a pesar de su avanzada edad, como le había pasado en la antigüedad a Sara. (Es posible que para entonces María ya no tuviese una madre con la que pudiese compartir su impresionante secreto y que dudase en confiárselo a su hermana, Salomé.) ¡Iría a ver a Elisabet, *ella* sí que lo entendería! Pero para hacer aquel viaje de varios cientos de kilómetros tenía necesidad de provisiones y María se dio prisa en emprender la marcha. Caminó sin perder tiempo a lo largo del empinado sendero desde su hogar sobre lo alto de la colina hasta descender a la planicie, viajando sola o con las personas que se encontrase por el camino a la ciudad de los sacerdotes, donde vivían Elisabet y su marido. Aquel sendero tan trillado iba en dirección al sur, pasando por tierras cargadas con la riqueza de la historia del pueblo de Dios. Nadie podía adivinar los pensamientos alborotados de su mente, y unas veces sorprendida y otras perpleja, para dejarse llevar por el gozo, recordó una y otra vez las palabras de los profetas que habían caminado por aquella misma planicie, diciendo: "He aquí, el Mesías que viene." Le latía con fuerza el corazón por la profunda emoción que sentía al acercarse a la ciudad santa y prosiguiendo un poco más allá de Belén, llegó a Hebrón. ¿Se delataba su maravilloso secreto en su mirada, haciendo que su bonito rostro apareciese animado y sosegado al mismo tiempo? ¿Se sintieron aquellos que fueron junto a ella por el camino o que la acompañaron un trecho, regocijados e inspirados por aquella bonita muchacha que vivía bajo la sombra del Todopoderoso?

El último kilómetro polvoriento del sendero la trajo por fin a la puerta de la casa de Elisabet, donde le dieron la bienvenida con cariño. Antes de que María pudiera dejar a un lado su velo o descansar sus doloridos pies, aquella piadosa mujer, llena del Espíritu Santo exclamó: "Bendita tú entre las mujeres...¿Por qué se me concede esto a mí, que la madre de mi Señor venga a mí?" (Lc. 1:42, 43). Escuchando estas palabras, desaparecieron todos los temores de María. Se sintió feliz, ya que sus más dulces esperanzas se habían visto confirmadas y su fe se fortaleció. Pudo por fin relajar sus tensas emociones y dar lugar al amor, al gozo, a la esperanza, a la humildad y a una alabanza que brotaba como un torrente convirtiéndose en un canto extático que se conoce como el *Magnificat*, un maravilloso canto de alabanza (Lc. 1:46-55). ¡Qué tiempo más precioso y de bendición pasaron estas dos mujeres, habiendo sido ambas escogidas por

Dios para tan grandes cosas, durante los tres meses que estuvieron juntas!

María y José

Antes de que naciese el hijo de Elisabet María regresó a su casa en Nazaret porque se acercaba el momento en que José había de llevarla a su hogar. Tanto María como José habían esperado con ilusión el momento de su matrimonio. Pero en la casa de sus padres María se tuvo que enfrentar con su primera prueba. Las habladurías eran inevitables en aquel pequeño pueblo. ¿Había llegado a oídos de José que María, la virgen con la que se había prometido en matrimonio, estaba esperando un hijo? ¡Qué chisme más apropiado para que los vecinos se regodeasen diciendo que María, aquella joven tan pura como hermosa, le había sido infiel al serio y honrado carpintero, que la amaba con el afecto maduro de un hombre que tenía tras de sí la experiencia de la vida. María le susurró la verdad a José, ¡pero la historia que ella contaba resultaba tan increíble! Él la amaba y confiaba en ella, ¡pero aquella historia parecía imposible! José no podía creerla. Sus sospechas eran naturales, excusables, pero cuánto daño debieron hacerle a María las dudas de José, las malas lenguas de los vecinos y las miradas desviadas de los del pueblo.

Después de habérselo pensado mucho y de haber estado orando José, que se sentía profundamente herido y perplejo, decidió divorciarse de María. El castigo por la infidelidad entre los judíos era muy severo (Lv. 20:10), pero José era un hombre justo y amable y antes que dar un espectáculo público de la mujer a la que amaba, quiso divorciarse de ella en privado (Mt. 1:19), cosa que podía hacer sin especificar la causa del divorcio. Agotado por la tensión y profundamente decepcionado, inclinó su cabeza sobre el serrín de su banquillo de trabajo y se quedó dormido. Los pintores han deseado mostrarle de esa manera, cuando se le apareció el ángel en un sueño y le dijo que tomase a María como mujer. Se calmaron los temores de José, desaparecieron sus dudas, pudiendo sentirse una vez más feliz por el amor de María. Y para testimonio y alabanza de este humilde carpintero de

Nazaret, las Escrituras dicen que: "hizo como le había dicho el ángel y tomó consigo a María, su mujer" (Mt. 1:24). Debió de ser algo extraño y misterioso enterarse de que su amada María iba a ser la madre del Mesías y que él, de todos los hombres, había sido escogido para ser el padre adoptivo que cuidase de aquel pequeño niño, hijo del Altísimo.

Jesús, el Hijo de María

Aunque en las páginas de la Biblia solamente encontramos algunos datos aquí y allá sobre María, nos encontramos ante el relato más sublime que jamás se ha contado. La historia de su viaje a Bélen y el nacimiento del Salvador sobre un fardo de paja en una cueva donde guardaban al ganado, es mundialmente conocida.

Fue una noche santa aquella en la que nació el Salvador. El cielo estaba cubierto de centenares de seres celestiales, que anunciaban al mundo: "¡Gloria a Dios en las alturas, y en la tierra paz, buena voluntad para con los hombres!" La visita de los ángeles antes del amanecer a los pastores, con sus ropas húmedas por el rocío de las colinas de Judea, sus toscos rostros iluminados por la gloria que habían contemplado, dio pie a una historia que era al mismo tiempo extraña y pavorosa. María tenía mucho en que pensar y necesitaba meditar, sintiéndose feliz y precisando además una fe fuerte.

En Bélen, en el octavo día, conforme a la ley judía (Gn. 17:12) el hijo de María fue circuncidado y le pusieron por nombre Jesús. Con frecuencia eran los vecinos o los familiares, los que sintiéndose felices con los nuevos padres, ponían el nombre a los niños (como vemos en Rut 4:17). El precioso nombre de Jesús, esperanza de la tierra y gozo del cielo, se lo dio a María el gran ángel Gabriel, que era el mensajero personal del Todopoderoso. Poco podía María alcanzar a comprender lo que habría de sucederle a su hijo, por amor y teniendo que pasar por la agonía, a fin de que pudiese llevar un nombre que es sobre todo nombre.

Para aquella madre primeriza los días transcurrían rápidamente y cuando quiso darse cuenta habían pasado ya seis semanas y ella, obedeciendo la ley judía para su purificación, fue a Jerusalén. ¡Qué emocionante era encontrarse en el templo con aquel hijo tan especial que tenía! Se encontró con otras madres en el patio de las mujeres, que llevaban consigo a sus bebés y que iban a presentar sus ofrendas. María era pobre y tenía poco que llevar, solamente dos palomas que tomó el sacerdote de sus manos seguramente después de haber leido en voz alta de Levítico capítulo 12. No es deshonesto ser pobre, ¡mucho mejor depositar nuestras riquezas en Dios! Ni siquiera Jesús, el Dios-Hombre, tenía realmente un lugar que pudiese llamar suyo. Más benditos son los pobres de espíritu, que son lavados en la sangre del Cordero, que aquellos que se rocían para su purificación con la sangre de las palomas y las tórtolas.

Llegó el momento de la presentación de Jesús, el primogénito que debía ser redimido porque todos los primogénitos y los primeros frutos le pertenecían a Dios (Éx. 13:2; 34:20). Apenas había concluido este acto cuando, ante la sorpresa de María, vio una anciana figura marchita que se acercaba arrastrando los pies por el arco de las columnas en dirección al Patio de las Mujeres hasta llegar junto a ella. Tanto el sacerdote como el resto de los allí presentes se quedaron asombrados, porque el bien conocido y piadoso Simeón, con una barba tan blanca como la nieve del invierno, veía en aquel pequeño bebé la salvación de Israel. Lleno del Espíritu Santo, el anciano Simeón tomó al niño en sus brazos y alabó a Dios en voz alta, bendiciendo a María y al bebé.

Casi al mismo tiempo, la figura encorvada de la anciana Ana, la profetisa, surgió de entre las sombras. También ella contempló la luz de Dios reflejada en el rostro del niño. Mirando con reverencia el bebé en los brazos de Simeón, confirmó sus palabras proféticas. María estaba asombrada por las solemnes, pero gloriosas predicciones de Simeón y de Ana, que escuchaba tan poco tiempo después del sorprendente testimonio de los pastores.

No menos pasmosa fue la visita de los magos, que habían seguido la estrella hasta la casa en Belén. Se quedó mirándoles fijamente, con aliento entrecortado mientras adoraban a su hijo. ¡Qué magníficos regalos le traían al

niño, envuelto en pañales! ¡María nunca había visto tanta
riqueza en su vida!

La huida a Egipto

¡Qué poco tardó el poder del mal en convertir aquel
gozo en temor! Después de la visita de los sabios, José
fue advertido en sueños que debía de llevarse al niño y
a su madre y huir con ellos a Egipto. Todo el mundo
estaba enterado de la horrible crueldad del depravado
Herodes y José no perdió ningún tiempo. Recogió
apresuradamente sus pocas herramientas, que le habían
regalado aquellos magos, las ropas y las provisiones,
colocándolas en las albardas sobre los borriquillos.
Después de ayudar a María y al bebé a montar sobre los
burros, se marcharon de Belén.

Presurosos por causa del peligro, aquella pequeña
familia tomó el camino más corto a Egipto, por las árdias
colinas de Judea, pasando por las planicies de Filistea y
desde allí hacia la costa y Gaza, la última de las ciudades.
A continuación pasaron por las tórridas arenas del
desierto, que el viento soplaba en todas direcciones y
esparcia sobre la piedra caliza. El sol del desierto era
implacable, cayendo sobre la cabeza de María, que tenía
la espalda cansada por el peso del niño que iba creciendo
y que llevaba sujeto por un gran pañuelo, que colgaba
detrás de su cuello, donde estaba seguro. El silencio de
aquellas tierras desérticas quedó roto solamente por el
clop, clop del borriquillo sobre la planicie de la costa que
quemaba con el calor y la charla ocasional de José
consolando a María, que pasaba por una experiencia
desesperante y espantosa.

Los borriquillos no pueden viajar deprisa, de modo
que tuvieron que avanzar lentamente, animando al
animal, durante dos semanas por lo menos, a fin de
poder cubrir los casi trescientos ochenta kilómetros que
separaban Belén de su nuevo hogar en Egipto.
Totalmente agotada, María llegó a la tierra de la
esclavitud de Israel. Descansó bajo la sombra de las
palmeras y, cruzando el río, posiblemente llegarían a
Alejandría, donde encontraron a una gran colonia judía
y la seguridad. Algunos dicen que debieron de quedarse

en Mataria, cerca del Cairo, en una especie de cueva que en la actualidad visitan los turistas.

Jesús pasó los primeros años de su vida en Egipto. Allí, en una ciudad pagana, entre los adoradores de Re y de Isis, entre una nación que odiaba a su raza, María oró por primera vez con su hijo. Allí fue también donde María le cantó a su hijo *El Señor nuestro Dios, el Señor uno es* y todos los cánticos de Sion que conocía. ¿Escudriñarían José y María en las Escrituras y leerían: "De Egipto llamé a mi Hijo"? Podemos estar seguras de que buscarían con frecuencia a palestinos para tener noticia de su país.

Una vez más se presentó un ángel dándoles la buena noticia de que ya era seguro regresar a su país (Mt. 2:20). Con una fe implícita, José se apresuró una vez más a obedecer y se puso en camino, esta vez con gozo, atravesando el oscuro y cálido desierto, al otro lado del cual se encontraba su hogar. Sin embargo, no regresaron a Bélen, porque José oyó decir que Arquelao (que sucedió a Herodes el Grande) era un hombre tan cruel como lo había sido su padre antes que él, de manera que "se fue a la región de Galilea" (Mt. 2:22). Después de aquellos años, que fueron inquietantes y solitarios, María y José estaban contentos de encontrarse una vez más en Nazaret. Jesús era ya un niño crecidito y los del pueblo vieron, por primera vez, al niño que había sido concebido por el Espíritu Santo y nacido de la Virgen María. Pasaron unos años tranquilos en la ciudad de María, sin que fuese a visitarles ningún ángel y parece ser que durante esos años no sucedió nada espectacular.

María, la madre

Las penalidades por las que tuvo que pasar hicieron que María madurase muy pronto. Era una buena madre, que sentía la presencia y el poder del Dios vivo, que podía hablar acerca de Sus misericordias y que tenía fe en Sus promesas. María cuidó con solicitud a su hijo durante los años de Su formación, ocupándose de todas Sus necesidades con ternura y cariño. Le leía las Escrituras todos los días y le enseñaba, enviándole seguramente a la escuela de los rabinos, y el niño creció en sabiduría y hallando el favor de Dios y de los hombres. Le llevó con ella a alabar a la sinagoga y en los viajes anuales a Jerusalén para la fiesta, donde fue en aumento Su consciencia del propósito divino de Su vida.

Solamente María gozó del privilegio de criar a un hijo perfecto, uno en el cual no hubo pecado ni engaño. El niño Jesús oyó a Dios en todo cuanto le rodeaba y contempló por todas partes Su belleza. Este era el *mundo de Su Padre*. El hijo de María tuvo una comunión perfecta e ininterrumpida con el Padre y fue gradualmente comprendiendo y desarrollando Su misión. Jesús, al igual que cualquier otro muchacho judío, comenzó pronto a ayudar a Su padre en el taller de carpintería, dando forma a los yunques y arreglando los arados y los cubos. Después de morir José, se cree que se ocupó del negocio de Su padre, convirtiéndose en el carpintero de Nazaret (Mr. 6:3). Si alguna vez se ha podido decir que hubo un cielo aquí en la tierra, sin duda fue en aquel hogar galileo, a pesar de la pobreza y de las luchas por la vida. ¡Qué tremendo poder se manifestó por la oración, que reverente comunión entre el padre, la madre y aquel Hijo-Dios entre aquellas humildes paredes y el hogar sigue siendo hoy un lugar sagrado cuando Jesús habita en él!

Cuando Jesús hubo cumplido los doce años, Sus padres le llevaron a Jerusalén para la celebración de la pascua. Al cumplir los doce años se permitía por primera vez a los niños judíos tomar una parte activa en la ofrenda del templo. Después de haber pasado siete días, en la abarrotada Ciudad Santa, María, José y sus amigos y familiares, tal vez incluso la hermana de María y su familia, se unieron a otros peregrinos para ir hacia el hogar por el polvoriento camino. Los caminos que conducían a Jerusalén estaban siempre llenos de personas, de caravanas, de comerciantes y sus camellos cargados de mercancía, de borriquillos que llevaban tremendos fardos y de personas que iban a pie, en especial durante los días de la fiesta. Al final del día María se dio cuenta, muy consternada, que Jesús no se encontraba entre ellos. Era una madre muy humana y se sintió preocupada, malhumorada y dijo impulsivamente:

"*¿Por qué, hijo...?*" cuando al fin le encontró. "¿No sabías...?" fue su contestación. Ella sabía, mejor que nadie, que el Ángel del Señor le guardaría, que había venido con el propósito de hacer la voluntad de su Padre. "¿No sabías que en los negocios de mi Padre me conviene estar?" (Lc. 2:49). Lo sabían, aunque no acababan de *comprenderlo* o *saber cómo*. Para María aquella fue una primera advertencia de la separación que habría de producirse y ella meditó también estas cosas en su corazón.

Después de la visita a Jerusalén, Jesús pasó dieciocho años, llamados los años silenciosos, en casa con su madre. Se cree que José murió y que Jesús, el hijo mayor, se convirtió en el medio de sustento de Su madre. El llevar una vida tan tranquila y normal después de un comienzo tan favorable, debió de ser motivo de preocupación para María. Debió meditar con frecuencia, al ir pasando los años sin ninguna eventualidad, en el mensaje que le había dado Gabriel, en las palabras pronunciadas por Simeón, en las de la profetisa, en las palabras inspiradas de su prima. Pensó en los pastores, y la noche en que los ángeles brillaron como estrellas y las estrellas cantaron como ángeles. Se sentía perpleja. ¿Era el papel que debía despeñar Jesús sencillamente el de un hijo ejemplar? ¿Les esperaban aún grandes cosas? Cuando Jesús comenzó Su ministerio, fue bautizado en el Jordán por Juan, cuya enseñanza cuestionaban los venerables rabinos.

María, la madre de un Hijo importante

María debió oír hablar acerca de aquella voz del cielo que había dicho: "Este es mi Hijo amado, en quien tengo contentamiento" (Mt. 3:17). Esta nueva confirmación de la procedencia divina de su Hijo explica la absoluta confianza que tuvo María en Su hijo en las bodas de Canaán cuando dijo: "No tienen vino". Debió de poner a prueba su profunda fe cuando, delante de familiares y amigos, su Hijo la llamó no madre sino mujer.

María siguió, sin duda, el ministerio de Jesús con orgullo, pero al mismo tiempo con una creciente inquietud y preocupada por su salud, por los días tan agotadores junto a las multitudes que nunca le dejaban tranquilo. Temía por Su seguridad por causa del terrible odio de todos aquellos que le tenían envidia, que le despreciaban y que buscaban su vida. Fue precisamente el amor maternal de María el que le hizo seguir a su hijo a Capernaúm (Mr. 3:31-35). ¿Se sintió herida o comprendió cuando una vez más aquel Hijo, tan importante, restó importancia a la relación que tenía con Su madre?

El sacrificio que se exigió a María en Capernaúm fue algo que se le exigió más adelante hasta un grado sumo, junto al Calvario. Al parecer había triunfado el odio, y su preciado y amado hijo estaba colgado sobre la cruz, con los clavos que le atravesaban, con la cabeza inclinada y ensangrentado. Ella estuvo con él hasta el final. Su angustia, al arrodillarse bajo la sombra de la cruz, fue terrible. Cada una de las palabras de burla, toda la evidencia del sufrimiento de su hijo, atravesó su sensible corazón como la espada que atravesó el costado de su hijo, quedando muda de dolor. Mientras se rompía el último lazo humano ella estuvo junto a Él. El Salvador la vio allí y en Su hora de máxima agonía, se acordó del amor y de la devoción de Su madre y la encomendó al cuidado de Su amado discípulo diciéndole: "Mujer, he ahí a tu hijo" y a Juan: "Hijo, he ahí a tu madre." María, aquella mujer que había dado vida al Hijo del Hombre, se convirtió en una mujer por la cual moría Cristo, para que ella pudiera estar con Él en gloria durante toda la eternidad.

La última vez que vemos a María es después de la resurrección, en el "aposento alto" en Jerusalén. Los discípulos habían ido directamente allí después de haber presenciado la ascensión en el monte Oliveti. "Todos estos perseveraban unánimes en oración y ruego, con las mujeres y María la madre de Jesús, y con sus hermanos" (Hch. 1:14). La última vez que vemos a María, la madre de aquel Hijo tan importante, la encontramos en una actitud de oración. Cuando conozcamos como somos conocidos, nos encontraremos con María de nuevo, en un templo no hecho de manos, eterno en los cielos. Y su alma alabará al Señor y su espíritu se regocijará en Dios su Salvador, porque el Señor, Dios todopoderoso y el Cordero son el templo de la ciudad celestial (Ap. 21:22).

SUGERENCIAS PARA CHARLAR SOBRE EL TEMA

1. ¿Por qué no creen las personas en el nacimiento virginal? ¿Qué milagro fue mayor, el nacimiento virginal o Dios hecho hombre?
2. Habla acerca del culto a María.
3. ¿Qué aprendemos acerca del carácter de María durante la visita del ángel? (Lc. 1:29, 34, 38).
4. Lee el cántico de María. ¿Qué nos revela acerca de ella?
5. ¿Qué cualidades tenía José para ser el padre adoptivo de Jesús?
6. Se cree normalmente que María y José vivieron durante un tiempo en Belén (Mt. 2:11). ¿Cómo crees que sacó José adelante a su familia? ¿Qué motivo se te ocurre que tuvieron para permanecer durante tanto tiempo en Belén?
7. ¿Quiénes fueron las primeras personas en el Nuevo Testamento que confesaron su fe en Jesús?
8. Intenta imaginarte al hijo de María jugando, estudiando y trabajando; la actitud que adoptaría hacia sus compañeros de juego, sus padres y el mundo natural. ¿Fue diferente al resto de los niños? ¿Crees que María tuvo algún problema con Él?
9. ¿Entienden actualmente las madres siempre a sus hijos? Da ejemplos.
10. ¿Tuvo María otros hijos? Algunas personas dicen que no y otras que sí. ¿Qué crees tú? (véanse Mr. 6:3, Mt. 12:46-50; Hch. 1:14). Si los tuvo, ¿por qué no les dijo a ellos que se ocupasen y cuidasen de María?
11. ¿Qué nos enseña Jesús cuando llamó a María mujer en lugar de llamarla madre?
12. ¿En qué consiste la grandeza de María?

18
Elisabet

Lectura de la Biblia
Lucas 1

Lucas, el escritor del Evangelio, no podía hablar como testigo acerca de las cosas que habían sucedido concernientes a Jesús. No fue compañero de Jesús, pero fue sin duda uno de aquellos que creyeron en Él, en Su poder y en la efectividad de Su ministerio.

Lucas, el médico amado, era gentil de nacimiento, pero conocía al Dios de Israel, estaba familiarizado con los famosos himnos que cantaba su pueblo y creía en las profecías del Antiguo Testamento (Lc. 3:4, 5). Sabía que la salvacion pertenecía a los judíos, pero creía además que "verá *toda carne* la salvación de Dios" (Lc. 3:6).

Había oído contar todo con respecto al nacimiento de Jesús y había leído distintos relatos acerca de Su obra. Lucas entrevistó a las personas que conocieron personalmente a Jesús y habló con testigos acerca de todo lo que había sucedido. En Hechos, que también fue escrito por Lucas, nos enteramos de que era un buen amigo de Pablo, que fue su compañero en algunos viajes misioneros y vivió muchas experiencias con él (por ejemplo, en Hch. 27; 28:2; Col. 4:14). Lucas conocía bien además a Marcos, el escritor del Evangelio (Col. 4:10, 14; 2 Ti. 4:11). Había escuchado predicar a Pablo y estaba convencido de que Jesús era el Cristo, el Hijo de Dios.

En la narrativa de su Evangelio, Lucas nos da un relato completo, incluyendo todos los hechos importantes sobre la historia de nuestro Señor. Lucas es el único escritor de los Evangelios que incluye la situación política en la que vivieron los personajes principales de su historia. Nos da una información exacta de los que gobernaban tanto en la esfera nacional como en la eclesiástica. Es importante saber no solamente que gobernaba Herodes el Grande cuando nació Jesús, sino que César Augusto era emperador de todas las provincias conocidas. Cuando Juan el Bautista comenzó su ministerio, Lucas nos dice una vez más quién dominaba el mundo y el escenario local (Lc. 3:1, 2), deseando que todos se enterasen de que Jesús era una figura mundial y que la venida de Juan era de una importancia que hacía época y vemos que Lucas tenía razón. Incluso aquellos hombres que en nuestros días no creen en el Evangelio, al poner la fecha en las cartas que escriben lo hacen contando desde la venida del Señor.

El relato más sublime y mundialmente famoso es el que nos cuenta Lucas y comienza con la historia de Juan el Bautista, el hijo de Elisabet.

El marido de Elisabet

Habían transcurrido cuatrocientos años desde que Malaquías había clamado: "He aquí, yo os envío el profeta Elías, antes que venga el día de Jehová, grande y terrible" (Mal. 4:5).

Los años eran oscuros y largos antes del amanecer del "sol de justicia". Sabemos por la historia seglar que los judíos fueron dominados primeramente por Persia (sobre cuyo trono se había sentado Ester); por Alejandro el Grande, conquistador del mundo; por Egipto, luego por Antíoco Epífanes de Siria, que fue un cruel opresor. Durante los cien años de gobierno por parte de los macabeos tuvieron un poco de alivio, pero fueron reemplazados por Roma y por los Herodes, que fueron algunos de los más impíos, sanguinarios hombres que jamás hayan vivido. Herodes el Grande, que había dado orden de matar a todos los bebés en Bélen, se casó con la última de las mujeres macabeas, la hermosa Mariana, a la que posteriormente mató en un ataque de ira. Zacarías y Elisabet conocían a muchas personas que habían sufrido a manos de Herodes.

Estos años de opresión se vieron dominados por el temor y el odio. La moralidad decayó y hubo corrupción tanto en la iglesia como en el estado. Los sacerdotes fueron controlados y se encontraron a merced de los gobernantes romanos.

Los dirigentes espirituales judíos fueron dirigentes ciegos que guiaron a otros ciegos. Rechazaron al Cordero de Dios, en el cual encontraron cumplimiento a todos sus ritos y sacrificios. Eran gentes corruptas y malvadas, políticamente involucradas (Mt. 26:3-5; Jn. 19:12). Aunque solamente había un sumo sacerdote, Caifás, Anás ocupaba también un elevado cargo de gran influencia, posiblemente con relaciones políticas.

Cuanto más oscura la noche de pecado, más brilla la luz de la fe. Entre los sacerdotes había por lo menos un hombre piadoso, Zacarías del curso de Abías. Esta era la octava clase de veinticuatro grupos en el sacerdocio que una vez fuese nombrado por David (1 Cr. 24), teniendo que servir cada grupo durante una semana, teniendo Lot que decidir la labor que habría de llevar a cabo cada uno de los sacerdotes.

El sacerdote Zacarías y su mujer Elisabet vivían en Hebrón, en el país montañoso de Efraín, siendo Hebrón la más antigua de las ciudades. Allí había vivido Abraham (Gn. 13:18) y allí, en la cueva de Macpela, había sido enterrado junto a su mujer Sara, a Isaac y Rebeca, Jacob y Lea (Gn. 23:17-20). En cierta ocasión David tuvo su residencia real en esa ciudad (2 S. 2:3) de Hebrón, a la cual se podía llegar andando desde el Templo de Jerusalén y en la cual se encontraba la ciudad de los sacerdotes.

Cuando el curso de Abías hubo servido su semana, Zacarías fue escogido para quemar el incienso en el Lugar Santo. Debió de ser un día especial o un día de reposo, porque estaba reunida toda la congregación en el patio exterior. Tal vez Elisabet, y sin duda el piadoso Simeón y la piadosa Ana, la profetisa, se encontrarían entre aquellos que esperaban recibir la bendición del venerable sacerdote.

Con el incienso en su mano Zacarías, cuyo corazón era recto delante de Dios y que llevaba una vida intachable ante Él, se acercó solemnemente al altar de oro. Al ir ascendiendo el incienso, el lugar se llenó de repente de una luz cristalina, que brillaba desde el altar dorado y la mesa de los panes de la proposición, que también era de oro. Llevó un momento acertar a distinguir, en medio de aquel resplandor repentino y cegador, la figura de un ángel. El impacto de su tremenda gloria llenó de temor el corazón de Zacarías, como había sucedido con anterioridad a otras personas que se habían encontrado en varias ocasiones con visitantes de lo alto. Pero cuando aquella voz dijo, en medio de aquel resplandor: "No temas; porque tu oración ha sido oída, y tu mujer Elisabet te dará a luz un hijo" (1:13) el buen sacerdote se sintió invadido por la duda. Él y su mujer llevaban años enteros orando, pero ya eran ambos demasiado mayores como para tener hijos y habían aprendido a aceptar su suerte, pensando que semejante bendición no habría de ser para ellos. Pero he aquí que el ángel les estaba prometiendo al anciano sacerdote y a su mujer un hijo, que habría de convertirse en un gran hombre, ¡lleno del Espíritu Santo!

Era demasiado bueno como para ser cierto y costaba mucho trabajo creerlo. Zacarías le preguntó entonces al ángel: "¿En qué conoceré esto?" a lo que el ángel le respondió: "Yo soy Gabriel" (1:18, 19). Esa era una prueba suficiente, pero debido a que Zacarías no había creido de inmediato, fue privado por un tiempo del habla y el ángel regresó junto a la presencia de Dios. El anciano sacerdote, de cabellos canos, con el rostro misterioso y radiante, salió al patio exterior, donde el pueblo le aguardaba, pero no pudo pronunciar la bendición, aunque llevaba en su corazón la promesa de gozo, alegría y bendición que sería para todas las naciones.

Elisabet

¡Con cuánta ilusión esperaba Elisabet que su amado esposo acabase la semana de servicio en el templo! Los treinta kilómetros que tenía que recorrer Zacarías le parecían cortos por el amor que sentía hacia su dulce esposa. Las maravillosas noticias que deseaba darle a su mujer hicieron que apresurase el paso para llegar antes a su casa, brillándole aún el rostro por aquello tan extraordinario que le había sucedido y la emoción al llegar junto a Elisabet era tremenda. ¡Había acontecido algo realmente extraordinario! ¿Qué era? ¡Qué intrigada se sentía Elisabet mientras su esposo acababa de poner por escrito, sobre las tabletas aquella historia! ¡Qué noticia tan formidable! Y Elisabet lo creyó. Había pensado con frecuencia, en su ardiente deseo de tener un hijo, en el hijo que tuvo Sara y en el que tuvo Rebeca y sabía que para Dios nada era imposible. Sorprendida y encantada, Elisabet se quedó en su casa durante cinco meses y podemos estar seguras de que lo hizo con el propósito de meditar, de orar y para alabar a Dios por Su misericordia y a fin de prepararse para el nacimiento de aquel niño que tanto habría de hacer a favor de Su pueblo. ¡Qué bien lo pasaron juntos este matrimonio, de edad avanzada! Elisabet cosiendo y Zacarías ocupado con sus tabletas de cera y su punzón, mientras esperaban aquel don milagroso.

Elisabet era hija del sacerdocio y por ello podía compartir los intereses y los ideales de su esposo. Juntos iban por la vida, siendo justos delante de Dios. Llevaban una vida intachable, obedeciendo los "no harás" de su Palabra, pero viviendo además vidas de una fe positiva, haciendo el bien a todos los hombres. Qué cosa más bendita se puede decir acerca de un matrimonio que esto: "caminaban juntos". Nosotros preguntamos, sin embargo: "¿A qué se debe que el matrimonio fracase con tanta frecuencia?" "¿Cómo podrán dos caminar juntos a menos que estén de acuerdo?" (véase Amos 3:3) es la clave divina que sirve para abrir la puerta al secreto de los matrimonios felices. El caminar juntos, como lo hicieron ellos, estando de acuerdo, amándose, compartiendo y sirviendo, hace del matrimonio la institución de mayor éxito y se convierte en la mayor bendición que jamás haya conocido el hombre.

La prima de Elisabet

Todo lo que los vecinos sabían era que María no era más que una desconocida pueblerina, para la cual era un honor estar emparentada con aquel sacerdote al que tanto apreciaba. Sin duda pensarían que María había venido con el propósito de regocijarse con su anciana prima, pero Elisabet pudo ver en su joven prima, gracias a su fe, a la mujer bendita por encima de todas las demás (Lc. 1:42). Con una humildad conmovedora le dijo: "¿Por qué se me concede esto a mí, que la madre de mi Señor venga a *mí*?"

Ni la más mínima sombra de vanidad ni de egoísmo empaña el carácter de Elisabet, incluso cuando su deseo de toda la vida está a punto de convertirse en realidad. Encontramos en ella un fino intelecto, heredado de sus ilustres antepasados, una ardiente y constante piedad, una profunda fe, el celo por el honor de Dios y una comprensión que la hizo capaz de hacer suyas las alegrías y las tristezas de otros y que vemos claramente en el caso de esta piadosa anciana y su joven prima María. Los meses que las dos pasaron juntas fueron un placer para ambas mujeres, ya que tenían mucho de qué hablar y muchos planes que hacer. Tenían que escudriñar las Escrituras y alabar a Dios por Sus favores tan especiales en sus vidas.

Elisabet dijo, llena del Espíritu Santo: "Se cumplirá lo que le fue dicho de parte del Senor" (1:45). María regresó a Galilea fortalecida y consolada. ¡Quién sabe con cuánta frecuencia se reunirían, a lo largo de los años, estas benditas mujeres con José y Zacarías, el pequeño Juan y el niño Jesús. Es muy posible que se visitasen mutuamente en los días de fiesta en Jerusalén y, sin duda, ¡qué relación tan maravillosa la de estas dos familias!

El hijo de Elisabet

No tardó Elisabet en poder regocijarse con el nacimiento de su hijo. Sus familiares y sus vecinos se quedaron muy sorprendidos al enterarse de que le habían llamado Juan. Seguramente que dirían: "Pero eso no está bien, el niño debe llevar el nombre de su padre, Zacarías." Pero se quedaron aún más sorprendidos cuando el propio Zacarías escribió con profunda convicción: "*Su nombre es Juan*" y se quedaron asombrados al escuchar las primeras palabras que pronunció Zacarías al recuperar el habla.

El relato de los extraordinarios acontecimientos que acompañaron al nacimiento del hijo de Elisabet fue contado por todas partes y la profecía de Zacarías fue transmitida palabra por palabra. Todos se quedaron atónitos y un tanto asustados, ¿qué clase de niño iba a ser aquel? ¿Un importante sacerdote? ¿Tal vez un profeta? ¿Quién podía saberlo? Lo único que sus padres sabían era que había sido escogido para cumplir con una gran tarea (Lc. 1:15-17), con lo que eso pudiese implicar. "Enséñanos lo que hemos de hacer con el niño" (Jue. 13:8) debió de ser la oración diaria pronunciada por Elisabet.

El pequeño Juan creció y se convirtió en un muchacho robusto, habiendo heredado las costumbres pacíficas de los nazarenos y fuerte de espíritu, gracias a la enseñanza religiosa de su noble madre. Se cree que Elisabet y Zacarías murieron cuando el niño era aún bastante pequeño, pero la madre vivió lo suficiente como para dejar grabadas en la personalidad de su hijo aquellas cualidades que reflejaron de modo tan especial sus propias cualidades.

Su fortaleza de carácter, tan noble y elocuente, quedaron patentes en su hijo, de manera que las gentes dijeron: "¿Eres tú Elías? ¿Eres el Cristo?" Pues era, al igual que su madre, justo y santo (Mr. 6:20), manifestándose en el hijo la misma fe y valor (Mt. 14:3-5) y celo hacia Dios (Jn. 5:35) que predicaba sin el menor temor una doctrina diferente, el evangelio del arrepentimiento y de la fe (Jn. 3:35, 36) y la necesidad de llevar una vida positiva y santa (Lc. 3:10-14).

Juan que era "la gracia y misericordia de Dios" fue la voz que introdujo a aquellos que vivían bajo maldición (Mal. 4:6) "el Cordero de Dios, que quita el pecado del mundo" (Jn. 1:29).

Cuando Jesús dijo: "Entre todos aquellos nacidos de mujer no ha habido ninguno mayor que Juan el Bautista" estaba honrando a Elisabet por la parte que le correspondía de la grandeza de su hijo Juan.

Todos los bebés son maravillosos y cada niño es de un valor incalculable. Cristo mismo otorgó un precio infinito a cada uno de los pequeñines. Podemos aprender de Elisabet que es el sagrado deber de cada madre cristiana familiarizar a sus hijos, cuando aun son pequeños, con la Palabra de Dios, inspirándoles por medio de un buen ejemplo, caminando intachablemente ante Dios y transmitiendo a sus hijos los rasgos santificados de su carácter. Todos los niños tienen tendencia al pecado y al egoísmo y, por lo tanto, es el solemne deber de la madre curbar las malas tendencias de los hijos enseñándoles, reprimiéndoles y por medio de la oración, porque esas mismas características, buenas o malas, se manifestarán de un modo mucho más evidente cuando lleguen a la madurez.

En la historia se han destacado los nombres de muchas mujeres importantes, pero ninguna de ellas lo ha merecido tanto como Elisabet, esa mujer de fe, que supo manifestar las más nobles virtudes al alcance de la mujer. ¡Es realmente maravilloso saber que cada mujer cristiana puede poseer las mismas virtudes por la gracia de Dios! "No tenéis porque no pedís." La Verdad y la Luz de los cuales dio testimonio Juan el Bautista es el Hijo amado, el mismo que concedió el honor a Elisabet y dijo: "Pedid y se os dará" (Mt. 7:7).

SUGERENCIAS PARA CHARLAR SOBRE EL TEMA

1. Gabriel es el mensajero especial de Dios, cuya misión fue la de proclamar las buenas nuevas. Ve el ejemplo que se encuentra en Daniel 9:20-23; Mateo 1:20, 21).
2. Era extraño que las personas se sintiesen turbadas al encontrarse ante la presencia de un ángel? (Dn. 8:17; 1 Cr. 21:30; Jue. 6:22, 23; Lc. 2:9).
3. Compara Lucas 1:17 con Malaquías 4:5, 6.
4. ¿Crees que en nuestros días existen mujeres que desean tanto tener hijos, y que los piden a Dios en oración, como lo deseó Elisabet?
5. ¿Es tan fácil "caminar juntos" hoy como lo fue para Elisabet y para su esposo?
6. Las relaciones que tenemos con otros familiares no son siempre lo que debieran de ser. ¿Qué podemos aprender de la visita entre las primas?
7. Si tenemos en cuenta que Elisabet debía saber, hasta cierto punto, cuál iba a ser la misión de Juan, ¿qué crees que le debió decir al respecto? Si hubiera sido tu hijo,

¿qué le habrías enseñado? ¿De qué modo pudo Zacarías contribuir en lo que se refiere a la formación de Juan?

8. ¿Debemos nosotras formar siempre a nuestros hijos para que puedan llevar a cabo un gran servicio?

9. ¿Tenía algun significado el nombre de Juan? Explica. ¿Cómo murió Juan? ¿Qué edad tendría más o menos?

10. ¿Qué cualidades positivas tenía Elisabet? ¿Tenía alguna virtud sobresaliente?

11. Los rasgos del carácter ¿son algo que se adquieren por el trato con los padres y otras personas o se heredan?

12. Haz una lista, basándote en lo que dicen las Escrituras, de los rasgos de carácter que tenía Juan que te recuerden a su madre.

13. ¿Qué era lo revolucionario del mensaje de Juan? ¿De dónde se sacó Juan la clara comprensión que tenía de su misión?

19
Ana

Lectura de la Biblia
Lucas 2:21-38

La narrativa del Evangelio de Juan contiene muchos relatos, dichos y parábolas que no se encuentran en ningún otro lugar. Inspirado por el Espíritu Santo, escribió acerca de la obra del Maestro para enfatizar ciertos aspectos de las enseñanzas de nuestro Señor.

Lucas estaba impresionado por lo bien que entendía el Señor a las mujeres y la manera en que era capaz de identificarse con sus necesidades. Su actitud hacia ellas es realmente noble y edificante. No les dio ninguna enseñanza especial, no puso ante ellas ningún ideal especial, sino que sencillamente las admitió en su reino, de la misma manera que admitía a los hombres, puesto que en Cristo "no hay varón ni mujer" (Gá. 3:28). Hizo que comenzase una nueva era para las mujeres, otorgándoles un lugar donde pudieran llevar a cabo un servicio útil y honorable, como nunca antes había sido posible para ellas. ¿Es posible que fuese por este motivo por lo que las mujeres se sentían tan irresistiblemente atraidas hacia el más grande de los maestros, siguiéndole y sirviéndole al varón de Galilea con tal humildad y devoción?

El papel que desempeñaron las mujeres en la vida del Señor es más destacado en el Evangelio de Lucas que en los otros Evangelios. La narrativa sobre el nacimiento y la infancia nos la cuenta desde la perspectiva de las mujeres, de María, de Elisabet y de Ana. El Cristo nació, por supuesto, de mujer (Gá. 4:4) y debió el cuidado y la formación temprana de Su infancia a una madre humana. Fue precisamente una mujer, Elisabet, la primera que confesó su fe en Jesús, y Ana la dio la bienvenida al mundo a nuestro Salvador. Solamente Lucas nos cuenta sobre el grupo de mujeres que, sacándolo de su propio bolsillo, pagaron y suplieron las necesidades de Jesús y de Sus discípulos al ir de ciudad en ciudad y de pueblo en pueblo predicando el evangelio de la salvación (Lc. 8:1-3). En su momento de máxima agonía, fueron las mujeres las que se reunieron al pie de la cruz y viéndolas, Jesús expresó Su preocupación por Su madre, que tantísimo debía de sufrir. Sólo las mujeres siguieron a José de Arimatea para averiguar dónde iban a colocar el cuerpo de Jesús, mientras preparaban las especias para ungir Su cuerpo antes de que fuese enterrado. Fueron las últimas que estuvieron junto a la cruz y las primeras junto a Su sepultura y las primeras palabras que pronunció el Señor resucitado fueron, no a Sus discípulos, sino a una mujer "que había amado mucho". Entre las personas que oraron en el aposento alto había un grupo de mujeres, que fueron fieles y continuaron orando en la iglesia desde entonces.

No es de sorprender, por lo tanto, que algunas hayan llamado a Lucas "el Evangelio de la Mujer" y podría decirse "porque Dios amó de tal manera a [la mujer] que dio a su Hijo unigénito, para que las que en Él creen, no se pierdan, mas tengan vida eterna" (Jn. 3:16).

Una profetisa

Ana de Jerusalén era una profetisa y antes que ella hubo unas cuantas más. Eran mujeres piadosas e inspiradas, cuyas buenas obras eran de todos conocidas y todos recordaban sus palabras. Tenemos casos como el de Débora y el de Miriam, así como el de Hulda que vivía en la escuela y a la que acudió a consultar el rey Osías sobre asuntos de importancia. Ana fue la última de las mujeres del Antiguo Testamento de las que se sabía que eran profundamente devotas, constantes y dedicadas a la oración, así como las mujeres que poseían el don de las declaraciones proféticas. Estas mujeres, llenas del Espíritu Santo, fueron respetadas y muchas personas acudían a ellas para pedirles consejos y las honraban.

En nuestra época moderna de dirección especializada y de liderazgo erudito, sigue siendo cierto que las personas que llevan una vida consagrada son aún las que más capacitadas están para guiar a otras. Solamente las personas que caminen bajo la luz de la presencia de Dios, tanto si se trata de madres en el hogar como de mujeres que se dedican a otras actividades, podrán difundir la luz de la verdad, de la paz y de la esperanza en las vidas de otras personas.

Las orígenes familiares de Ana se encontraban en la tribu de Aser, que era una de las tribus dispersadas de Israel. Cuando se dio a las personas de la tribu de Aser la parte que les correspondía en la tierra de Canaán, no echaron al enemigo de sus tierras, como Dios les había mandado hacer, sino que "moraron entre los cananeos". Sin embargo, leemos en 2 Crónicas 30 que cuando el rey Ezequías restauró el servicio en el templo y llamó a las gentes a adorar en Jerusalén, los de Aser no se burlaron como hicieron algunos otros, sino que se humillaron y se volvieron al Señor, recibiendo bendición. Ana era una mujer que pertenecía al remanente de Israel, que había sido salva para servir y bendecida para representar, cuando venga Cristo, a las ovejas perdidas de la casa de Israel.

Una mujer santa

Solamente se nos habla acerca de Ana en Lucas. En una breve descripción sobre ella nos dice que era una mujer mayor, que hacía unos sesenta años que se había quedado viuda. La encontramos a la edad de ochenta años, echando un vistazo a su pasado, recordando lo atractivo que le había parecido el futuro de joven. El estar felizmente casada con el hombre al que amaba era todo lo que una muchacha judía podía pedirle realmente a la vida en aquel entonces. Pero Dios, en Su gran amor (aunque ella no lo entendiese en aquella época) cambió sus planes de gozo terrenal, privándole de la compañía de su marido solamente después de siete años de matrimonio. Ana sabía que era ya vieja y que había sido bueno para ella tener que pasar por las aflicciones, ya que en su dolor y soledad se había vuelto al Señor. Había puesto su corazón en las cosas de arriba y había dedicado su vida a su Hacedor, que era mejor para ella que su marido. Al ir transcurriendo el tiempo, su celo y devoción hacia su Señor no disminuyó, sino que creció en intensidad. Ana era una mujer constante, inconmovible, abundando siempre en la obra del Señor y en sus sagradas obligaciones, hablando a otras personas sobre la venida del Redentor y la restauración de la gloria de Israel.

Existe en la ancianidad una especial belleza y una capacidad para ser útil e incluso en la mitad de la vida que no siempre sabemos apreciar, siendo muchas las mujeres a las que no les hace ninguna gracia la idea de hacerse viejas. ¡Qué difícil nos resulta despojarnos de la belleza y de las energías de la juventud! Pero no tenemos por qué pensar que la vida se ha terminado sencillamente porque hayan crecido nuestros hijos y se hayan marchado del hogar para crear el suyo propio. Porque la vida, de un modo que no has podido disfrutar hasta entonces, es rica, larga, útil y puede que no haya hecho más que empezar. Hay tanto que podemos hacer por los demás. Ten en cuenta que en el negocio del Rey siempre hay escasez de obreros y obreras.

¿Qué crees tú que estaría haciendo Ana a los cincuenta años? ¿Crees que estaría intentando conservar desesperadamente su juventud? ¿Qué se estaría quejando de que la vida la había dejado de lado? ¿Qué diría al llegar a los ochenta? ¿Qué la vida la había relegado por completo porque ya no podía ocuparse de la limpieza de su casa ni de fregar como lo había hecho antes? ¡Había llegado a los años de la fortaleza, cuando la sabiduría y la fe se habían consolidado y se mantenían firmes, pasándose día y noche ocupada! Es posible que se hubiese quedado un poco sorda, que tuviese que acercar mucho la vista a las hojas o pergaminos para leer la

Palabra, que caminase con más lentitud, pero a pesar de eso no faltaba al templo. Era una figura conocida en el Patio de las Mujeres y hasta algunos han sugerido que es posible que realizase alguna labor en el templo. Era muy emocionante para Ana servir, aunque no fuese más que para ocuparse de encender las lámparas. Hasta es posible que viviese en el templo, en una de las cuatro habitaciones que se habían construido en los rincones del Patio de las Mujeres.

También Moisés hubiera dicho que Ana era vieja (Sal. 90:10), pero lo cierto es que era joven de espíritu y nadie se fijaba en su ropa ya desgastada ni en sus delgados brazos y su espalda encorbada. Nadie miraba las líneas que delineaban su rostro pálido de anciana, viendo solamente la dulzura y la serenidad que eran el resultado de vivir ante la presencia de Dios de una manera tan constante y durante tantísimo tiempo. Ana vivía en tiempos que eran extremadamente difíciles. Para la mayoría de los judíos la vida resultaba insulsa y oscura, vivían sin esperanza, pero el rostro de Ana estaba radiante, reflejando la luz interior y había en su mirada esa esperanza de que aún habrían de suceder cosas importantes y de gran bendición. Era una de las pocas personas que aún esperaba la venida del Redentor y sabemos que normalmente se acostumbra decir: "Mientras hay vida, hay esperanza". Es igualmente cierto, sin embargo, que mientras hay esperanza hay vida y la esperanza que tenía Ana la mantenía ocupada, feliz e interesada en la vida y en las personas que la rodeaban.

Una misionera

Ana conocía bien al viejo Simeón. Se lo encontraba con frecuencia al pasar por el Patio de las Mujeres, de camino hacia el Patio de los Israelitas. Este hombre venerable y devoto, era también uno de los pocos que esperaban al Redentor de Israel y el anciano Simeón confiaba en poder verle antes de morir. Él, al igual que Ana, no sentía el menor apego hacia este mundo y sus intereses; había depositado todas sus esperanzas en Dios y ambos pensaban en la inmortalidad. Conocían cada una de las profecías, desde Isaías a Malaquías y cada día esperaban al Cristo del Señor.

Fue precisamente porque Ana fue fiel en la casa de Dios por lo que también ella pudo ver al Cristo de niño. Si hubiera tenido la costumbre de quedarse en su casa cada vez que hubiese sentido algún dolor en sus viejos huesos, se lo hubiera perdido. Pero un día vio, allí en el templo, a Aquel acerca del cual habían hablado los profetas. Su espíritu se conmovió en su interior en cuanto vio pasar a María por el patio con su precioso bebé. ¿De dónde venía tan deprisa Simeón? ¡Parecía estar en éxtasis! Ana sintió un deseo irresistible de ver lo que eran tan extraordinario como para llamar de tal modo la atención de Simeón. Se acercó apresuradamente al reducido grupo, colocándose junto a José, tan serio y a aquella joven madre, tan atractiva y hermosa, que miraba encantada a su hijito, al anciano Simeón, que al levantar el rostro mostró una expresión de gozo y de alabanza. Llegó junto a María justo cuando Simeón, que tenía en sus brazos al niño bendito, dio gracias a Dios, proclamando que Cristo era la luz de los gentiles y la gloria de su pueblo. Haciendo caso omiso del sacerdote deslumbrado y del silencio repentino que se había hecho entre aquella multitud, impulsada por la curiosidad, Ana dio también gracias a Dios, con voz trémula por la edad y la emoción. Entendía, como le había sucedido a Simeón, que el redentor habría de ser el libertador espiritual de todas las naciones de la tierra. Incluso Isaías (Is. 62:2) se adelantó a las enseñanzas de los tiempos de Jesús, con sus ideas estrechas y egoístas, que enseñaban que el Mesías habría de ser solamente para los judíos. Ana entendía debido a que tenía una comunión diaria con Dios, porque escudriñaba las Escrituras y supo encontrar la Verdad. La Palabra de Dios no puede transformar nuestras vidas si apenas la leemos o lo hacemos sencillamente por obligación (Jn. 5:39).

Para Ana aquel fue un día dichoso. Tanto la mujer como el hombre se regocijan en el día de Su venida, ya que en el reino de nuestro Señor no hay distinción de personas, de sexo, ni de categorías, puesto que todos son uno en Cristo Jesús. Ya no hay un patio para las mujeres, para que ellas puedan adorar, mientras que los hombres lo hacen acercándose al Lugar Santísimo. Hay una sala interior de oración que es para todos por igual. Está abierta la puerta para que todos podamos servir y dar fruto, dando testimonio personal y ésto es algo que podemos hacer tanto las mujeres como los hombres y se puede decir que las mujeres siguen siendo incluso hoy en día algunas de las más fieles seguidoras de Cristo.

Al contrario que Simeón, que estaba dispuesto a "marchar en paz" una vez que hubo visto al Mesías, Ana se sintió motivada a seguir trabajando. Dejó a un lado sus ropas de profetisa y se puso las de misionera. A pesar de que tenía que cargar con la debilidad y las dolencias características de su edad, proclamó por todas partes que se había hecho realidad el Deseo de las Naciones. Nos la podemos imaginar hablando, con una expresión radiante, a todos los que estaban esperando la redención de Israel, diciéndoles: "Regocijaos y gozaos conmigo porque el Mesías que durante tanto tiempo hemos esperado ha venido." Estaba, como es natural, totalmente segura de que el Hijo de María era el Salvador prometido porque estaba familiarizada con Dios, con Su gracia y Su redención. Ana se convirtió en la pionera de una gran compañía de mujeres que publicaron las buenas nuevas (Sal. 68:11).

Cuando hemos visto con los ojos de la fe al Cristo de Dios, alabamos a Dios y de la misma manera que lo hizo Ana, le servimos día y noche. Y mientras nosotras esperamos ansiosas el día en que le veamos cara a cara, debemos "comenzar por nuestra propia casa", contando la gozosa historia de que hemos sido salvas por gracia. Nuestra oración diaria será:

> *Señor, háblame para que pueda yo también hablar*
> *Como eco viviente de tu voz;*
> *Igual que me buscaste tú,*
> *Permíteme buscar aquel que triste y perdido está.*
> *Utilízame, Señor, úsame a mí,*
> *Dónde tú quieras, dónde sea y cómo sea;*
> *Hasta que tu bendito rostro pueda ver,*
> *A compartir tu reposo, tu gozo y tu gloria.*
> —Frances Havergal

SUGERENCIAS PARA CHARLAR SOBRE EL TEMA

1. Al leer y estudiar el libro de Lucas, fíjate en las muchas mujeres que se mencionan en él. ¿Por qué crees que las mujeres figuran de un modo tan prominente en el Evangelio de Lucas?
2. ¿Qué hizo el cristianismo a favor de la mujer?
3. ¿En qué sentido representó Ana al pueblo en el momento en que dio la bienvenida al Salvador?
4. Compara las reacciones de Simeón y Ana ante el cumplimiento de sus esperanzas.
5. Menciona algunas de las bendiciones que han disfrutado las personas mayores que han servido al Señor durante toda su vida.
6. ¿Pueden las personas mayores dejar de ser útiles?
7. ¿Cómo podemos ser cada una de nosotras misioneras? ¿Dónde podemos empezar a dar testimonio? ¿Por qué?
8. Menciona a algunas de las mujeres misioneras que han salido de tu propia iglesia.
9. ¿Qué nos resulta más fácil compartir: las habladurías o el Evangelio?
10. Normalmente cuando las mujeres han llegado a una edad de cuarenta a cincuenta años tienen menos trabajo que hacer porque sus hijos se han marchado de casa para contraer matrimonio, etc. ¿Crees tú que deben "tomarse la vida con calma" o encontrar nuevas maneras de servir? ¿Cómo y dónde pueden servir mejor las personas mayores?
11. ¿Cómo vemos a Jesús? ¿Cuáles deben ser las esperanzas de todos y cada uno de los cristianos?
12. Esta lección es de especial interés para las mujeres mayores, pero las que ahora son jóvenes un día no lejano también serán ancianas. ¿Qué podemos aprender de esta lección que nos da Ana?

*"Señor, ¿no te da cuidado
que mi hermana me deje servir sola?"*
Lucas 10:40

20
Marta

Lecturas de la Biblia
Lucas 10:38-42; Juan 12:1, 2; 11:1-46

La hospitalidad cristiana es una virtud. Desde la antigüedad se ha considerado un sagrado deber el recibir, alimentar y alojar al forestero que pueda llegar a nuestra puerta. Se trataba a los extraños como invitados y los que compartían los alimentos afirmaban que entre ellos había surgido el vínculo de la amistad y la lealtad. Moisés dijo a los israelitas que era su deber religioso ser hospitalarios. "Amaréis, pues, al extranjero... y el extranjero... comerá y será saciado" (Dt. 10:19 y 14:29). Se decía al extranjero que se regocijase en las bendiciones que Dios daba a su anfitrión (Dt. 26:11). Job dijo: "El forastero no pasaba fuera la noche; mis puertas abría al caminante" (31:32). Y Dios nos dice que Job era un hombre perfecto y justo.

La verdadera hospitalidad lleva implícita "el amor al forastero", es decir, saber compartir lo que tenemos. El compartir de nuestra abundancia es agradable y sencillo, pero si tenemos muy poco el compartir requiere confiar en nuestro Padre celestial. La viuda de Sarepta compartió con Elías y el Señor suplió sus necesidades. Hace miles de años una gran mujer mostró hospitalidad a Eliseo. "Hagamos una pequeña aposento de paredes, y pongamos allí cama, mesa, silla y candelero, para que cuando él viniere a nosotros, se quede en él" (2 R. 4:10).

¡Qué gran bendición disfrutan aquellos hogares en los que existe este espíritu de "amor hacia el forastero!"

Jesús y Sus seguidores enseñan el espíritu de la hospitalidad cristiana en el Nuevo Testamento en Lucas 14:12-14; Tito 1:8 y 1 Pedro 4:9. La hospitalidad es recomendable para cualquier persona, pero en el caso de los cristianos es una virtud *necesaria*. Un día, cuando Jesús estaba hablando acerca del juicio final, dijo: "El Rey dirá...Apartaos de mí, malditos, al fuego eterno preparado para el diablo y sus ángeles...porque fui forastero y no me recogisteis" (Mt. 25:40-43).

Abraham "no olvidó la hospitalidad, porque por ella algunos, sin saberlo, hospedaron ángeles" (He. 13:2). Marta fue la anfitriona de Aquel que era el más Magnífico, al que todos los ángeles adoraban. *¿Acaso hospedaría Marta al Señor sin ser plenamente consciente de a Quien estaba extendiendo su hospitalidad?*

Tratando con María

Betania, donde vivía Marta, era un pequeño pueblecillo, agradable, situado sobre el lado este de la colina del monte de los Olivos, cercano al camino de Jericó, Betfagé y Belén. Había un plácido paseo de unos tres kilómetros desde la parte sur del monte de los Olivos a Jerusalén. Marta podía seguir la senda hasta la cima de la colina y, en un día despejado, podía ver los rayos del brillante sol convertir la masa dorada y de mármol blanco que era el templo en un punto resplandeciente de gloria.

Marta y sus hermanos tenían una cómoda y agradable casa, rodeada por palmeras y arbustos. El ungüento tan caro que la hermana de Marta utilizó para ungir con él a Jesús nos da a entender que esta familia de Betania tenía una posición económica bastante desahogada. Además el hecho de que muchos judíos viniesen de Jerusalén a visitar y permanecer un tiempo con las hermanas, que lloraban la muerte de su hermano, muestra que la familia debía de ser bastante rica y de cierta importancia social. La casa pertenecía evidentemente a Marta y es posible que fuese la viuda de Simón, el leproso (Jn. 12:1, 1 y Mt. 26:6).

La familia de Betania tenía un amigo maravilloso: Jesús de Nazaret. Cuando se encontraba en los alrededores de Jerusalén tenía por costumbre alojarse en la casa de Marta y no dudaba en llevar consigo a Sus discípulos porque encontraba en aquella familia de Betania unos leales amigos y una generosa hospitalidad. Cuando los escribas, fariseos y doctores de la ley cansaban a Jesús, metiéndose con él, ridiculizándole y despreciándole, cuando se sentía agotado, cuando Su corazón estaba acongojado por todos los sufrimientos de la humanidad, podía ir caminando a Betania y encontrar allí un remanso de paz, de descanso y unos corazones que tenían fe en Él y se identificaban con Él.

Jesús pasaba mucho tiempo en el monte de los Olivos, sentado bajo los árboles, descansando y dedicando tiempo a la oración, aprovechando la sombra de la arboleda, enseñaba a Sus discípulos y, desde la ladera de la colina, sufría por Jerusalén y anunciaba su destrucción. Sobre la ladera occidental se encontraba el huerto de Getsemaní y allí fue donde habría de ser traicionado, entre las oscuras sombras. La entrada triunfal en Jerusalén la hizo partiendo de la falda del monte de los Olivos y desde allí arriba ascendió a la gloria. Seguramente Jesús iría con mucha frecuencia desde la montaña a casa de estos hermanos, donde le recibían con cariño y amistad porque a juzgar por la familiaridad con que le trata Marta podemos llegar a la conclusión de que conocía bien a Jesús.

Marta era una buena administradora de su casa y trabajaba muchísimo por lo que su hogar estaba siempre impecablemente limpio y atractivo. Marta era la clase de mujer que nombraríamos presidenta de un importante comité o grupo de señoras. No le fallaba ni un proyecto y ningún comité carecería de una buena administración teniendo a Marta como presidenta. No se celebraban banquetes como los que ella daba. Toda Betania estaba enterada de lo bien que hacía todas las cosas y cuando necesitaban consejo o ayuda con una cena o proyecto acudían a ella y Marta les dedicaba todo su tiempo y energías porque era una mujer capacitada y generosa.

En el momento en que comienza nuestra historia Marta

está muy ocupada, preparando una suculenta cena en su propia casa. El invitado de honor es Jesús y ella piensa que lo mejor del mercado de Jerusalén no es suficientemente bueno para ofrecérselo y agasajar a un amigo tan especial. Nos podemos imaginar fácilmente a Marta, yendo de un lado a otro, con su delantal puesto, quitando el polvo, dando órdenes a los sirvientes con autoridad, probando ella misma los pasteles, colocando la plata, fijándose bien en la colocación de los muebles, con el rostro acalorado al inclinarse sobre las cazuelas donde hervían los alimentos.

¡Qué diferente era la tranquila y contemplativa María de su hermana mayor, Marta! ¡Se puede decir que eran polos opuestos! ¡Incluso cuando Marta andaba nerviosa por todo lo que había que hacer, María estaba tranquilamente sentada, charlando con su invitado! Marta, que estaba tan ocupada, haciendo una y mil cosas, se sintió irritada al ver a su hermana que no hacía absolutamente nada, especialmente en un día como aquel, cuando había tanto que servir. Jesús había enviado a muchos discípulos a predicar y en aquellos momentos comenzaban a llegar para ver a Jesús, en la casa de Marta, de manera que tenía muchos invitados a cenar y todos eran bienvenidos. Es posible que incluso fueran más de los que ella esperase o que algo saliese mal en la cocina.

Marta estaba cansada y tensa y, en un momento de irritación dio rienda suelta a su disgusto, enfrentándose de repente con Jesús donde se encontraba relajándose en aquel agradable patio sombreado. Haciendo un comentario brusco acerca de su hermana, que estaba escuchando muy atentamente al Maestro, Marta dijo de golpe y porrazo: "¿Por qué está María ahí sentada, sin hacer nada, mientras yo estoy ahogada de trabajo? ¡Dile que me ayude!" (véase Lc. 10:40). Marta no controlaba ya su trabajo, sino que éste la controlaba a ella por completo. Además había en su voz un tono celoso, ya que por sus muchos trabajos no disfrutaba, como lo hacía su hermana, sino que la regaña y además parece meterse incluso con el Maestro por lo sucedido.

Fue en el patio de Marta, bajo la sombra de los olivos, donde Jesús predicó un gran sermón a Marta y no solamente a ella, sino a todas las Martas que se agobian constantemente con los trabajos domésticos, dejando de lado todas las otras buenas cosas que ofrece la vida. Jesús le respondió: "Marta, Marta, afanada y turbada estás con muchas cosas." No cabe duda de que la actitud que había adoptado hacia su trabajo era equivocada, ya que la dejaba sintiéndose frustrada y de mal humor. Pensamos que hubiera sido mucho mejor para Marta haber preparado una cena sencilla, que le hubiera dejado tiempo libre para dedicarlo a tener comunión con aquel importante Invitado.

Eso no significa, por supuesto, que Marta no quisiera a su Señor, ya que fue precisamente ella la que le había invitado y la que se había asegurado de que nada le faltase, haciendo que se sintiese cómodo, dando generosamente de su fuerza y su sustento. Jesús no estaba regañando a Marta por su laboriosidad, puesto que Él creía en trabajar de firme y dijo en cierta ocasión: "Mi Padre hasta ahora trabaja, y yo trabajo" (Jn. 5:17). El Señor no la criticaba por falta de generosidad, de lealtad o de amor, sino por estar siempre ansiosa y preocupada "sobre las muchas cosas." Jesús sabía lo inútil que son la ansiedad y la preocupación y cómo nos impide gozar de la vida.

Jesús amaba a Marta y agradecía sus servicios, pero ella necesitaba aprender que había otras maneras de servir al Señor que le complacen aún más. Por eso dijo: "María ha escogido la buena parte." ¡Qué sorpresa debió llevarse Marta, que era una mujer laboriosa y que amaba a Jesús!

Cuando por fin se le abrieron los ojos a Marta se dio cuenta de que es preciso que una buena anfitriona sepa encontrar ese difícil equilibrio entre la cocina y la relación con la familia y con ese Huésped que está siempre presente. Más adelante, durante una cena en casa de Simón, Marta sirvió con tranquilidad (Jn. 12:1, 2) y escuchó con atención a las importantes palabras de Jesús, con un corazón agradecido y lleno de amor, como lo estaba él de María al ungir los pies del Maestro.

Marta llora a su hermano

En Juan 11 encontramos una conmovedora historia, de gran belleza, que tiene lugar en casa de Marta, donde lloran la muerte de su hermano. En ella descubrimos la humanidad de Jesús en las breves, pero dramáticas palabras "Jesús lloró" y nos sentimos profundamente conmovidas por el amor y la compasión que demostró "el amigo que era más que hermano". Este relato nos enseña la diferencia que existe entre una casa y un hogar, ya que en él se destacan la ternura, la comprensión, el aprecio hacia la familia y los amigos, como ninguna otra cosa puede enseñarnos.

Cuando la familia de Betania agasajó a Jesús durante la cena, María fue alabada por "haber escogido la buena parte", pero cuando el hogar de las hermanas se vio sumido en el dolor, de manera inesperada, fue Marta la que destacó por la majestuosidad de una mujer que supo afrontar las tribulaciones de la vida sin hundirse bajo su peso.

Las dos hermanas cuidaron solícitamente y con amor a su hermano Lázaro cuando se puso enfermo, pero estamos seguras de que Marta, que seguía siendo la administradora de la casa, sería la encargada de darle las medicinas, la que tomaría las decisiones y cuando fue evidente la gravedad de su enfermedad, mandó un recado urgente a Jesús diciendo: "El que amas está enfermo" (Jn. 11:3). Estaban tan seguras de que el Médico divino vendría, pero no lo había hecho, y el hermano al que querían había muerto. Una vez más sería Marta la que se ocuparía de hacer los arreglos necesarios para el entierro y para el duelo, que habría de durar siete días. Lázaro fue colocado en la tumba. Con cuánta frecuencia debieron decir aquellas hermanas entristecidas: "Si tan solo Jesús hubiera venido."

María se sentía abatida por la aflicción, pero Marta era capaz de soportar el peso del sufrimiento manteniéndose ocupada en el trabajo. Marta seguía buscando a Jesús entre las multitudes que deambulaban por las calles y muchas veces durante el curso del día miraba en dirección al sendero del monte de los Olivos y hacia el camino que iba a Jericó. ¡Qué tremendo alivio cuando por fin llegó! Sin decir una palabra a su hermana, Marta salió silenciosamente de la casa para encontrarse con Jesús a la entrada del pueblo. Dominada por la emoción de sus sentimientos, le dijo al Señor tan pronto como le vio: "¡Señor, si hubieses estado aquí, mi hermano no hubiese muerto!" La voz de Marta denotaba su decepción, habiendo en ella la insinuación de la mujer que todo lo dirige en sus palabras, pero al mismo tiempo el suyo era un lenguaje sencillo de fe y de amor. Tenía fe en Aquel que hacía milagros en Galilea y cuando se encontraba ante Su presencia sabía instintivamente que para Él nada era imposible. Marta habló con el Maestro acerca de las grandes verdades de la redención (vv. 24-27) y cuando Jesús le preguntó: "¿Crees esto?" hubo una fe triunfante en la respuesta de Marta. Su contestación es una de las más hermosas confesiones de fe en todo el Nuevo Testamento.

Marta era una mujer impulsiva, enérgica y práctica. Al igual que sucedía con Pedro, siempre estaba dispuesta a dar consejos, a poner a cada uno en su sitio, hasta al Señor; y al igual que había hecho Pedro hizo una gran confesión cuando llamó a Jesús el Señor de su vida, el Mesías prometido, el Hijo de Dios.

Después de esto, Jesús quiso ver a María. Marta, dando muestras de consideración y de compasión, llamó a su hermana en secreto, de forma que pudiese pasar un tiempo a solas con Jesús, pero las multitudes de judíos compasivos siguieron a María, pensando que iba a la tumba para llorar junto a ella. Cuando Jesús fue testigo de la aflicción de María y escuchó a los que hacían duelo, llorando y lamentándose, Su compasivo corazón se entristeció y "Jesús lloró". *Ciertamente llevó Él nuestros dolores y aflicciones.*

Teniendo a Marta y a María a Su lado, así como a muchos judíos que habían venido de Jerusalén, realizó el último y unos de los más grandes milagros. Cuando Jesús dijo: "Quitad la piedra" (v. 39), Marta se apresuró una vez más a aconsejar incluso a su Señor, y Jesús le dijo con paciencia y amor: "¿No te he dicho, Marta, que si crees, verás la gloria de Dios?" (v. 40).

El devolver la vida a Lázaro confirmó la fe de Marta y

llenó los corazones de las hermanas de Betania de gratitud y de una devoción imperecedera hacia el Gran Invitado que honraba su casa con Su presencia e hizo de sus corazones un lugar donde Él habría de morar eternamente.

¡Cuánto amaba Jesús a Marta, a su hermana y a Lázaro!

SUGERENCIAS PARA CHARLAR SOBRE EL TEMA

1. ¿En qué consiste la hospitalidad cristiana? Busca los siguientes pasajes: Lucas 14:12-14; Tito 1:8; 1 Pedro 4:9; Romanos 12:13; Hebreos 13:2.
2. ¿Cómo practicamos hoy la hospitalidad? ¿Están nuestros hogares siempre dispuestos a recibir a Jesús? Pensemos en nuestros modales, por ejemplo, a la mesa, durante nuestra conversación, en nuestra generosidad.
3. ¿De qué manera encuentra Marta su equivalente en nuestros días?
4. ¿Cómo podemos llegar a la conclusión de que Marta y su familia eran bien conocidos y no pertenecían a la clase más pobre?
5. ¿Por qué reprendió Jesús a Marta?
6. ¿Por qué sabemos que Jesús estaba en contra de la preocupación?
7. ¿De qué modo nos perjudica la preocupación? ¿Y a nuestros semejantes? ¿Y a Jesús? ¿Qué motivos tenía Marta para creer que Jesús podía restablecer a Lázaro?
8. Menciona las bendiciones del sufrimiento.
9. ¿De qué modo demostró Marta su fortaleza, su debilidad, su generosidad, su fe, su esperanza, su amor, su consideración y su valor?

"De cierto os digo que dondequiera
que se predique este evangelio,
en todo el mundo, también se contará
lo que ésta ha hecho, para memoria de ella."
MARCOS 14:9

21
María de Betania

Lecturas de la Biblia
Lucas 10:38-42; Juan 11:1, 2, 19, 20,
30-36, 45; 12:1-9; Marcos 14:3-9; Mateo 26:6-13

Se define un regalo o un don como algo que da gratuitamente una persona a otra, sin ninguna compensación y sin que exista ningún acuerdo o contrato. Es, pues, una expresión de afecto, de amistad o de respeto hacia otra persona. El ejemplo perfecto es el gran don de Dios, dado gratuitamente porque Dios amó tanto al mundo. Nadie sobre la faz de la tierra, ni todos los que en ella han vivido, podrán jamás compensar al Salvador por ese gran don que nos ha concedido.

Todos los años, al llegar el mes de diciembre, celebramos el más importante de los acontecimientos de distintas maneras, intentando mostrar nuestra gratitud al Señor por el don de Su Hijo unigénito. Sin embargo, con frecuencia nos dejamos influenciar y nos desviamos realmente del propósito por la manera en que se celebra normalmente la Navidad. La Navidad, que fue originalmente una fiesta religiosa, se ha ido convirtiendo cada vez más en algo comercializado. El comerciante no dispone de ninguna otra ocasión tan propicia a lo largo del año de modo que la aprovecha y le saca la máxima ventaja. A principio del año prepara catálogos y comienza el comerciante a escoger una selección apropiada para la Navidad. En muchos países el anciano San Nicolás es el alegre compañero de la industria y se produce una presión anual, que se prolonga durante varias semanas, para que los niños manden una lista a "Papa Noel" y para que se apresuren a escoger sus regalos de Navidad. A pesar de que los cristianos no creen en Papa Noel, lo cierto es que bien poco han hecho para contrarrestar su influencia.

Muchos se han apropiado de la idea de la lista de Navidad por diversos motivos. Al hacer nuestras listas de Navidad, ¿lo hacemos con el propósito de dar o de conseguir nosotros algo? ¿Damos de manera gratuita o más bien lo hacemos por conseguir algo a cambio? Jesús dijo: "Y si hacéis bien a los que os hacen bien, ¿qué mérito tenéis?" (Lc. 6:33). Mas bien debemos "vender todo lo que tienes y dalo a los pobres." Entonces, al igual que lo hicieron los magos, traeríamos nuestros regalos a Jesús, porque lo que demos a los pobres y necesitados lo estamos dando realmente a Él.

Hay además un regalo personal que le podemos dar directamente a Jesús. Christina Rossetti nos dice la clase de regalo de que se trata:

> *¿Qué puedo darte yo,*
> *tan pobre como soy?*
> *Si fuese un pastorcillo,*
> *le traería un corderillo.*
> *Si fuese un hombre sabio*
> *cumpliría con mi parte.*
> *Pero lo que puedo yo le doy,*
> *le entrego mi corazón.*

Dame tu corazón, nos dice nuestro Padre que está en los cielos. Ningún regalo tiene tanto valor para Él como nuestro amor. Y eso es lo que hizo María, la hermana de Marta y Lázaro: entregó su corazón al Cristo de la Navidad.

Meditando en silencio

No hay en toda la Biblia descripciones de la personalidad tan interesantes como la de las dos hermanas de Betania. Se nos concede ver lo más íntimo de sus vidas en el hogar, la devoción que manifestaban los unos con los otros y hacia el Señor al que amaban y servían, cada uno a su manera. Es un relato que perdurará para siempre. El mismo Jesús le dijo a María: "Siempre que se cuente mi historia, también se contará la tuya" (véase Mr. 14:9).

Nos sentimos como si realmente conociésemos a María y a Marta. Tal vez nos resulten tan conocidas porque se parecen tanto a nosotras, que sus faltas y peculiaridades, sus cualidades y temperamentos son muy semejantes a los nuestros.

Nosotros poseemos muchos de los rasgos de Marta, yendo siempre apresuradas, ocupadas, pero con buenas intenciones. La época en la que vivimos y de la que formamos parte, es una de actividad febril y nos vemos envueltas en las prisas de nuestros días. Ni siquiera es una excepción nuestra vida religiosa, porque hay mucha actividad cuyo propósito es hacer el bien. También entre las mujeres que participamos en los asuntos del reino existen las prisas, haciéndolos de manera apresurada y yendo por caminos tortuosos. El dinero que damos parece tener mayor valor cuando lo convertimos en materia prima y lo vendemos de nuevo. Damos mucha importancia al dar y, al igual que le sucedió a Marta, tenemos tendencia a criticar a las personas que sirven al Señor de manera diferente a la nuestra.

Cuando Jesús iba a visitar a Sus amigos en su casa de Betania, le agasajaban y le invitaban a participar de sus alimentos. La anfitriona Marta había planeado una comida deliciosa. Había dedicado tanto esfuerzo a realizar los preparativos que se sentía febril por la emoción, ansiosa y tensa. Mientras tanto al parecer María estaba relajada y pasándoselo bien.

Sabemos que María tenía el don de saber escuchar, que era una mujer tranquila y contemplativa, porque leemos en Lucas 10:39: "Ésta tenía una hermana que se llamaba María, la cual, sentándose a los pies de Jesús, oía su palabra." El alma de María estaba sedienta y se sentó, por ello, humildemente como una alumna, a los pies del Maestro, tan absorta por sus maravillosas palabras de vida que era totalmente ajena al nerviosísimo y la tensión de su hermana, de modo que ni siquiera las miradas de desaprobación de Marta lograban hacerle mella, puesto que María tenía concentrada toda su atención sobre aquel Visitante celestial que "hablaba como no lo había hecho ningún otro hombre antes." Hablaba con autoridad, con ternura, con una voz que parecía el sonido melodioso de un arpa. María no tenía más que tocar las cuerdas de Su sensible corazón y escuchaba la voz de Su infinito amor y comprensión. Es cierto que Marta también amaba a Jesús, pero en su ansiedad por servirle no podía escuchar más que el murmullo de los cazos y el sonido de las cazuelas.

No hay nada que mejor ilustre la personalidad de estas dos hermanas que cuando Marta, en lugar de llamar a María con dulzura, le dijo muy irritada: "Señor, ¿no te da cuidado que mi hermana me deje servir sola? Dile, pues, que me ayude." Y Jesús le respondió con estas palabras: "Marta, Marta, afanada y turbada estás con muchas cosas. Pero sólo una cosa es necesaria, y María ha escogido la buena parte, la cual no le será quitada" (Lc. 11:40-42). María poseía un temperamento tranquilo e incluso al desencadenar Marta su ira en su contra, guardó silencio. El ser capaces de guardar silencio cuando nos provocan es un don que todas las mujeres deberíamos pedir en oración y era una cualidad que poseía el Maestro mismo (Is. 53:7).

También María agasajó a Jesús, pero siendo una mujer espiritualmente sensible, sabía incluso mejor que su hermana mayor lo que más necesitaba Él, que se sentía física y mentalmente cansado por las incesantes exigencias de las multitudes, ya que a dondequiera que iba le empujaban e importunaban con su insaciable curiosidad. En algunas ocasiones se metía en una barquita, alejándose de las masas de humanidad y enseñaba a Sus discípulos, mientras las olas mecían suavemente la barca. En Jerusalén se vio especialmente acosado por los mordaces desafíos verbales en contra de Su verdad y de Su misión. Tengamos en cuenta que era también humano, padeciendo el cansancio de cuerpo y espíritu y necesitando comprensión y comunión. Eso era algo que María le daba y Él la amaba más por ello.

María escoge la buena parte, sentándose a Sus pies, muy cerca de Su corazón. Si hay algo que verdaderamente necesitamos hoy es tiempo para la meditación y para tener comunión con Jesús, ya que decidimos con harta facilidad: "No puedo dedicar tiempo a la Palabra de Dios y a la oración, a pesar de que me doy cuenta de que me hace mucha falta" o decimos con frecuencia: "Estoy demasiado ocupada." Son precisamente las personas que están demasiado ocupadas, aquellas que viven sometidas a las tensiones de las prisas, las que son víctimas de la ansiedad, las que más necesitan dedicar un tiempo al Señor, sentándose a los pies de Jesús, donde es posible dejar los problemas y traerle nuestras cargas. Todas aquellas cosas que en la actualidad nos mantienen tan ocupadas un día habrán desaparecido, pero la fe en Cristo y la comunión con Él serán parte de nuestra felicidad eterna.

María era una mujer que mostraba de forma recatada su dolor. Cuando pasaba por la tribulación podía sentarse y meditar. Leemos que después de que falleciese Lázaro, María "permaneció tranquila en su casa", mientras Marta estuvo más ocupada que nunca. María tenía un corazón lleno de ternura y dulzura y se sintió profundamente afectada por la muerte de su hermano. Pero a pesar de sentirse embargada por el dolor no se quejó ni se preguntó por qué había sucedido, puesto que sabía que Jesús era su Señor y si hubiera deseado que las cosas hubieran sido de otro modo, hubiera ido a tiempo para salvar la vida a su hermano.

María era, en muchos sentidos, una mujer de profundos e intensos sentimientos y al parecer estaba especialmente unida a su hermano porque los amigos de Jerusalén vinieron con el propósito de consolar a María (Jn. 11:31, 45). Sus amigos la querían y les resultaba siempre agradable y reconfortante estar con ella e incluso en la hora del dolor era una inspiración para los demás. Aparentemente nadie se dio cuenta del momento en que Marta salió para reunirse con Jesús, pero el momento en que salió María la siguieron porque deseaban estar con ella en todo momento.

Cuando María comenzó a sollozar, contándole su

sufrimiento a Jesús, sentada a Sus pies, no añadió ninguna palabra de queja ni le hizo ninguna sugerencia, como lo había hecho Marta, sino que expresó humildemente su fe en el amor y el poder de Jesús, que le dijo palabras de consuelo a Marta, pero al acercarse María a Él, su corazón se llenó de dolor y Jesús lloró, identificándose con ella de un modo mucho más elocuente que todas las palabras.

Sosiego en la devoción

La tercera escena en la que María representa un papel importante es la que tiene lugar durante la cena, en casa de Simón el leproso. Es posible que Simón, que durante mucho tiempo había estado leproso, hubiera sido sanado por Jesús y desease expresar su gratitud. O que la cena se hubiera celebrado para gozarse por el hecho de que Lázaro hubiese resucitado de los muertos tres días antes porque tanto Lázaro como Jesús fueron los huéspedes de honor.

Era preciso tener valor para agasajar a Jesús esa semana antes de Su muerte. El que Lázaro hubiera sido resucitado de los muertos había causado tal revuelo y tal ira entre los judíos que el sumo sacerdote había convocado una asamblea especial del Sanedrín y durante aquella reunión Caifás, el sumo sacerdote, había dicho que era conveniente que muriese Jesús (Jn. 11:50), llegando incluso a pensar en matar a Lázaro, ya que por culpa de él muchos judíos habían creído en Jesús. La furia de los enemigos de Jesús estaba rápidamente alcanzando un punto álgido y aquella misma noche uno de los discípulos habría de dar el empujón final que conduciría a Su muerte.

Parece ser que aquella cena era solamente para hombres. Estaban presentes los más íntimos amigos de Jesús y de Sus discípulos y, sin duda, estarían allí Juan, Santiago, Mateo, Tomás y sabemos que Judas se encontraba sentado a la mesa, pero el centro de atención era Lázaro, que solamente unos días antes había estado muerto y su tumba había estado sellada. La habilidosa y trabajadora Marta estaba sirviendo la cena. Eso era lo que mejor sabía hacer y le encantaba hacerlo, especialmente en aquella feliz ocasión, durante la cual podía mostrar su gratitud a Jesús por haber resucitado a su hermano.

Vemos que María no abandonó a Jesús cuando mayor fue el peligro. Vino a la cena porque todas las personas a las que más quería estaban allí y también ella deseaba expresar su gratitud a Jesús, ya que tenía mucho por lo que sentirse agradecida. Había aprendido muchas lecciones sentada a Sus pies y Él le había devuelto a su hermano, de modo que ella había encontrado en Jesús un amigo que todo lo entendía y le reconocía como su Señor. Él le había dado a María un amor que excede a cualquier otro y el corazón de la mujer estaba tan rebosante de gratitud y de amor que deseaba expresarlo, ya que un gran amor se debe expresar siempre, sea al precio que sea.

María, equilibrada, pura y mansa, se acercó lentamente por detrás de Jesús, donde se encontraba reclinado sobre un sofá, cerca de la mesa del comedor. Al romper María el jarro de alabastro primero uno y luego el resto de los comensales la miraron y se hizo el silencio en la estancia. Algunos de los hombres sentían curiosidad, mientras que otros se mostraron críticos y por lo menos uno de ellos se puso furioso, al contemplar a María derramar aquel preciado nardo* sobre la barba de Jesús. El líquido se derramó por su cabello a lo largo de la túnica, sin costura e incluso le llegó hasta los pies y el dulce aroma del nardo llenó la estancia con su fuerte fragancia. Con una devoción absoluta, María se soltó los cabellos y con ellos secó humildemente y con una actitud de pura devoción el exceso de perfume de sus pies. Pocos días después, cuando los soldados romanos colocaron con fuerza la corona de espinos sobre la cabeza de Jesús, el rey de los judíos, el nardo que le había derramado María sobre su cuerpo aun olía y cuando el soldado tuvo en sus manos la túnica, sin costura, todavía olía al dulce

---

* El nardo era un ungüento aromático, que se extraía de una planta del archipiélago de Malaya y era algo extraordinario y muy caro. La libra que se utilizaba entre los judíos era el equivalente romano a las 312 gramos, que se vendían por trescientos peniques, que vendría a ser el equivalente al sueldo de un año.

nardo, aquel regalo tan extraordinario, muestra del cariño de María.

Así que María trajo aquel caro y extraordinario regalo, a su Señor y Él lo aprobó, porque cuando los discípulos y Judas en particular se quejaron diciendo que aquello era un derroche, Jesús dijo: "Déjala; para el día de mi sepultura ha guardado esto" (Jn. 12:7). Aunque al principio los discípulos se mostraron críticos, se sintieron tan impresionados por este incidente que más adelante Mateo, Marcos y Juan escribieron acerca de él con todo detalle (Jn. 11:2, indicando la importancia que tenía).

María demostró claramente poseer un mayor conocimiento de Su secreto poder y misión que Sus mismos discípulos. Le había oído hablar acerca de Su muerte y sabía que valía la pena morir por algunas cosas. Para ella cualquier cosa que hiciese Jesús estaba bien hecha y es posible que María, mujer apasionada y pensativa, sea la mujer más espiritualmente sensible de todo el Nuevo Testamento.

El don que poseía María era de gran valor, especialmente por el motivo que le había impulsado a hacerlo, por su generosidad y su silenciosa devoción. Muchas otras personas habían hecho cosas a favor de Jesús, algunas de ellas dando dinero y alimentos y una de ellas donando incluso su propia sepultura, pero el único hecho acerca del cual Cristo se pronunció, confiriéndole una fama inmortal, fue el regalo que le hizo María de Betania, que antes le había entregado su corazón y a continuación le había hecho el regalo más imaginativo que podía idear su mente.

Al igual que María, que era una mujer tranquila en su meditación, es preciso que nosotras sepamos escoger también la mejor parte y debemos, en los momentos de prueba, "estar quietos y conocer que yo soy Dios" (Sal. 46:10). Cuando nos provoquen y nos critiquen dejemos que sea Dios quien juzgue y debido a que el verdadero amor ha de expresarse, daremos a nuestro Señor lo mejor que tengamos, es decir, nuestros corazones y nuestros dones con una devoción eterna.

SUGERENCIAS PARA CHARLAR SOBRE EL TEMA

1. ¿Crees tú que María era la clase de mujer que dejaría a su hermana, para que hiciese todo el trabajo?

2. ¿Cuál es la buena parte que escogió María? ¿Cómo podemos nosotras conseguir esa buena parte? ¿Cuánto la necesitamos? ¿Podemos compartir esa buena parte? ¿De qué modo?

3. ¿Quién defendió a María en contra de la acusación que le hizo Marta? ¿Qué nos enseña esto sobre la personalidad y el carácter de María y qué lección práctica encontramos para aplicárnosla a nosotras mismas?

4. El hecho de que Jesús aprobase la manera de hacer María las cosas, ¿significa que su manera es la única que puede aprobar? Explica.

5. ¿Qué quiere decir que María mostraba su dolor de una manera calmada y sosegada?

6. ¿Tiene algún significado el que solamente se mencione el nombre de María en Juan 11:31 y 45?

7. Ambas hermanas vinieron a Jesús en su aflicción. ¿Cómo reaccionó Jesús y ayudó a cada una de ellas?

8. ¿De qué manera afectaría a nuestra vida familiar si fuésemos una Marta o una María? ¿Es posible ser ambas a la vez?

9. ¿Tenía el ungir los pies algo que ver con la costumbre? (por ejemplo, Lc. 7:46; Jn. 13:5). ¿Qué significado tiene el hecho de que María ungiese los pies a Jesús?

10. ¿Quién criticó a María por su generosidad? Mira lo que dice en Mateo 26:8; Juan 12:5; Marcos 14:4. ¿Es contagiosa la crítica? Explica.

11. ¿Necesitamos más mujeres que sirvan los alimentos o que ganen dinero para dar a la caridad, etc. o más mujeres que den con generosidad y en secreto? Charlemos al respecto.

12. ¿Qué es la personalidad? Habla acerca de la personalidad de María.

13. ¿Por qué el regalo que hizo María a Jesús fue tan extraordinario que se merece no solamente la aprobación de Jesús, sino el que se lo recuerde siempre y cuando sea proclamado el Evangelio en todo el mundo?

22
Herodías

Lecturas de la Biblia
Mateo 14:1-12; Marcos 6:17-30; Lucas 3:19, 20

En una enorme pancarta iluminada, situada junto a una iglesia moderna se lee: "PADRES, SI DESEAIS QUE VUESTROS HIJOS OS HONREN SED DIGNOS DE ELLOS". Este dicho representa el más reciente enfoque a ese complejo problema de las relaciones entre los hijos, los padres y la escuela.

Durante las dos últimas décadas los padres se han dejado influenciar por los conceptos populares acerca de la formación de los hijos y han seguido el método sencillo de permitir que el niño haga lo que más le plazca. De este modo se concede al niño una madurez imaginaria y él puede decidir si va a estudiar en la escuela o si sencillamente va a hacer el mínimo posible, necesitando solamente rendir cuentas a sus padres o a sus superiores en el caso de que le apeteciera hacerlo. Esta falta de limitaciones en la vida del niño y falta de control por parte de los padres han dado pie a que surgiesen graves problemas, tanto en la escuela como en el hogar.

Las escuelas, por ser las primeras a las que se les ha echado la culpa, han pretendido ponerse de parte del niño problemático. Para afrontar las necesidades del adolescente y evitar que se extendiera la delincuencia juvenil, las escuelas ampliaron sus programas añadiendo cursos como la conducción prudente, los buenos modales

y cómo tratarse con las personas del otro sexo. Además
añadieron clínicas y varias empresas dedicadas a la
formación del carácter. Después de haber exagerado la
práctica de los deportes, que ponían al alcance de los
jóvenes y de ofrecer un sinnúmero de actividades aparte
de los temas habituales que se estudiaban en la clase, las
escuelas comenzaron lentamente a caer en la cuenta de
que el intentar ofrecer lo mejor a todo el mundo no les
había servido, en realidad, para nada. Durante todo ese
tiempo, los centros de estudio del niño, las clínicas de
psicología infantil, las asociaciones de libertad bajo
palabra, los obreros sociales y los educadores estuvieron
forcejeando con los probemas del comportamiento. Se
nombraron comisiones para estudiar los problemas en
las escuelas, los paneles se hicieron populares, se hicieron
entrevistas a los niños y se imprimieron y retransmitieron
sus sabias palabras acerca del problema de la
delincuencia juvenil. En la actualidad los educadores han
decidido una vez más que su auténtica labor es impartir
los conocimientos intelectuales, enfatizando lo más
importante.

El resultado hasta la fecha ha sido el de hacer que la
culpa recaiga sobre los padres. Se ha sugerido, de una
manera muy sutil, que lo que necesitamos en realidad
es contar con una asociación como "Padres Anónimos",
para que realice lo que está llevando a cabo en la
actualidad la "Alcohólicos Anónimos" a favor de los
alcohólicos. Se le dice a los padres que no echen a perder
a sus hijos con su amabilidad, que lo que los hijos
necesitan es firmeza y que, después de todo, pueden
aprovechar la sabiduría madura y la autoridad,
compaginada con el amor, de las madres. Entonces se
les echa las culpas a los padres cuando sus hijos se
compartan mal. Cuando el entusiasmo de los jóvenes se
desborda, después de un partido de fútbol, se sugiere
que son los padres los que deben ser castigados porque
si los padres no enseñan a sus hijos a respetar la
propiedad de otras personas entonces los padres son los
que deben pagar.

De vez en cuando los especialistas en el
comportamiento sacan normas de conducta de las

páginas de la Biblia, y las palabras de sabiduría de la pancarta de la iglesia se basan en principios cristianos. Los padres que tienen un comportamiento digno son el mejor ejemplo de cómo debemos comportarnos con las personas del otro sexo; tienen oportunidad, a diario, de enseñar honradez, justicia y respeto hacia la autoridad. Son los padres los que marcan la pauta de moralidad y, día tras día, ofrecen a sus hijos la medida apropiada de sus valores. Sin embargo, con frecuencia los padres subestiman su propia influencia o no se esfuerzan, con seriedad y en oración, en ser dignos de sus hijos.

Lo básico para una buena familia y para las relaciones sociales es la ley perfecta de Dios, que es el amor. La Palabra de Dios nos dice que debemos amar a Dios por encima de todas las cosas y, sobre todo, "amarnos los unos a los otros con amor fraternal; en cuanto a honra, prefiriéndoos los unos a los otros" (Ro. 12:10) y nos dice además que el amor no desea el mal del prójimo. El Gobernante eterno nos dice que debemos respetar la autoridad, pagando lo que es justo: temor a los que temor, honor a los que honor. Es de vital importancia saber que el amor es el cumplimiento de la ley. Valiéndose de estas normas, los padres cristianos edifican el carácter y la personalidad de sus hijos y éstos reflejan por medio de su vida si sus padres son dignos o si, por el contrario, han fracasado.

No había respeto hacia Dios o amor hacia otros en el corazón de Herodias. No tenía ningún interés genuino para el futuro de su única hija, Salomé, y se mostró una mujer indigna de honor.

Su malvada familia

Se ha llamado a Herodías la Jezabel del Nuevo Testamento. Al igual que sucedió en el caso de Jezabel, que fue el poder que se ocultó tras al trono del malvado, pero débil Acab, Herodías hizo que quedase de manifiesto toda la maldad en el malvado, pero indeciso Herodes. Con todo y con eso, Dios permite, en Su sabiduría inexcrutable, que Herodías ocupe un lugar en la galería de mujeres famosas.

La historia sagrada no ha dejado constancia más que

de un solo incidente en la vida de Herodías y es la historia en la que nos habla de cómo le cortaron la cabeza a Juan el Bautista, pero en ella se menciona a cada uno de los miembros importantes de la familia Herodes. Cada uno de ellos representó un papel principal en la dramática era de la historia del mundo, cuando el Hijo de Dios vino con el propósito de conquistar el pecado y para poner la piedra de fundamento de la iglesia cristiana.

El Nuevo Testamento menciona a todos los Herodes que se identificaron con el gobierno de Palestina, desde Herodes el Grande, instigador de la masacre de los niños en Belén, hasta la cuarta generación. Después de Herodes el Grande vino Herodes Arquelao (Mt. 2:22), Herodes Antipas y Herodes Felipe II (Lc. 3:1) y a continuación Herodes Agripa (Hch. 12:1) y Herodes Agripa II, ante el cual realizó Pablo su memorable defensa (Hch. 25:13-27). En el Nuevo Testamento se menciona con más frecuencia a Antipas, el esposo de Herodías, que a ningún otro Herodes.

Le debemos mucho a Josefo,* el antiguo historiador judío, que vivió durante los tiempos de los apóstoles, por la historia tan detallada de Herodes. Nos dice que Herodes el Grande era el abuelo de Herodías. Se sabía que era un hombre terriblemente malvado y un poderoso déspota que murió poco después del nacimiento de Jesús. Tuvo diez esposas y asesinó a Mariana, que fue la única esposa a la que jamás amó. Cuando Herodes tuvo la sospecha (que no estaba justificada) de que Mariana, sus dos hermanos y su propio hijo estaban urdiendo un complot para asesinarle, Herodes mató a todos ellos en un ataque de ira. Cuando los magos le preguntaron: "¿Dónde está el que ha nacido rey de los judíos?" se sintió tan terriblemente celoso que quiso encontrar "al niño para matarlo" (Mt. 2:2, 13).

Los orígenes de la familia de los Herodes se encuentran en los edomitas y cada uno de ellos poseía los rasgos de la astucia, los celos, la crueldad y el deseo

---

* Maier, Paul, ed., *Josefo: Los escritos esenciales*. Grand Rapids: Editorial Portavoz, 1990.

de venganza que poseía el mismo Herodes el Grande. Herodías era hija de Aristóbulo, que había sido asesinado, y sobrina de Mariamne, se casó con Antipas, que gobernaba sobre la tetrarquía de Galilea y de Perea (y que era una cuarta parte del territorio sobre el cual había gobernado su padre). Era un hombre taimado y ambicioso, pero no tan capaz como su padre. Herodías, que poseía todos los malvados rasgos de su notoria familia, se aprovechó de él.

Su nueva ciudad

Herodías vivía en una ciudad que su marido había mandado construir sobre la orilla suroeste del mar de Galilea (llamada también Genezaret o el mar de Tiberias). Llamó a la ciudad Tiberio, en honor a César, y la convirtió en la capital de Galilea. Desde donde vivía Herodías podía ver el lago, que tenía la forma de un arpa y que parecía un espejo brillante en aquel paisaje de colinas del color de los camellos. Aquel mar, que una vez calmará el Señor de los vientos y de las olas, era con frecuencia como su propio corazón tempestuoso.

Astuta, ambiciosa, pendiente del ambiente político, sin duda habría oído hablar acerca de la más reciente sensación de Galilea, aquel profeta que realizaba milagros. Herodes oyó hablar acerca de Jesús (Mr. 6:14) y Joana, la esposa de su mayordomo Chuza, fue una de las mujeres que atendió las necesidades de Jesús (Lc. 8:3). Jesús permanecía con frecuencia en la cercana Capernaúm, en casa de Pedro el pescador. Había escogido a algunos de Sus discípulos de aquella región y muchos grandes milagros se realizaron precisamente a pocos kilómetros de la casa de Herodías. Aunque la Biblia no nos dice que Jesús entrase jamás en Tiberias, sabemos que las personas de aquella ciudad le siguieron a pie y yendo en barca al otro lado del lago, donde se hizo el milagro de los panes (Jn. 6). ¡Qué cerca vivía Herodías del Rey eterno, pero qué lejos se encontraba de Su reino!

Su valeroso enemigo

El enemigo de la sensual Herodías era el indómito

predicador, Juan el Bautista, que representaba a la santidad y a la verdad.

Herodías había estado casada con anterioridad con su tío Felipe, y les nació una hija, a la que Josefo llama Salomé. Felipe fue retirado a Roma por Herodes el Grande por su supuesta colaboración con Mariamne, la madre de Felipe. Los historiadores dicen que Herodes y Areta de Arabia, su mujer, se reunían con frecuencia con Herodías y su esposo en Roma. Estos dos últimos se habían sentido atraidos el uno hacia el otro de inmediato; Herodes se sintió atraido por la orgullosa belleza y la fuerza de su personalidad. Herodías, no satisfecha con llevar una vida tranquila junto a Felipe, deseaba un puesto de más categoría, la riqueza y el esplendor. Herodes, que también era tío suyo, era el más grande de los príncipes de la familia. Ella era ambiciosa y codiciosa y no deseaba nada menos que la corona de una reina, y el pecado y el escándalo nada significaban para ella.

Cuando Areta se dio cuenta de lo que estaba sucediendo regresó a Arabia. Herodías se divorció rápidamente de Felipe y, se marchó a Tiberias con Herodes, con su hija que bailaba muy bien. Este matrimonio era ofensivo para los judíos porque era al mismo tiempo ilícito e incestuoso.

Pero ¿quién se iba a atrever a reprender al inmoral y nada escrupuloso Herodes? Solamente uno como Juan (Mr. 6:18) que, con el mismo espíritu y poder que Elías, quería volver los corazones de los desobedientes a la sabiduría de los justos (Lc. 1:17). ¡Y cómo odiaba Herodías a Juan! Hubiera deseado asesinarle de inmediato, pero Herodes se lo impidió porque temía a la reacción del pueblo, que estaba convencido de que Juan era un gran profeta. El mismo Herodes se sentía fascinado por aquel predicador, tan santo y justo y le escuchaba en muchas cosas. A fin de castigar a Juan, y tal vez por protegerle de su vengativa esposa, Herodes hizo que le encadenasen en una oscura mazmorra en Macario, en Perea.

El baile de su hija

Herodías, sin embargo, no se olvidó sino que esperó

obtener su venganza cuando Herodes celebrase su
cumpleaños en el palacio que su padre había mandado
construir en la fortaleza de Macario, donde se le presentó
la oportunidad.

Fue un banquete salvaje, lujoso y suntuoso. El tetrarca
se sentía alagado por las atenciones aduladoras de sus
nobles galileos y sus oficiales de alto rango y todos
estaban bastante intoxicados por el alcohol, cuando un
número sorpresa apareció en el programa. La hermosa
adolescente Salomé, hija de Herodías, entró bailando en
la sala donde se celebraba el banquete. Según algunos
bailó cubierta por una serie de velos que movía con
gracia, quitándoselos uno por uno. Su danza fue salvaje,
exótica, indecente y nada apropiada para hacerla delante
de un grupo de hombres que estaban borrachos, pero
precisamente por eso los invitados estaban encantados.
Herodes no cabía en sí de orgullo y de placer.

Llevado por su emoción Herodes ofreció a Salomé,
sin pensárselo dos veces, lo que quisiera. Salomé estaba
encantada y fue rápidamente a consultar a su malvada
madre, regresando en un momento (Mr. 6:25) y pidiendo
que el regalo fuese la cabeza de Juan el Bautista sobre
una bandeja.

Herodes se quedó tan aturdido que recuperó la
sobriedad. Si la princesa hubiera pedido un sofá de oro
o un par de caballos árabes se hubiera sentido
complacido. Pero lamentaba lo que ella le había pedido,
aunque por un falso sentido del honor y debido al poder
que ejercía una malvada mujer sobre su vida, le concedió
su petición. Salomé, que actuó como una herramienta
en manos de su madre, aceptó aquel cruento regalo que
era la cabeza de Juan el Bautista sobre una bandeja de
oro de la mesa del banquete y se dirigió apresuradamente
a donde se encontraba Herodías, que la recibió con un
placer que nada tenía de humano.

Por la formación que le había dado, gracias a sus
consejos y al ejemplo que le había dado, Herodías había
hecho pecar a su hija. No debemos jamás subestimar el
poder que ejerce una mujer sobre un hombre, ya sea
para bien o para mal, ni debemos olvidar tampoco que
la influencia materna es siempre eterna en sus

implicaciones. ¿Somos conscientes de la tremenda responsabilidad que pesa sobre las que somos esposas y madres?

La danza de Salomé se convirtió en un símbolo de una forma de vida y su historia ha sido siempre una advertencia para la iglesia cristiana. Muchas iglesias han prohibido el baile principalmente debido a que las pasiones que despierta pueden dar pie a otros males. Josefo nos dice que Salomé se casó con Herodes Felipe II, y se nos dice que su muerte fue espantosa.

Nos preguntamos si Herodías se encontraría junto a Herodes en la sala del juicio, donde se burlaron de Jesús. Si lo estuvo, su vida no fue tocada por Él porque fue una mujer malvada hasta el fin de sus días. Quiso el poder una vez más y por celos a su hermano Agripa, indujo a Herodes a ir a Roma y pedir una corona. Cuando se encontraron ante César sus malvados hechos quedaron expuestos y Herodes fue despojado de su tetrarquía y fueron desterrados a Galia, donde murieron en ignominia y pobreza.

Lo que más había ambicionado Herodías era el honor de este mundo, pero en lugar de conseguirlo ha pasado a la historia como la más pecadora y malvada de las mujeres.

SUGERENCIAS PARA CHARLAR SOBRE EL TEMA

1. ¿Que significa: Padres, si deseáis la honra sed dignos de ella?
2. En tu opinión, ¿quién debe pagar las ofensas que cometen los hijos (como pueda ser el destruir la propiedad de otra persona, los accidentes automovilísticos, etc), los padres o los hijos? ¿Dónde comienza el respeto hacia las cosas de los demás?
3. ¿En qué sentido son a veces los padres un mal ejemplo en lo que a la autoridad se refiere?
4. ¿Tiene algún significado que la más malvada familia de gobernantes que jamás se han conocido ejerciesen el poder precisamente cuando Dios mandó a Su Hijo al mundo?
5. ¿Qué llamó Jesús a Herodes? (Lc. 13:32).
6. ¿Qué le dijo Juan a Herodes? ¿Qué pensaban los judíos acerca del divorcio y del adulterio? Da pruebas.
7. ¿A quién le preocupaba más la acusación hecha a Juan, a Herodes o a Herodías? ¿Por qué?

8. ¿Por qué temía Herodes matar a Juan? ¿Qué dice Mateo al respecto? ¿Y Lucas?
9. Se cree que Jesús no fue nunca a Tiberias. ¿Habría tal vez algún motivo para que no lo hiciese?
10. ¿Recuerdas un caso, en el Antiguo Testamento, en el que una mujer se negó a hacer lo que hizo Salomé?
11. ¿Qué postura adopta la iglesia sobre el baile?
12. Define el carácter de Herodías. ¿Tienen las mujeres cristianas alguna de estas cualidades?
13. ¿Crees tú que Herodías pudo influenciar a Herodes al encontrarse Jesús ante él, en el sentido de haberle puesto en libertad?
14. ¿Cuál es la moraleja de la historia de Herodías y su madre?

"Entonces ella vino y se postró ante él diciendo: ¡Señor, socórreme!"
MATEO 15:25

23
La mujer sirofenicia

Lecturas de la Biblia
Mateo 15:21-28; Marcos 7:24-30

Como cristianos nos han enseñado muy bien que nuestra perspectiva es una que abarca el mundo y toda la vida. Cantamos acerca de la fe de nuestros padres y nos sentimos orgullosos de nuestra gloriosa herencia. Estamos totalmente convencidos de los dogmas del evangelio y creemos fielmente que la fe sin obras está muerta. Como diría Pablo: "Para que nadie se gloríe." Santiago nos desafía diciendo: "¿De qué aprovechará, hermanos míos, si dice cualquier hombre que tiene fe y no tiene obras?" (2:14).

Estamos totalmente de acuerdo con Santiago en que es más importante ver la fe en acción que presumir o hablar al respecto, por muy elocuentes que sean nuestras palabras. Creemos además que el evangelio del reino tiene unas implicaciones y deberes sociales. Jesús mismo nos enseñó claramente, tanto por medio de Su ejemplo como por Sus preceptos, que vino a predicar el evangelio y a mostrar misericordia hacia aquellos que estuviesen necesitados (Mt. 4:23; 9:35, etc.). Los Evangelios están llenos de historias de curaciones. Leemos una y otra vez: "y los sano...y sanó a todos" (Lc. 6:19).

Parte del bendito ministerio de nuestro Salvador consistía en tener misericordia de los enfermos y necesitados. Cuando los discípulos de Juan fueron a enterarse de si verdaderamente Jesús era el Mesías, Él les contestó diciendo: "Decid a Juan...que los ciegos ven, los cojos andan, los leprosos son limpiados, los sordos oyen, los muertos son resucitados, y a los pobres es predicado el evangelio" (Lc. 7:22).

La comisión de Jesús a los doce discípulos, y nuevamente a los setenta, fue la de predicar el reino de Dios y sanar a los enfermos (Lc. 9:2; 10:9; Mr. 3:14, 15), y ellos le obedecieron (Lc. 9:6). Cristo nos dejó un ejemplo perfecto y nosotros debiéramos de seguir en Sus pasos (1 P. 2:21; 1 Jn. 2:6).

Hay muchas aflicciones sociales en distintos lugares, pero como bien ha dicho un importante predicador: "En ocasiones hemos sido muy lentos en acompañar nuestras convicciones de una vigorosa acción social." Aunque cada una de nosotras podemos, en su pequeño rincón, imitar a Jesús, hay grandes cosas que podemos realizar juntas.

Es cierto que hemos empezado a ayudar a los que se encuentran socialmente afligidos, como puedan ser los ancianos, los que se ven impedidos, los mentalmente enfermos, pero queda aún tanto por hacer. Hace poquísimo tiempo que empezamos a prestar nuestra ayuda a los niños mentalmente retrasados, de los cuales hay un número sorprendentemente grande. También Jesús ayudaba a esta clase de niños, porque leemos que la hija de la mujer sirofenicia, a la que curó Jesús, fue una de estas pobres criaturas a las que es casi imposible enseñar.

Una cultura pagana

Esta mujer sirofenicia estaba continuamente angustiada por la terriblemente y extraña enfermedad que aquejaba a su hijita. Estaba tan desesperada que acudió a Jesús y Él la ayudó y la proclamó a esta mujer que era pagana, una heroina de la fe. Muchas mujeres fueron ardientes seguidoras de Jesús durante Su ministerio terrenal, pero dijo solamente refiriéndose a esta madre atormentada por el sufrimiento: "Mujer, grande es tu fe" (Mt. 15:28).

Mateo se refiere a ella como la mujer de Canaán.

Descendía de los antiguos semitas, de una nación maldita hasta el punto de haber casi desaparecida por completo debida a la bárbara y voluptuosa idolatría.

Los israelitas, dirigidos por Josué, habían echado a los cananeos de la tierra, pero Aser, cuya parcela de tierra se extendía hasta la frontera del norte, no echó al enemigo. Los cananeos que quedaban se habían establecido en el norte y habían ocupado una estrecha franja de tierra, de unos treinta kilómetros de largo y de tres a setenta kilómetros de ancho, a lo largo del mar Mediterráneo.

Esta nación, pobre en agricultura, que no era suficientemente grande como para ser una potencia militar, protegida al oeste por el mar y al este por las montañas, se había convertido en una nación que destacaba en su industria y su comercio, llegando a ser conocida por el nombre de Fenicia. Los fenicios sobresalían como constructores de barcos, teniendo la única marina importante del mundo y tenían el monopolio en lo que se refiere a la industria naval. Eran mundialmente conocidos por el trabajo que hacían con el metal y su excelente trabajo con el vidrio. En nuestros grandes museos de arte conservamos aún preciosos jarrones de vidrio de aquellos tiempos.

Los profetas del Antiguo Testamento nos informan de que Fenicia era una potencia notable y rica. Los historiadores concuerdan en que Ezequiel (capítulos 26, 27 y 28) nos ofrece una descripción inapreciable de la grandeza y la belleza de Fenicia con sus grandes ciudades, entre las cuales se encontraba Tiro, la más espléndida ciudad del mundo entonces conocido, con una gran belleza en la situación que ocupaba, con un puerto de mar lleno de majestuosos barcos. Incluso en los tiempos de Jesús sus principales ciudades eran más populosas que Jerusalén.

A pesar de ser pagana, la gente era intensamente religiosa, sirviendo a muchos dioses. Debido a que vivían tan cerca de la nación judía, entremezclándose con ellos (1 R. 16:31), pusieron a sus dioses los nombres de los atributos del gran Jehová (por ejemplo, los nombres de sus dioses querían decir, el *grande,* el *poderoso,* el *supremo, mi señor).*

Marcos nos dice que la mujer de Canaán era una sirofenicia por raza, ya que los fenicios se habían fusionado con Siria. Posteriormente aquella pequeña nación fue absorbida por Grecia y era, por consiguiente, griega en su cultura y su lengua, relacionándose también con lo gentil (véase Ro. 1:16).

Una gran necesidad en un rincón oscuro

Esta pobre mujer, que vivía en un pequeño rincón espiritualmente oscuro, creía naturalmente que su hija estaba poseída por los demonios y es posible que hubiera consultado ya con muchos sanadores y que hubiera hecho uso de las medicinas de que se disponía en aquel entonces, pero a pesar de todo su hija seguía encontrándose "gravemente atormentada." ¡Qué terrible sufrimiento invadía su corazón al ver a su hijita víctima de unos violentos paroxismos y viéndose ella misma impotente, no pudiendo hacer nada por aliviarla. Cuidando de ella se sintió desesperada y agotada por la constante ansiedad y el trabajo que le daba cuidarla.

Pero un día oyó hablar sobre Jesús y una nueva esperanza ayudó a disipar las tinieblas de su desesperación. Había corrido un rumor de que Jehová había visitado al pueblo judío enviando a un gran profeta, un profeta extraordinario, que sanaba toda clase de enfermedades. También había oído decir que había personas que venían procedentes de Tiro y de Sidón a la distante Galilea (Lc. 6:17) y que, de hecho, habían sido sanadas por este gran médico. No tenemos la menor duda de que debió investigar para enterarse dónde se encontraba, cómo curaba y le habían dicho que a algunos les bastaba con solo tocarle, ¡porque hasta Sus vestiduras esparcían aquel poder que sanaba!

Cuánto más oía hablar acerca de Él más emocionada se sentía. ¿Le ayudaría también a ella? ¡Era preciso encontrarle! Cuando se enteró de que Jesús se estaba acercando a las afueras de su propio país se puso en camino, con el propósito de dar con Él, sintiendo un nuevo valor y fe, basados en los relatos que había escuchado, que hablaban acerca de Su maravilloso poder que le permitía sanar a los sordos, a los mudos y a los ciegos. Pero lo mejor de todo era la noticia reciente de que en Gadara aquel profeta-médico había echado a las legiones de demonios de un hombre (Lc. 8:26-40).

La mujer sirofenicia no tuvo que viajar muy lejos para encontrarle. Es posible que se hubiera acercado a la frontera a fin de evitar a los fariseos, que sin duda debían de estar furiosos porque les había desenmascarado abiertamente (Mt. 15:7ss.). Sin duda habría ido a descansar y relajarse porque desearía estar a solas (Mr. 7:24). Jesús no andaba nunca con prisas, aunque tenía mucho que hacer, no permitiendo nunca que los negocios le privase de la oración en Su vida. Aunque la suya era una misión que conmocionaba al mundo y no disponía más que de tres cortos años para realizarla, dedicaba con frecuencia un tiempo a descansar, a buscar el sosiego y a pasar tiempo en oración.

Una súplica importante en un rincón oscuro

A Jesús no le era posible ocultarse porque los hombres se sentían siempre atraidos por Él y tan pronto como la mujer de Canaán vio a Jesús se sintió segura de que era verdaderamente Él. De modo que clamó diciendo: "¡Señor, Hijo de David, ten misericordia de mí! Mi hija es gravemente atormentada por un demonio" (Mt. 15:22).

Aunque no era consciente de ello, lo cierto es que lo vital del evangelio estaba encerrado en su respetuosa manera de llamar a Jesús. ¡Qué maravillosas palabras procedían de los labios de una mujer que era pagana: "¡Oh Señor, Hijo de David!" ¡Qué anhelante y de qué modo conmueve el corazón su humilde oración! Vemos el gran amor de madre, que hacía que el malestar espiritual y físico que aquejaba a su hija se convirtiese para ella en una carga abrumadora.

¿Cómo podemos explicar la aparente falta de interés por parte de Jesús, el Misericordioso? Ni siquiera respondió a su vehemente súplica, sino que dejándola a un lado entró en la casa. ¿Había venido Él, teniendo que recorrer unos setenta y cinco kilómetros a pie, pasando por terreno montañoso y pasando por caminos escabrosos para salvar a una oveja perdida o para dejarla seguir en la noche oscura de un medio ambiente pecaminoso? Es posible que tuviese un designio más importante que el de curar un cuerpo enfermo. ¿Era posible que lo hiciese para poner a prueba su fe o para enseñarle a perseverar en oración? Eso es algo que, sin duda, consiguió porque ella clamó aun con más empeñó diciendo: "Ten misericordia...ten misericordia."

Los discípulos, molestos por los gritos de la mujer sirofenicia, seguramente dirían: "Manda a esta dichosa pagana a paseo, está metiendo tanto escándalo que va a venir todo el mundo a tu alrededor, Maestro, y no podrás descansar." Pero ni la conducta poco considerada de los discípulos ni el silencio de Jesús consiguieron que la mujer se marchase, sino que continuó clamando con más insistencia todavía. Cuando por fin le respondió Jesús, le dijo: "No soy enviado sino a las ovejas perdidas de la casa de Israel." Lo único que consiguió su aparente reproche fue que ella actuase con más humildad aún y que cayese dolorida y con reverencia a Sus pies, suplicando Su gracia. Su alma toda era un clamor y, con urgencia, siguió pidiéndole: "Señor, ayúdame."

Cuando Jesús respondió a su dolorosa súplica (Mt. 15:26) no tardó la mujer en convertir el aparente desprecio en un argumento. Renunciando a los privilegios correspondientes a una hija de Israel, suplicó las migajas de la misericordia que caían de la mesa para el pueblo escogido. Al igual que los perritos que comían las migajas que iban dejando caer los niños, ella se sentiría satisfecha con las insignificantes misericordias.

Una gran fe en un rincón oscuro

Paso a paso esta madre atormentada fue puesta a prueba, pero debido a su imperiosa necesidad, a la fuerza de voluntad que tenía, a su anhelo, a su gran humildad y a su fe inquebrantable siguió aferrándose y, al igual que Jacob con el ángel, perseveró hasta que Jesús le concedió aquella bendición tan codiciada. Los discípulos no olvidarían nunca aquella conmovedora escena ni la admiración en la voz de Jesús cuando le dijo: "Oh mujer, grande es tu fe; hágase contigo como quieres." Jesús no le dio las migajas, sino el pan de los niños. Su fe resuelta se vio recompensada y su hija fue sanada. A pesar de que para empezar Jesús había enviado a Sus discípulos a las ovejas perdidas de la casa de Israel (Mt. 10:5, 6) aprendieron en aquella casa que se encontraba dentro de las fronteras de una nación pagana, que Jesús no escucha ni salva por el hecho de pertenecer a la familia de Abraham, sino sobre una base de fe. Pudieron, de este modo, entender a Jesús cuando más adelante en Su ministerio dijo: "Tengo otras ovejas que no son de este redil..." (Jn. 10:16).

Una mujer que poseía una fe tan inquebrantable, que recibió con humildad grandes bendiciones, se uniría sin duda al enorme ejército de personas que no podría guardar silencio, sino que proclamaría por toda aquella enorme ciudad las grandes cosas que Jesús había hecho (Lc. 8:39). El motivo de su agradecimiento sería: "Bien lo ha hecho todo" (Mr. 7:37).

¿Es posible que esta mujer sirofenicia fuera después miembro de la iglesia de Tiro? Leemos en Hechos 21:2-6 que unos cuantos años después Pablo y su compañero pasaron una semana en Tiro con la comunidad de creyentes de aquella ciudad. ¿Sería esta mujer de tanta fe una de las creyentes que se arrodillaría a orar sobre las arenas de la costa del Mediterráneo para que Dios bendijese y prosperase al misionero de los gentiles?

La historia de la mujer sirofenicia es un brillante ejemplo para todas las madres. Su perseverancia en la oración era realmente maravillosa, su humildad también lo era y la fe que tenía en el poder de Jesús es extraordinaria. También nuestras hijas necesitan que perseveremos en la oración porque son con frecuencia víctimas de las malas influencias, del orgullo, del egoísmo y de voluntariedad. Solamente Dios sabe las maravillas que podrían acontecer si tan solo orásemos por nuestras hijas de la misma manera que oró la mujer sirofenicia por la suya.

SUGERENCIAS PARA CHARLAR SOBRE EL TEMA

1. ¿De quién descendían los cananeos? (Gn. 10:6, 15-18; 9:26).
2. ¿Qué dijo Jesús acerca de Tiro y Sidón? (Mt. 11:20-24).
3. ¿Cómo y dónde atendemos nosotros, como iglesia, a los niños retrasado mentales y los que son difíciles de

enseñar? ¿Por qué deberíamos de apoyar a estas instituciones?

4. ¿Echaba realmente Jesús a los demonios de aquellas gentes o era esa la manera en que se referían antiguamente a las enfermedades extrañas? (por ejemplo, Lucas 4:41; Marcos 3; Lucas 8:35, etc.).

5. Un gran filósofo dijo en cierta ocasión que los padres aman más a sus hijos que éstos a sus padres? ¿Estás de acuerdo?

6. ¿Cómo te explicas que esta mujer pagana llamase a Jesús Hijo de David? ¿Qué quiere decir esto? ¿Qué otros conceptos vitales de la salvación se encuentran en su manera de hablarle a Jesús y en su súplica?

7. Explica la actitud de Jesús hacia esta mujer.

8. ¿Enseñó Jesús en alguna otra ocasión acerca de la necesidad de persistir en la oración?

9. Parece que era bastante corriente que un judío llamase a un gentil perro. ¿Cuál es la situación actualmente?

10. ¿Tiene la oración tanto poder en nuestros días como lo tenía en los tiempos de Jesús? ¿Oímos alguna vez decir que los hijos se hayan sanado gracias a las oraciones de sus padres?

11. Jesús dijo: "Oh mujer, grande es tu fe." ¿Qué clase de fe tenía esta mujer? ¿Qué otras cosas maravillosas podría haberle dicho Jesús?

*"Pero muchos primeros serán postreros,
y los postreros primeros."*
MATEO 19:30

24
Salomé

Lecturas de la Biblia
Mateo 20:20-28; 27:55, 56; Marcos 15:40, 41; 16:1-8

Si los cristianos que adoptan una actitud egoísta de que el *primero en llegar es el primero en servirse,* se darían cuenta de que esa actitud de *primero yo* es totalmente contraria a las enseñanzas de Jesús y de la Palabra de Dios.

Algunas personas dan por hecho que para llegar a alguna parte en la vida es preciso contar con la influencia política. Que necesitamos conocer a alguien que nos dé un pequeño empujoncito (pero es preciso guardar el secreto, como es natural) para que podamos ascender por la escalera del éxito. Salomé, la madre de Juan y Santiago, creía conocer cuál era el camino del éxito cuando intentó valerse de su influencia con Jesús con el propósito de conseguir puestos de importancia para sus hijos en el reino. Pero Salomé tuvo que avergonzarse cuando Jesús le explicó que para conseguir el éxito lo que hay que hacer es poner a Dios en primer lugar, a los demás en segundo lugar y ser nosotros los últimos.

¡Qué tremenda revolución se produciría si esta enseñanza de Jesús la practicásemos en nuestra vida personal, en nuestros hogares y en nuestras iglesias!

La generosidad de Salomé

Salomé es una de las figuras más destacadas dentro

del grupo de mujeres que atendía a las necesidades de Jesús. No se la menciona entre el reducido grupo de mujeres que originalmente (Lc. 8:2, 3) daban de su sustento para Jesús durante el primer año de Su ministerio. Parece ser que se unió a ella más adelante cuando estuvo libre para dejar su casa y dedicar todo su tiempo a servir a Jesús.

Marcos se refiere a ella como Salomé (Mr. 15:40; 16:1), pero Mateo la llama la madre de los hijos de Zebedeo (Mt. 20:20; 27:56). Mateo escribió en fecha posterior a Marcos y es posible que para entonces Zebedeo ya hubiese muerto. Tal vez su hijo Santiago se encontrase ya en la gloria y Juan se hubiese destacado como gran apóstol y autor. De modo que Mateo piensa en ella no por su propio valor o como esposa de un hombre próspero, sino como la madre de Santiago y Juan.

La primera vez que leemos acerca de Salomé hacía ya años que se había casado, pues tenía dos hijos que ya eran mayores. Zebedeo, su esposo, era un pescador del mar de Galilea (Mt. 4:21). Tenía varias barcas de su propiedad, redes y todos los pertrechos necesarios para su ocupación. Sus hijos Santiago y Juan trabajaban con él y hay evidencia que muestra que Pedro y Andrés eran socios de Zebedeo y de sus hijos (Lc. 5:1-11). Tenían un negocio floreciente, pescando y vendiendo pescado y cuando nos enteramos de que Juan era amigo del sumo sacerdote llegamos a la conclusión de que realizaban juntos tratos de negocios. El hecho de que Zebedeo tuviese a otras personas trabajando para él (Mr. 1:20) nos indica que debía ser un próspero hombre de negocios y que, por lo tanto, pertenecería a la alta clase media de aquellos tiempos. Sabemos que Salomé era una mujer de medios y de posición social porque tenía tanto la riqueza necesaria como para suplir las necesidades de Jesús como el tiempo necesario para seguirle.

Salomé estaba muy interesada en el reino que había venido a establecer Jesús y contribuía con generosidad a su causa. ¿Es posible que tal vez Salomé y Zebedeo le ofreciesen un hogar a Jesús en Capernaúm? Según él mismo había dicho no tenía nada que le perteneciese, ni siquiera "un lugar donde reclinar su cabeza", pero a pesar de ello pasaba mucho tiempo en Capernaúm, de modo que se la ha llamado incluso Su ciudad (Mt. 9:1; 4:13; 17:25; Mr. 2:1; Jn. 6:24).

Salomé era la hermana de la virgen María. Aunque no todos están de acuerdo en que lo era, una comparación con Mateo 27:55 y 56 y Juan 19:25 hace su relación perfectamente segura. Eso convertía a Jesús en sobrino de Salomé, a Juan y a Santiago en Sus primos y a Zebedeo Su tío, que era el dueño de aquel gran negocio de pescadores. Esa puede haber sido una razón por la que reunió a Su familia, a Sus amigos y a Su madre viuda en Capernaúm.

Capernaúm, donde posiblemente vivía Salomé, se encontraba en la orilla norte del lago de Galilea cerca de Betsaida, que era la ciudad de Andrés, Pedro y Felipe. Un día mientras Jesús caminaba a lo largo de la orilla entre Betsaida y Capernaúm vio a Andrés y a Pedro remendando las redes, a Juan y a Santiago trabajando en la barca y llamó a los cuatro para que se convirtiesen en Sus discípulos (Mt. 4:18-22). El que dejasen el trabajo de golpe y porrazo hizo que Zebedeo se quedase escaso de mano de obra, pero no se quejó porque sabía, de algún modo, que Juan y Santiago estaban siendo llamados para realizar un servicio que era mucho más importante. También Salomé se mostró generosa y no solamente con su dinero, puesto que estuvo dispuesta a entregar a sus dos maravillosos hijos a Jesús y debido a ello siempre se honrará a esta mujer.

Interesada

Salomé era una buena mujer, una reverente y fiel hija de Israel. Era una de las pocas que esperaba aún la consolación de Israel. No puso objeción alguna cuando Juan se fue de la casa con el fin de asistir a la predicación de Juan el Bautista en el desierto, pues se sentía profundamente cautivado por aquel predicador poderoso y lleno del Espíritu Santo y se convirtió incluso en su discípulo. Cuando Juan volvió junto a Salomé y le dio un emocionante informe del nuevo evangelio del Bautista ella se sintió convencida de que era un gran profeta.

Juan había sido presentado al Cordero de Dios en el

desierto y había hablado con Él, siguiéndole hasta Galilea y desde entonces no había vuelto a ser el mismo. Juan y Santiago se habían sentido irresistiblemente atraidos hacia Jesús escuchando las cosas tan profundas que decía y habían sido testigos de Su poder sobrenatural. A pesar de que regresaron a sus casas y a trabajar con sus redes de pescar sus corazones le pertenecían a Jesús. Salomé entendía porque había comenzado a meditar en las cosas que le habían estado contando sus hijos sobre Jesús y a recordar con ilusión las promesas de Dios, hasta el punto de estar completamente convencida de que Jesús era el que había de venir, el Mesías. No cabe duda de que el que lo entendiese y el que consintiese a que le siguiesen fortalecería y aumentaría la fe de sus hijos en el Señor Jesús.

Ambiciosa

Los hijos de Salomé eran extraordinariamente inteligentes, lo cual nos hace llegar a la conclusión de que ella misma era una mujer bastante lista. Sin embargo, debido a que no acertaba a comprender la auténtica naturaleza del reino de Jesús, cometió un lamentable error. No era, ni mucho menos, la única que no acababa de entender que el suyo era un reino espiritual. Se limitaba a compartir la opinión de todos los díscipulos (Jn. 1:49; 6:15). Ni siquiera Juan, el que más íntimamente estaba relacionado con Él, entendía cuando Él hablaba acerca de Su muerte (Mt. 20:17-22), diciendo que Su reino no era de este mundo.

El tema de la grandeza en el reino era uno que con frecuencia disgustaba a los discípulos y Jesús tuvo que enseñarles muchas lecciones sobre la humildad (Mat. 18:1-4). Pero hasta el final mismo estuvieron esperando que el reino de Jesús fuese visible y político. Incluso cuando se encontraban comiendo, compartiendo el pan y bebiendo del vino del Nuevo Pacto, y mientras Judas se marchaba sigilosamente del aposento alto con el propósito de traicionar al Maestro, comenzaron una violenta discusión sobre quién habría de ocupar los mejores puestos en el nuevo régimen (Lc. 22:24-30).

Entre los discípulos habían una gran rivalidad. El

amado Juan y el fiel Santiago estaban tan ansiosos como
el resto de ellos y Salomé se daba perfecta cuenta de
ello. Es posible que los hijos de Salomé se sintiesen un
tanto preocupados pensando en la posibilidad de que la
posición de más alta categoría se la concediesen a Pedro
porque Jesús, que tenía una relacion muy estrecha con
él, había estado contestando a las preguntas que le había
hecho Pedro hacía solamente unos días y Jesús había
prometido coronas a Sus discípulos (Mt. 19:27, 28).

Salomé estaba muy orgullosa de sus inteligentes y
fieles hijos y tenía ambiciones para ellos. Nos imaginamos
que les diría: "Muchachos, dejádmelo a mí, ninguno os
va a dar órdenes ni va a ser superior a vosotros, no ni
siquiera Pedro, la roca, porque si hay alguien que tenga
influencia con Jesús ¡esa soy yo! ¿Acaso le sigue la madre
de Pedro o le ha dado la madre de Felipe un hogar
donde estar? Además, tened en cuenta que su madre es
mi hermana y eso tiene algo que ver en el asunto. Sí, yo
voy a aclarar las cosas de una vez por todas y vosotros,
mis dos hijos, ocuparéis puestos muy por encima de los
demas." De este modo, Salomé se propuso ir a hablar a
Jesús sin la menor demora.

Cuando Jesús hacía su último viaje a Jerusalén, Salomé
se encontraba entre la multitud que le iba siguiendo.
Era el comienzo de la última semana de Su vida y Jesús
se encontaba en los alrededores de Jericó, cuando Salomé
se apartó de la multitud y se presentó ante Jesús. A
pesar de ser una mujer ambiciosa y segura de sí misma,
Salomé hizo gala de su tacto al hacer una petición tan
atrevida delante de tantas personas. Dio la impresión de
ser una mujer humilde al inclinarse a los pies del Rey de
los judíos, pero lo cierto es que su corazón distaba mucho
de ser humilde. Estaba lleno de orgullo, de presunción y
de egoísmo. Poco le importaban los sentimientos que
pudiera herir, ni los celos o la amargura que podría
provocar (Mt. 20:24) si conseguía que, efectivamente, sus
hijos saliesen favorecidos.

¡Qué diferente fue la súplica egoísta y presuntuosa de
Salomé de la petición que le hizo aquella humilde mujer
sirofenicia, que se había inclinado ante el Señor! ¿Pensaría
Jesús en ese incidente mientras reprendía a Salomé?

"Salomé, no sabes lo que pides" y mirando a sus hijos, que estaban junto a ella les preguntó: "¿Podéis beber del vaso que yo he de beber?" a lo que le contestaron los dos, sin acertar a comprender, pero muy seguros de sí mismos: "Podemos." El Maestro les dijo, con gesto serio: "A la verdad, de mi vaso beberéis..." (Mt. 20:22, 23).

Aquellas palabras proféticas, que pronunció Jesús, se perdieron en la explosión de mortificación e ira todo a su alrededor. Jesús tranquilizó a Sus discípulos (Mt. 20:25) y a continuación dio Su definición de lo que es la auténtica grandeza. "El que quiera hacerse grande entre vosotros será vuestro servidor, y el que quiera ser el primero entre vosotros será vuestro siervo" (Mt. 20:26, 27).

La petición que hizo Salomé le fue denegada, pero en cierto modo fue honrada puesto que Santiago sería el primero en conseguir la inmortalidad, convirtiéndose en mártir (Hch. 12:2) y Juan el último discípulo en sufrir para la gloria de la cruz (Ap. 1:9).

Leal

Mientras muchos eran testigos, Salomé tuvo que aprender una lección de humildad que tanta falta le hacía. Aprendió que la grandeza depende del grado en que la persona se entregue. Debido a todo lo que había hecho por Jesús, sirviéndole, por su posición social y la confianza en sí misma, que es el resultado de vivir una posición económicamente desahogada, Salomé podría haberse sentido herida en sus sentimientos, pero a pesar de ello aprendió la lección y siguió siendo una leal seguidora de Jesús hasta el final.

Siguió a su Señor hasta el Calvario y cuando todos los discípulos, a excepción de Juan, huyeron del escenario de la crucifixión, aterrados y confusos, Salomé se mantuvo junto a la cruz con Juan y la madre de Jesús. En la oscuridad se vislumbraban los rostros burlones y hostiles, que les rodeaban por todas partes, pero no podían abandonar al que amaban, aunque la lealtad pudiese implicar el que corriesen peligro personal.

Salomé escuchaba mientras Jesús encomendaba a Su madre a Juan y estamos prácticamente convencidas de que debió de compartir este sagrado deber y honor con su hijo. Con María que sufría tan terriblemente, entre ellos dos se consolaron los unos a los otros al ir de regreso a la casa de Juan, en la ciudad.

Salomé había visto morir a su Salvador y fue al sepulcro con la misma devoción (Mr. 16:1-8) con el propósito de ungir con todo amor el cuerpo del Señor con especias para su conservación.

Debido a que Salomé fue leal, amorosa y generosa hasta el mismo fin pudo tener una estrecha relación con el Hijo de David, Sus honrados discípulos y Sus amigos personales. Contempló la horrenda muerte del Redentor y escuchó, sin apenas poder dar crédito a lo que oía, aquellas palabras tan increíbles, pero triunfantes del ángel al decir: "¡Ha resucitado!"

SUGERENCIAS PARA CHARLAR SOBRE EL TEMA

1. ¿Cómo irían las cosas en la sociedad, en la iglesia y en la vida familiar si los cristianos hiciesen lo que Pablo recomienda en Romanos 12:10?
2. ¿Qué dice Jesús acerca de las personas que quieren ser importantes? (Véase Mt. 19:30.)
3. ¿De qué manera mostró Salomé su generosidad? ¿Tiene siempre su recompensa la generosidad?
4. Si Salomé era hermana de la virgen María, ¿qué lazos familiares la unían a Elisabet? Teniendo en cuenta esta relación ¿cuánto debían saber por adelantado Juan y Santiago acerca de Juan el Bautista? ¿Y sobre Jesús?
5. ¿Sobre qué hablaba Jesús con frecuencia y qué incidentes acontecieron de modo que dieron pie a que Sus seguidores concibiesen en sus mentes esperanzas de un nuevo régimen.
6. ¿Por qué les resultaba tan difícil a los amigos y a los discípulos de Jesús entender Sus enseñanzas?
7. ¿Qué tiene de asombroso la petición que le hizo Salomé a Jesús?
8. ¿Fue la petición totalmente idea de Salomé? (Véase Mr. 10:35-45.)
9. ¿Era solamente arrogancia por parte de Santiago y Juan o es que eran realmente grandes hombres? Si es así, ¿qué es lo que eran?
10. ¿Hubo algo digno de elogio en la petición que hizo Salomé?

11. ¿Qué es lo que fortalece el carácter, el obtener el éxito mediante el trabajo y la lucha o fácilmente, gracias a la ayuda de otras personas (por ejemplo, de los padres) económicamente o en cualquier otro aspecto?
12. ¿Podemos y debemos orar pidiendo grandes honores para nuestros hijos?
13. ¿Cómo se puede alcanzar la grandeza por medio de la humildad?
14. ¿Qué experiencia extraordinaria vivió Salomé?
15. Ahora que has vuelto a estudiar a Salomé, ¿qué opinas sobre ella?

*"Venid, ved a un hombre que me ha dicho
todo cuanto he hecho. ¿No será éste el Cristo?"*
JUAN 4:29

25

La mujer samaritana

Lectura de la Biblia
Juan 4:1-42

Cuando Juan nos cuenta la historia de la mujer de
Samaria, nos ofrece una de las más impresionantes
escenas de la Biblia. Repite la conversación que
mantuvieron Jesús y la mujer con tal maestría y sutileza
que describe, de un modo muy gráfico, los sentimientos
de la mujer y el poder vivificante de Jesús. Es un relato
dramático, tan vívido y real que pensamos que Juan
debió por fuerza encontrarse junto al Maestro, al lado
del pozo escuchando en silencio y fijándose con mucha
atención. Solamente Juan nos habla acerca de esta
conversación, que está cargada de significado para todos
los hombres, a pesar de lo cual pensamos que cada día,
en la vida de Jesús, debía de un día completo y fructífero
como lo fue aquel.

Es la hora del mediodía y se siente cansado. Se le han
recalentado los pies y está agotado y además Su ropa
huele como el polvo del camino de Samaria, de manera
que el que se sienta junto al pozo es un joven totalmente
exhausto, hambriento y sediento. Miraba con anhelo en
el interior de aquel profundo pozo, pero no tenía un
cubo con que sacar el agua. Tal vez los discípulos trajesen
un cubo de Sicar, a donde había ido a comprar alimentos.

Aquella mañana Jesús había recorrido un largo camino
a pie. Tanto Él como Juan el Bautista habían estrado

predicando y bautizando en Judea. Después de que Juan dijese acerca de Jesús: "He aquí el Cordero de Dios...el cual es antes de mí..." (Jn. 1:29, 30), las personas comenzaron a acudir a Él en gran número. Los dirigentes judíos no le tenían ninguna simpatía a Juan, pero en el caso de Jesús le odiaban aún más por causa de Su popularidad y se esforzaban desesperadamente por volver la opinión pública en contra de los dos. Cuando Jesús se enteró de la intervención de los fariseos se marchó de Judea para evitar cualquier problema que pudiese surgir por la aparente rivalidad que existía entre Él y Juan.

Decidió pasar por Samaria, de camino a Galilea. Los judíos y los samaritanos se odiaban los unos a los otros y la mayoría de los judíos preferían dar un rodeo para no pasar por Samaria (aunque eso pudiera significar tener que cruzar dos veces el Jordán), pero lo preferían a tener que encontrarse con un samaritano en su propia nación. Por lo tanto, es fácil suponer que Sus discípulos se preguntasen por qué Jesús pasaba deliberadamente por Samaria. No le iba a quedar más remedio que hacer algún alto en el camino y ¿qué pasaría con Su espíritu judío entonces? Ellos no se habían dado cuenta aun de que Él sabía todas las cosas y que estaba cumpliendo con Su misión a toda hora y todos los días, mostrándose ante el mundo; que estaba revelando Su propósito a Sus discípulos y, de ese modo, formándoles para que se convirtiesen en un medio de bendición espiritual para los hombres de todas las razas, credos y colores.

La mujer

Al mismo tiempo que Jesús, que tenía los pies doloridos y la boca seca a causa de aquel tórrido sol oriental que tanto quemaba, se dirigía hacia el pozo una mujer de mala reputación, procedente de Sicar, que se había dado cuenta de que era hora de llenar su cántaro. Aquella mujer había sido una mujer hermosa en su juventud, pero después de haber llevado una vida de desenfreno moral, aquel rostro antes hermoso se había vuelto duro y descarado, su tipo que antes había sido atractivo, se había vuelto viejo y tenía el aspecto de una mujer cansada. Después de echar una rápida ojeada al camino, se colocó bien su turbante sobre los cabellos que le caían sin órden ni concierto, agarró su cántaro, se ató el lazo sobre su vieja túnica de algodón, tomó el cántaro y siguió aquel desgastado camino que conducía al pozo comunal.

De hecho, el ir al pozo con otras mujeres y jovencitas (1 S. 9:11) a primera hora de la mañana o al caer la tarde, cuando el valle se había refrescado gracias a las enormes sombras del monte Ebal y del monte Gerizim, podía resultar agradable, ya que con ellas podía charlar de cosas gratas, relacionadas con el hogar, con los chismes que contaban entre ellas y hasta en algunas ocasiones cantaban al dirigirse hacia el pozo todas juntas y se sentaban junto a él al morir el día. En aquel entonces era una de tantas mujeres, pero ya hacía mucho tiempo que cuando la veían las mujeres se marchaban apresuradamente por aquel camino polvoriento y caluroso. Primero y luego otras la miraban con desprecio y le daban la espalda, de manera que se dio cuenta de que no querían saber nada de ella, que no era suficientemente buena para aquellas mujeres. Al ir transcurriendo los años se había ido quedando cada vez más sola. Por eso prefería acudir al pozo a aquella hora del mediodía cuando el sol quemaba sobre el cielo amarillento y las ondas producidas por el calor danzaban sobre aquel camino pedregoso, pero a pesar de todo aun aquello era preferible al resentimiento latente y a las miradas de superioridad que le lanzaban las mujeres de los alrededores.

Debido a que tenía necesidad de caminar sola se encontró con Aquel que cambió su vida por completo, el único que podía lograr que recuperase su condición y que se convirtiese en una mujer respetable que pudiera además ser útil y tener honor.

Ella no sabía todas estas cosas, pero Jesús sí que lo sabía. Sabía todo acerca de la vida de pecado que llevaba y lo alegremente que había dedicado su tiempo a los placeres y como, en cada ocasión, como una traviesa mariposa, se le había escurrido entre sus dedos anhelantes. Estaba al corriente de todos sus pecados y fracasos, de sus decepciones y sufrimientos. Todo el mundo estaba enterado de su pasado pecaminoso y de la vida tan sórdida que estaba viviendo en aquellos momentos y todos creían que se sentía satisfecha con ser un desecho de la sociedad y nadie más que Jesús sabía, viéndola acercarse a sentarse a la sombra, junto al pozo, que se despreciaba a sí misma y la clase de vida tan sórdida que llevaba y deseaba ser diferente, poder ser respetable. Sus vecinos se hubieran muerto de risa si les hubiese dicho que no deseaba ser realmente como era.

Se sentía profundamente insatisfecha y amargada al pasearse cerca del pozo. Miró muy seria en la otra dirección al ver a aquel joven polvoriento que era judío. Cuando el hombre le dijo: "Dame de beber" le replicó con aspereza: "¿Cómo es que...me pides a mí de beber? Yo sé tan bien como tú lo que los judíos pensáis sobre los samaritanos. Os creeis que sois superiores a nosotros y no estoy de acuerdo. ¿No es algo indigno que tú me pidas a mí que te dé de beber?"

Jesús estaba perfectamente enterado de aquella enemistad, de aquel odio imperecedero que existía entre los judíos y los samaritanos. Hacía muchos siglos que había mirado desde los cielos para buscar a las malvadas diez tribus de Israel que habían sido deportadas por los asirios. Sabía muy bien la manera en que los habitantes de Israel habían sido reemplazados por extranjeros (2 R. 17:24) que se casaron, entremezclándose con los que quedaban en Israel, la forma en que habían imitado la adoración a Dios, añadiendo a su propia idolatría. Conocía toda aquella sórdida historia del pueblo de Israel y de Samaria y su santa ira se había encendido en contra de aquella idolatría sensual y sin sentido. Ahora, contemplando desde el pie del monte Gerizim el templo, situado sobre lo alto del macizo, ¿pensaría, tal vez, en la malvada competición entre aquellos que adoraban en el templo de Jerusalén y los otros que lo hacían en el templo que se encontraba sobre lo alto del monte Gerizim? ¿Pensaría en el testarudo orgullo y desprecio que sentían los unos hacia los otros?

El pozo

Haciendo caso omiso del sarcasmo y la alusión a aquella antigua disputa, le dijo: "Conozco tu necesidad, tu deseo de llevar una vida mejor y yo te la puedo ofrecer como un regalo. ¡Es agua viva! Pero es preciso que tú me lo pidas."

"Suena interesante" le contestó la mujer, "pero ¿no estás siendo un poco presuntuoso?" Burlándose, continuó diciendo: "Eres, sin duda, un judío arrogante si te crees que eres más importante que nuestro padre Jacob, que cavó este pozo y él mismo lo utilizó." El orgullo y la confianza del judío la había depositado en Abraham (Jn. 8:33, 39), pero lo cierto es que los samaritanos presumían igualmente con el mismo entusiasmo, acerca de Jacob, que había vivido en el valle entre las montañas de Gerizim (Dt. 11:29; Jos. 8:32-35) y Ebal. Jacob había criado a su numerosa familia y había edificado sus altares bajo la prolongada sombra del Gerizim, hasta que Dina cometió aquel vergonzoso acto en contra de los semitas (Gn. 34 y 35:1). El pozo de Jacob continuó siendo un lugar venerado y los pies de los sedientos habían dejado su huella sobre aquellos escalones de piedra y los pastores, que daban de beber a sus ganados, habían acudido a aquel mismo lugar durante siglos.

Jesús hizo caso omiso del menosprecio, ya que su ojo había intuido que aquella era un alma sedienta y le dijo: "El agua que yo te doy transformará tu vida por completo, borrando tu sórdido pasado, limpiándote y haciendo de ti una mujer totalmente sana y entera. Te dará paz contigo misma, hallarás el favor de Dios y surgirá de ti la belleza interior que se irá desarrollando para la eternidad."

La mujer se sentía perpleja, pero había en su corazón un deseo inquebrantable de alcanzar algo mucho más elevado que lo que poseía, de manera que le dijo: "Dame de esa agua viva." Jesús le contestó diciendo: "Lo haré, pero primero es necesario que confieses tu pecado."

Cuando Jesús le dijo: "Vé, llama a tu marido" no estaba intentando cambiar el tema, sino que la estaba obligando a que se enfrentase con su pecado. En un abrir y cerrar de ojos pasó por su mente su terrible pasado pecaminoso y su vida presente como un horrible fantasma ante la presencia de Aquel ser que no tenía pecado. Sus hombros antes desafiantes parecieron hundirse y aquel tono de voz burlón se convirtió en una voz apenas audible, por causa de la vergüenza que sentía al contestar: "No tengo marido." Ella se encontraba a solas con Jesús cuando Él la reprendió y puso de manifiesto aquellos secretos que le hacían sentirse culpable, fruto de una vida depravada. Haciendo uso de un tacto exquisito Jesús no enfatizó todo lo malo que había hecho, sino la única cosa buena que ella había hecho. Le dijo: "Has dicho la verdad." ¿Quién le había dicho jamás un piropo a ella? Sin duda, el hombre que vivía con ella, sin respetarla lo suficiente como para casarse con ella, no lo haría, ya que nadie creía que pudiese haber en aquella mujer ninguna integridad moral.

Ella exclamó: "Tú debes ser, sí ¡eres un profeta! ¡Tú puedes ayudarme en mi búsqueda de la verdad! Dime, ¿dónde debo adorar, por qué y de qué manera?" (Jn. 4:20-24).

"Dios es Espíritu; y los que le adoran, en espíritu y en verdad es necesario que adoren." Con estas maravillosas palabras de Jesús quedó eliminado todo el peso de la discusión y de la tradición, haciendo que careciese de toda importancia.

Maravillada, la mujer dijo: "Dios es Espíritu. ¿Qué quieres decir? ¿Qué puedo adorar a Dios en cualquier parte? ¡Esa sí que es una idea nueva!" Como si se hallase bajo el hechizo de aquel Gran Profeta, compartió en voz baja su esperanza secreta. "Estoy completamente segura de que cuando venga el Mesías nos dirá *todas* las cosas."

Jesús le dijo: "Yo soy, el que habla contigo." De repente la mujer cayó en la cuenta de por qué se había sentido tan conmovida en Su presencia y creyó de todo corazón.

¡Oh, maravillosa gracia y revelación! Cuando Jesús reveló por primera vez su identidad, no lo hizo a los judíos, a los sabios, a los dirigentes, ni siquiera a los piadosos, sino a una persona insignificante en opinión del mundo, a una mujer depravada, perteneciente a una nación a la que todos despreciaban. Ella no exigió, como lo hicieron los judíos: "Si tú eres el Cristo, dínoslo abiertamente" (Jn. 10:24), sino que le suplicó con un corazón contrito y con absoluta sinceridad y Él le dio agua viva.

En aquel preciso momento, los discípulos que regresaban de Sicar con los alimentos, interrumpieron la conversación diciendo, al acercarse a ellos: "Maestro, aquí tienes la comida, ¡comamos!" ¡Qué sorprendidos se quedaron al ver a Jesús y a la harapienta samaritana hablando juntos con tal vehemencia. Pero la expresión de éxtasis de su rostro y aquel gozo celestial del Salvador cortaron en seco las preguntas que hubieran deseado hacerle y tuvieron que esperar a que Jesús les diese una explicación (Jn. 4:31-38).

Testigo

Olvidando su sed, aquella mujer se marchó apresuradamente a su casa. En su alborozo olvidó incluso llevarse el cántaro. Se olvidó de que era una mujer de la que todos se avergonzaban, despreciada y pobre. Había realizado un descubrimiento asombroso, ¡había conocido al Mesías y Él había cambiado su vida por completo! Al igual que le sucede a todas las personas que tienen fe verdadera, caminaba en novedad de vida y se dio prisa en hablar a otras personas sobre Jesús.

No tardó en regresar a la ciudad, gozosa y ansiosa por poder compartir aquellas buenas nuevas. Sus compatriotas se dieron cuenta de que su vida había, efectivamente, cambiado desde que Jesús había entrado en su corazón y le creyeron cuando les dijo: "Venid, ved...al Cristo." Cuando Jesús vio a todas aquellas personas que se acercaban por los campos fértiles y los prados de maíz de Samaria, les dijo a Sus discípulos: "Alzad vuestros ojos y mirad los campos, porque ya están blancos para la siega." Y cuando aquellas personas, espiritualmente sedientas, escucharon Sus palabras creyeron en Él y dijeron: "Verdaderamente éste es el Salvador del mundo."

La mujer de Samaria no procedía de un hogar que ofreciese un ambiente cristiano y su escaso conocimiento acerca de la Verdad se encontraba entremezclado con las costumbres paganas. Había derrochado su vida cometiendo inmoralidades, siendo despreciada incluso por sus propios confusos conciudadanos. Era ya mayor cuando encontró a Jesús, después de haber desperdiciado su vida, pero pasó con gozo por los atrios del cielo para vivir en la eternidad, con sus manos llenas de gavillas. ¿Podremos nosotras, que vivimos bajo el destello de la luz del Evangelio, "llevar la preciosa semilla, volviendo con gozo, trayendo sus gavillas"? (Sal. 126:6).

SUGERENCIAS PARA CHARLAR SOBRE EL TEMA

1. ¿Qué acontecimientos tuvieron lugar antes de aquella ocasión en que se encontró con la mujer samaritana?
2. ¿Era inconsistente la visita que hizo Jesús a Samaria con lo que dice en Mateo 10:5?
3. ¿Qué hacía que los judíos y los samaritanos tuviesen esa enemistad tan terrible entre ellos? (por ejemplo, veamos lo que dice en 2 R. 17:6, 24-41; Esd. 4; Neh. 4; Miq. 1:5-9).
4. ¿Se sentía Jesús realmente cansado o más bien aprovechó aquella ocasión para encontrarse con la mujer?
5. ¿Qué es el agua viva?
6. ¿Qué clase de persona era aquella mujer samaritana?
7. ¿Hay siempre algo digno de alabanza en todas las personas?
8. ¿Era esta mujer un alma que buscaba o se sintió atraida hacia Jesús en contra de su voluntad?
9. ¿Cuándo fue la primera vez que Jesús le dijo a los judíos abiertamente quién era? (Jn. 17:3; Mt. 26:64).
10. ¿Tenemos alguna otra noticia de que en Samaria se hiciese obra misionera con posterioridad? ¿Tuvo éxito? ¿Quiénes fueron los misioneros? (Hch. 8:5-25).
11. ¿Qué enfoques o métodos para ganar almas podemos aprender del relato de la mujer samaritana?

26
María Magdalena

Lecturas de la Biblia
Mateo 27:55-61; 28:1; Marcos 15:40-47; 16:1-11;
Lucas 8:2; 23:55, 56; 24:1-11; Juan 19:25; 20:1-18

Juan, el autor del cuarto Evangelio, fue el mejor amigo de Jesús durante Su ministerio terrenal. Fue uno de los que pertenecía a ese círculo interior que se formó, que era leal y creía en el Maestro. Pedro, que era un hombre de carácter impetuoso y que amaba a Jesús, Juan y su intrépido hermano Santiago, eran escogidos con frecuencia de entre los doce discípulos para ser testigos de manifestaciones especiales del poder y de la gloria del Dios-Hombre, pero de los tres, Juan fue el que tuvo una amistad más íntima con Jesús. Juan se refiere siempre a sí mismo, en sus escritos, como el discípulo al que Jesús amaba (Jn. 19:26; 21:7).

Al contrario de lo que sucedió en el caso de Lucas (Lc. 1:1-4) Juan estuvo presente para ver las cosas que Jesús hizo, para escuchar las palabras, llenas de gracia, de Sus labios (Jn. 1:14; 19:35). Juan poseía una mente despierta, inteligente y además intuitiva y estaba constantemente con el Maestro, de tal modo que se puede decirse que estaba saturado de Sus enseñanzas, permitiéndonos incluso en ocasiones echar un vistazo, por así decirlo, en el interior del alma y de la mente de Jesús (Jn. 6:5, 6).

Los discípulos, a excepción de Judas, era un grupo muy unido y gracias a los escritos de Juan nos enteramos de que conocía íntimamente sus sentimientos y era plenamente consciente de sus opiniones (Jn. 2:11, 21, 22; 6:19; 12:16), y de lo que se decían entre sí (Jn. 4:27, 33; 6:60-71). Juan conocía además a las mujeres que seguían a Jesús y que eran conocidas suyas y entre ellas se encontraba María Magdalena, junto a la madre de Jesús, ocupando el lugar más destacado. De las nueve veces que se la menciona junto a las otras mujeres, su nombre es el primero en la lista, con una sola excepción (Jn. 19:25). Juan la conocía muy bien porque juntos habían vivido experiencias angustiosas así como estimulantes. Juan admiraba su valor y la honraba por el elevado lugar que ocupaba en el aprecio del Maestro, mencionándola a solas y por nombre en cuatro ocasiones distintas en su relato de la resurrección, haciendo de ella el principal personaje en este acontecimiento final. La distinción de ser la primera persona en ver al Señor resucitado y glorificado se la concedió, no al discípulo al que amaba Jesús, sino a una mujer que tenía tantísimos motivos por los que sentirse agradecida que nunca podría olvidar ni abandonar a su Señor.

* * *

La vida de María Magdalena es el más importante ejemplo que tenemos de lo que puede hacer Jesús por un alma humana. Su historia comienza en un momento de lóbrega miseria humana y termina con el día más glorioso de la historia del mundo.

El hogar de María se encontraba en Magdala, una pequeña ciudad que estaba situada en la orilla occidental del mar de Galilea. Entre las seguidoras de Jesús hubo varias Marías y a ella se la llamaba María Magdalena, con el fin de distinguirla de las otras, que eran María la mujer de Cleofas, María la hermana de Marta, María la madre de Marcos y María la madre de Jesús.

Sobre ella pesaba un feo estigma desde tiempo inmemorial, cuando se la conoció como la cortesana reclamada o la mujer caída que había sido redimida, consiguiendo la santidad. Esto se debe a que fue injustamente confundida con María, la mujer pecadora que ungió los pies a Jesús en casa de Simón (Lc. 7:36–50).

La Iglesia Católica Romana perpetuó esta infamia al construir casas a las que llamaba "de Magdalena" para las mujeres que habían caído en pecado. Algunos afirman que la culpa la tienen los pintores, que le han dado esa reputación al plasmarla sobre sus lienzos como una mujer inmoral, más voluptuosa que arrepentida. Es dudoso que la mancha que ha caído sobre ella llegue a eliminarse de su dulce nombre porque hasta el diccionario define el nombre de Magdalena como "una prostituta reformada" porque tradicionalmente se la ha identificado con la mujer que se encontraba en casa de Simón. Algunos han añadido incluso a la confusión afirmando que María de Betania, la mujer pecadora (Lc. 7) y María Magdalena eran una y la misma persona. Pero no cabe duda alguna de que no es posible que María de Magdala y María de Betania sean la misma persona porque los escritores de los Evangelios han distinguido siempre perfectamente a cada una de las Marías por el lugar de donde procedían o por sus familias. Sus personalidades, por otro lado, eran totalmente distintas. La María de Betania era una mujer apacible y pensativa, mientras que María de Magdala era una mujer más entusiasta y un tanto más agresiva, siendo el espíritu que inspiraba a las demás mujeres que iban con ella.

El Evangelio deja constancia de tres incidentes conmovedores sobre mujeres pecadoras: la mujer de Samaria (Jn. 4), la mujer pecadora (Lc. 7:37) y la mujer a la que pillaron en adulterio (Jn. 8:3-11). En ninguno de estos casos se menciona a las mujeres por su nombre, pero el nombre de María Magdalena se menciona con frecuencia y siempre de forma que se la distinga con facilidad. Para vindicar aún más el nombre de María podríamos añadir que Jesús evitaba todo motivo de escándalo y los fariseos eran expertos en encontrar faltas a los demás y, sin embargo, no acusaron nunca a Jesús de ir acompañado de una mujer de reputación dudosa.

* * *

¿Qué dicen las Escrituras sobre María? Lucas 8:2 y 3 dice que las mujeres que seguían a Jesús, cuando iba a predicar y a atender a las necesidades de las personas, eran mujeres que ellas mismas habían sido curadas de sus males y de los malos espíritus. María Magdalena se había visto liberada de la tortura que le producían siete demonios (véase también Mr. 16:9). No se había sentido atribulada, como la mujer sirofenicia, pero se vio, sin embargo, totalmente controlada por los demonios.

En los tiempos de Jesús el que las personas estuviesen poseidas por demonios era bastante corriente, especialmente en el sector de Gadara, que no estaba demasiado lejos de Magdala. Parece como si se hubieran desencadenado todas las fuerzas del infierno para causar destrucción en el lugar donde el Redentor del mundo caminaba entre los hombres, habiendo en el corazón humano un odio y una maldad incontrolables. Satanás hizo personalmente todo lo que pudo de Su parte por desviar a Jesús de su propósito y sus legiones se introdujeron en muchas personas, haciendo que se pusieran enfermas, que sufriesen paroxismos y que se volviesen locas.

Es muy posible que el estado de María se pareciese mucho al de aquel hombre de Gadara que andaba desnudo y enloquecido, viviendo entre los sepulcros, tan fiero que incluso llegaba a romper las cadenas de hierro, aterrorizando a los habitantes del lugar. De manera que podemos imaginarnos a María de Magdala, totalmente falta de voluntad y de razón, con el pelo mate y los ojos vacios, gritando y arrancándose la ropa.

De manera que Jesús la había encontrado, posiblemente en Magdala, no lejos de Capernaúm donde Él vivía, y tuvo compasión de ella. La había arrancado del pozo de la desesperación y como una muerta en vida y en un momento la había sanado y la había convertido en una mujer cuerda y fuerte. Inmediatamente después de haber sido restaurada a la normalidad y habiendo recuperado la salud, María se convirtió en una ardiente y activa seguidora de Jesús, dando generosamente de su riqueza para suplir las necesidades diarias de Jesús y de los Doce.

María, que posiblemente tendría unos treinta años de edad, está considerada como una mujer hermosa y llena de virtudes. Su amor era cálido y visible. Siempre se mostraba entusiasmada y a duras penas capaz de dejar por un corto tiempo aquel ministerio activo del amor y de la amabilidad hacia los demás. De igual modo que había estado antes gravemente enferma después se sintió profundamente agradecida, dispuesta a echar toda la carne en el asador.

Cuando más feliz se sentía era cuando estaba junto al Señor, caminando a la luz del Evangelio, maravillándose al contemplar los milagros, sintiendo latir el pulso de las multitudes, teniendo compasión de aquellas ovejas que no tenían pastor. Consciente de las enemistades satánicas, caminaba con orgullo y sin temor junto a su Señor.

María se había quedado anonadada al escuchar la petición de Salomé que deseaba que sus hijos ocupasen el lugar más importante durante el último viaje (Mr. 15:41) que hicieron juntos de Galilea a Jerusalén. Todo lo que María deseaba era estar cerca de Jesús, porque le amaba y no había nada que ella no estuviese dispuesta a hacer por Él. Cristo había hecho tanto a favor de ella que estaba deseosa de dedicar cada momento de su vida redimida a servirle. Al final del viaje había caminado con su Señor hasta llegar a Jerusalén, donde el Cordero de Dios habría de convertirse en una ofrenda por el pecado.

* * *

Compartía el amor y la adoración que sentía Juan hacia el Maestro. ¿Estaría María con Juan en el palacio del sumo sacerdote, contemplando toda tensa al que era manso y humilde, teniendo que padecer las indignidades de un juicio simulado? ¿Clamaría su corazón, gritando *¡No!* ante la injusticia de cada una de las acusaciones que le hicieron: de sedición, de ser un seductor, un enemigo de la ley, de haber afirmado falsamente ser igual a Dios, de ser un rey? ¿Sintió destrozársele el corazón cuando los testigos firmaron la sentencia de muerte y Pilato anunció el lugar donde tendría lugar la ejecución?

La lealtad generosa y extraordinaria de María no conocía límites. A pesar de que todos los discípulos, a excepción de uno, se habían ocultado aterrorizados, ella y las otras mujeres siguieron a la cruz rodeadas por la multitud que siseaba pasando por la puerta que correspondía hasta llegar al Gólgota. Allí, junto a la multitud, las mujeres se colocaron muy juntas unas a otras (Mt. 27:55, 56), temblando por el llanto que las conmovía. Se encogían cada vez que escuchaban los golpazos de los martillos y al quedar la cruz colocada con un golpe seco sobre tierra María y las dos mujeres se abrieron paso entre los soldados y las personas que se burlaban al pie de la cruz. Su espíritu y su amor por Jesús eran tan fuertes que prefería quedarse a Su lado, siendo testigo de Sus sufrimientos antes que separarse de Él.

María veía todo lo que estaba sucediendo, a los soldados con sus altos cascos y sus pesadas espadas, haciendo bromas mientras echaban suertes para ver cuál de ellos se quedaría con la túnica de Jesús, las burlas y escarnios. Se echó a temblar cuando los ladrones torturados se burlaban de Jesús desde donde estaban sobre aquella sobresaliente colina de la muerte (Mt. 27:41-44).

Cuando Jesús despidió a su madre (Jn. 19:26, 27) mantuvo allí a María, sin despedirla y sin que ella estuviese dispuesta a marcharse. No le temía a la oscuridad porque estaba junto al Señor de su vida, teniendo indeleblemente grabadas cada una de Sus palabras en su corazón. Él inclinó Su cabeza y ella le vio morir, pero no podía alejarse ni siquiera de Su cuerpo muerto.

Mientras José de Arimatea fue a pedirle a Pilato permiso para bajar el cuerpo de Jesús y Nicodemo iba a comprar las especias, María esperó junto a la cruz. Se quedó allí hasta que la última mofa se perdió por el camino principal que pasaba junto a la colina (Mt. 27:39) y a continuación ayudó a José y a Nicodemo a bajar con todo cuidado de la cruz al Salvador, liberándole y lavándole el cuerpo ensangrentado.

Profundamente entristecida les siguió hasta la sepultura y contempló mientras los hombres colocaban a Jesús sobre un lecho de especias. Es muy posible que ayudase a envolver Su cuerpo en lienzos limpios. Todo ello lo habían realizado apresuradamente debido a que solamente faltaban tres horas antes de que fuese el día de reposo. María no se sentía totalmente satisfecha y decidió ir personalmente después del día de reposo para acabar la labor. Una vez que los hombres lograron mover aquella piedra tan pesada que daba al lugar de la sepultura se fueron a sus casas. María, que tanto había dependido de Él, hasta posiblemente atemorizada por no tenerle a Su lado, se quedó sentada junto al sepulcro (Mt. 27:61), reacia a dejar el cuerpo, aunque estuviese muerto.

María guardó el día de reposo, pero lloró mucho durante aquel día. Pensó una y otra vez en aquel juicio y en la crucifixión, agonizando y llorando por la crueldad y la injusticia de todo lo acontecido. Durante todo el día estuvo recordando cada una de aquellas palabras, que tanto valor tenían y que Él había pronunciado, recordando que siempre había dedicado Su vida de lleno a los demás.

Amaba a Jesús como persona, ya que Él lo era todo para ella y sin Él no valía la pena vivir. Le amaba por la paz y la felicidad que había hecho que sintiese en su vida, por la belleza de Su perfecta bondad y Su justicia, por Su ternura y Su misericordia.

No podía olvidarle ni por un momento, y a la mañana siguiente muy temprano, cuando estaba oscuro todavía, fue con unas cuantas mujeres más junto a la sepultura. Estaba tan ansiosa por llegar que adelantó el paso y, de la misma manera que había sido la última en alejarse de la cruz y del sepulcro, fue la primera que vio la sepultura vacía y en presenciar la resurrección (Mr. 16:9; Jn. 20:1). Al ver la sepultura vacía fue rápidamente a buscar a Pedro y a Juan y regresó con ellos. Los hombres vieron que el cuerpo había desaparecido y salieron corriendo para comunicárselos a los otros discípulos, pero María, muy preocupada, pensando que hasta Su cuerpo se habían llevado, se quedó sola junto a Su tumba llorando.

Cuando volvió a mirar en el interior, Dios convirtió sus lágrimas en un arco iris porque vio dos ángeles ataviados con brillantes vestiduras blancas y uno de ellos le dijo: "¿Mujer, por qué lloras?" Muy asombrada, se dio la vuelta y allí, en el huerto, junto a la sepultura que no había podido retener a su poderosa presa, el Señor resucitado se le apareció a ella antes que a los demás. La primera palabra que pronunció fue: "Mujer".

¿Quién puede alcanzar a comprender y penetrar en el amor y la ternura de Jesús cuando le dijo: "María". ¡Qué alivio, que tremenda sorpresa y qué éxtasis en la voz de María al contestarle: "¡Maestro!". Tan emocionada estaba que fue apresuradamente a abrazar Sus pies como si de ese modo pudiera mantenerle para siempre junto a ella (Jn. 20:17).

¿Por qué le diría Jesús: "No me toques" cuando poco después permitió que las otras mujeres se agarrasen a Sus pies adorándole? (Mt. 28:9). Era preciso que María aprendiese que el amor que sentía hacia Jesús se convirtiese en una relación espiritual más profunda y que se diese cuenta de que Él estaría siempre con ella, en un sentido espiritual, hasta el fin del mundo.

En lugar de ella le dio una comisión, la de convertirse en la primera mensajera del Señor resucitado (Jn. 20:17). Temblando por la sorpresa que se había llevado y por el gozo que sentía, llevó apresuradamente el glorioso mensaje de esperanza y de aquella verdad central del cristianismo a Sus discípulos entristecidos, que lloraban Su muerte (Mr. 16:10).

María Magdalena, cuyo amor y devoción hacia Jesús no tienen igual, nos ha sido transmitido en el Evangelio pronunciando sus labios el nombre del Señor resucitado. Será siempre un símbolo de la adoración de Cristo por parte de las mujeres que no pueden olvidar lo que Jesús ha hecho a su favor y es la figura de todas aquellas personas para las que el Maestro ocupa el primer lugar en sus vidas y en sus corazones y que le pertenecen a Él.

SUGERENCIAS PARA CHARLAR SOBRE EL TEMA

1. ¿Qué cualidad de María Magdalena se destaca desde la primera referencia que se hace a ella en las Escrituras?
2. ¿De qué modo puede servir de ejemplo a todas las mujeres que han sido redimidas?
3. ¿Cómo mostramos nuestra gratitud al Señor normalmente, a diario o de tarde en tarde?

4. Explica, de qué manera podía María, que posiblemente había estado mentalmente enferma, soportar la tensión y la fatiga del Calvario.
5. Describe la personalidad de María.
6. ¿Cuál es la verdad central sobre la cual se basa el cristianismo? (1 Cr. 15:17-22).
7. Según los evangelistas, ¿qué fue lo que hizo el Evangelio a favor de las mujeres? (Mt. 28:9, 10; Mr. 16:9; Lc. 8:1-3; Hch. 1:14; 2:18).

"Ni tentamos al Señor, como también algunos
de ellos le tentaron y perecieron..."
1 Corintios 10:9

27
Safira

Lectura de la Biblia
Hechos 5:1-11

Las promesas que le había hecho Jesús a Sus discípulos se habían hecho realidad (Lc. 24:49). ¡De qué modo tan glorioso había cumplido Su palabra y el caso es que aún no estaban enterados ni siquiera de la mitad de lo que iba a suceder!

La noche del día de la resurrección había soplado sobre Sus discípulos diciendo: "Recibid el Espíritu Santo" (Jn. 20:22) y de inmediato recibieron el don de la visión espiritual. Ellos encontraron la paz entendiendo y creyendo en la misión del Cristo. Bajo el poder de Su soplo divino cobraron vida para Dios. "Como el Padre me envió" dijo el Señor que habría de ascender, "os envío a vosotros." De esta manera surgió la iglesia cristiana y a partir de aquel momento los once fueron plenamente conscientes de su llamamiento divino y de la misión en este mundo, de tal forma que dominaba todos sus pensamientos y sus ambiciones.

Este don del Espíritu Santo no solamente fue impartido a los once, sino a otras personas que se habían reunido con ellos, continuando unidos en oración, alabando y adorando (Lc. 24:53; Hch. 1:14, 15). Entre esas personas se encontraban las mujeres que habían sido testigos de la resurrección. Juntos recordaron las enseñanzas de Jesús y, por primera vez, quedó claro el maravilloso patrón de Su ministerio. Habiendo sido derramado el Espíritu durante Pentecostés toda la luz de su verdad apareció en el horizonte de la iglesia de la nueva dispensación.

Pedro, el primer portavoz de la iglesia cristiana, explicó abierta y claramente el desarrollo y el cumplimiento de la profecía acerca de Jesús de Nazaret (Hch. 2 y 3). Llegó al punto cumbre de su sermón diciendo: "Dios ha hecho a ese mismo Jesús, al que habéis crucificado, Señor y Cristo." Durante aquel día de fiesta judía hubo una enorme respuesta a la predicación de Pedro.

¡Durante aquel primer Pentecostés aquellos galileos, que habían sufrido el desprecio, habían revuelto el mundo entero! Aquel acontecimiento tan extraordinario hizo que judíos, movidos por la curiosidad, llegasen de toda Jerusalén. Debieron ir y venir diciendo: "En el aposento alto está sucediendo algo extra-ordinario . . . ¿dónde? . . .¡Venid a verlo!"

Durante todo el día las multitudes se reunieron en aquella calle, sorprendidos, temblorosos, temerosos y suplicantes. Durante todo el día Pedro y los demás apóstoles hablaron en muchas lenguas desde lo alto del terrado. "Arrepentíos . . . arrepentíos . . . y sed bautizados . . . y recibiréis el Espíritu Santo" (véase Hch. 2:38). En respuesta a la súplica apasionada de Pedro y los demás apóstoles inspirados, unas tres mil personas pasaron por la experiencia única ese día y se convirtieron en el nucleo de la nueva iglesia fundada en el Dios viviente.

Los nombres de las personas que aparecían en las listas de membresía de la iglesia, no eran miembros solamente de nombre, ni daban un paso al frente para aceptar a Cristo para olvidarle muy pronto, como sucede con demasiada frecuencia en las campañas evangelísticas desde entonces. No le temía a la oposición eclesiástica de los judíos, ni al desprecio ni a la persecución. A pesar del cambio repentino e inusitado en las opiniones y las relaciones perseveraron en la fe. Continuaron "fielmente en las doctrinas de los apóstoles y en la comunión, partiendo el pan y orando."

Los apóstoles realizaron grandes maravillas y señales, como había anunciado el Señor (Mr. 16:17, 18). El poder de Dios se manifestó de una manera tan extraordinaria que todos fueron llenos de una profunda reverencia, piedad, seriedad y amor los unos por los otros. La iglesia primitiva nos ha dejado el ejemplo de la unidad de intereses, de fe y de hermandad. Esa unidad era absolutamente vital para poder preservar la iglesia y era el resultado directo de que morase allí el Espíritu Santo. ¿Qué ha pasado en nuestros días con ese espíritu ferviente de unidad? ¿Cuándo oímos ese clamor apasionado: "¿Qué es preciso que haga para ser salvo?"

"¡Señor, haz de mi corazón tu altar
y de tu amor la llama!"

Había en aquellos tiempos bíblicos muchas personas que vendían con generosidad sus propiedades y bienes, de distinta índole, con el propósito de ayudar a los necesitados. Se menciona, entre ellos, a Bernabé por nombre. Bernabé fue un cristiano extraordinario, un extranjero así como un excelente predicador y misionero (Hch. 11:22-30; Hch. 4:32-37). Fue un hombre que se negó a sí mismo con el fin de dedicarlo absolutamente todo a Cristo. De modo que nos damos cuenta de que en la iglesia primitiva había un gran fervor, un amor maravilloso y una generosidad ejemplar. La iglesia fue desarrollándose rápidamente y prosperando debido a que había sido llena del Espíritu Santo, saltando por encima de las barreras de las nacionalidades y llevando a cabo con verdadero entusiasmo el mandato que había dado Jesús de ir a predicar el evangelio hasta los confines de la tierra (Mr. 16:15).

* * *

Todos se sentían impresionados por el ejemplo que daba Bernabé, entre otros Ananías y su esposa Safira. Tomaron literalmente las palabras de Jesús: "Anda, vende todo lo que tienes, y dalo a los pobres, y tendrás tesoro en el cielo;" y el "que no renuncia a todo lo que posee, no puede ser mi discípulo" (Mr. 19:21; Lc. 14:33).

La nueva iglesia se gozaba de que Ananías y Safira se uniesen a ellos, pues era un magnífico matrimonio cristiano. Compartían sus puntos de vista y sus convicciones religiosas, entendiendo y amándose unos a otros. Juntos se habían apartado del judaísmo y se habían unido valientemente a la causa de Jesús, siendo cristianos en la práctica y no solamente de nombre. Asistían a las reuniones de predicación y de oración con fidelidad y estaban dispuestos a sacrificarse por la causa, llegando incluso a vender sus propiedades para poder ayudar a los que estaban necesitados. ¿Cuántos estarían dispuestos hoy a hacer lo mismo en su iglesia? ¿Cuántas personas aman tanto a las demás?

Si ese hubiera sido el fin de la historia de Safira, hubiera disfrutado de prestigio, del amor de sus hermanos y, en la vida venidera, hubiese obtenido una gran recompensa. Hubiera sido un ejemplo sobresaliente de lo que significa "buscad primeramente el reino." Pero el Señor conocía mejor a Safira de lo que la conocían los otros miembros de la iglesia porque ellos se fijaban en las apariencias externas, pero Dios miró en el interior de su corazón.

Es muy factible que Ananías y Safira estuviesen celosos del prestigio de que disfrutaba Bernabé, de las muchas alabanzas que recibía de los miembros de aquella primera iglesia que le admiraban. Además, se sentían un tanto incómodos poseyendo tantas propiedades cuando los demás se estaban deshaciendo de las suyas por causa de Cristo. Por otro lado, se habían dejado arrastrar por el entusiasmo de la iglesia con sus principios y sabían que en aquella clase de comunidad el dar con generosidad era algo ineludible.

Seguramente llegó el día en que Ananías sugeriría: "Supongo que también nosotros deberíamos poner nuestra parte...¿qué opinas, Safira, te parece que vendamos una parte de nuestras tierras para la comunidad? Hay tantas personas que ya lo han hecho..."

"¿Qué otra cosa podemos hacer?" contestaría Safira. "Pero si lo hacemos, vendamos todo, como lo ha hecho Bernabé. ¿Te fijaste en lo complacido que estaba Pedro cuando Bernabé trajo su donativo? Y por dondequiera que voy, no oigo hablar de otra cosa que no sea lo que ha hecho Bernabé... Bernabé... y lo *maravilloso* que es. ¡No hago más que pensar en ello, hasta el punto de ponerme nerviosa! Demostremos a los apóstoles que él no es el único que es fiel...el Espíritu nos ha sido dado a todos nosotros. ¡Qué los demás nos alaben a nosotros para variar!"

De manera que Ananías buscó a una persona que comprase sus tierras y cerraron el trato, pero cuando Safira vio todo aquel dinero no pudo hacerse a la idea de tener que deshacerse de todo. Se preguntaba cuánto le iba a durar su ropa, pensó en las bonitas telas que había visto en la tienda de Raquel, en la tienda de la plaza, en los pequeños lujos que se podría permitir....

Debido a que conocemos a Safira, casi la podemos oír decir: "¿Es realmente preciso que lo demos *todo*? ¿Qué me dices si fracasa esa nueva empresa? ¿Qué sucederá si nos quedamos sin blanca y encima no tenemos hijos que se ocupen de nosotros cuando nos hagamos viejos? ¡Y tú sabes lo mucho que odiaría ser pobre! No, Ananías, es cierto que suena ideal, pero después de todo, tenemos que utilizar nuestro sentido común. Si nosotros no nos preocupamos de nosotros mismos, ¿quién lo va a hacer?" Ya había personas que les miraban con admiración, personas que habían empezado a decir: "¿Te has enterado de lo de Ananías y Safira? ¿Verdad que es maravilloso? ¡Qué gran amor por la iglesia! ¡Son realmente un ejemplo para todos!"

Entonces Safira y su esposo se lo pensaron muy bien y decidieron quedarse con una buena cantidad del dinero y, con todo y con eso decir: "Aquí está todo para el uso del Maestro." ¿Quién iba a enterarse de que no estaba allí todo el dinero? Safira apenas si podía esperar para ver la manera en que iba a afectar a unos y a otros. Podemos decir, sin miedo a equivocarnos, que no era la primera vez que Safira era deshonesta en su vida religiosa o en sus relaciones con las demás personas.

* * *

Se han hecho conjeturas, imaginando que fue Safira la que dio pie a todo este asunto tan hipócrita; que fue ella la que codició tanto la alabanza de los demás como el dinero. La propiedad que tenían se vendió con su aprobación y colaboración y fue precisamente con su consentimiento que Ananías se quardó una parte del precio recibido (Hch. 5:1, 2). Posiblemente la que más culpable se sintiese de los dos fuese Safira, porque ¿acaso no fue ella llamada por Dios para ser la ayuda idónea (apropiada) para su marido? ¿No debía ella de animarle en su servicio para Dios, influenciándole para bien y no para mal?

Ella sabía que el quedarse con el dinero era una equivocación. Ella, que había confesado que su forma de vida se basaba en los principios de la Verdad, sabiendo que el Dios de Verdad despreciaba los labios mentirosos (Sal. 101:7; Pr. 19:5). Jesús mismo había llamado a los falsos religiosos de su propia ciudad: "Hijos de vuestro padre el diablo...pues él es mentiroso, y padre de mentira" (Jn. 8:44). Ella había sido testigo de cómo el Espíritu Santo había transformado a los hombres de ser personas egoístas y avariciosas en personas con un amor y una generosidad verdaderamente ejemplares.

Hay entre nosotros personas que profesan ser cristianas a las que les encanta el dinero, que mienten con tal de conseguirlo y mienten para conservarlo. El amor al dinero sigue siendo aún la raíz de todos los males y es el causante de que haya en el servicio a Dios muchas personas que se muestran tibias. Es el auténtico motivo por el que la iglesia, las obras de caridad y las misiones tengan que estar pidiendo dinero. Esta historia es una advertencia para todas aquellas personas que dan de manera miserable, en lugar de hacerlo con generosidad, que dicen que no pueden costear el dar para los necesitados en estos momentos (porque quién se podrá enterar de lo que estas personas tienen guardado en su caja fuerte). Es una advertencia para todos los que mienten, ya sean pequeños, atrevidos, negros o de la raza que sean. Si Dios se apresurase a castigar a todos los Ananías y a todas las Safiras que hay en la actualidad en las iglesias, ¿cuántos crees que quedarían para poder ocupar las mansiones celestiales? En este siglo veinte, no tenemos que tratar con un Dios distinto ni con principios diferentes.

Ananías fue a entregar aquella ofrenda a Pedro. Tres horas después Safira fue a la asamblea de los santos para enterarse de cómo había sido recibida aquella ofrenda. ¿Pensaría tal vez que la admiración en los rostros de los presentes era admiración hacia ella? ¿Pensaría, *mira cómo se fijan en mí ahora?* La verdad es que no se sentía tan feliz como se había imaginado y, sin poderlo evitar, aquel dinero que había guardado en una jarra le estaba haciendo sentirse molesta. ¿Dónde se habría metido Ananías? (¿Cómo podía ella saber que no tardaría en unirse a él en una muerte ignominiosa?)

Con una piadosa sonrisa en su rostro, fue directamente a Pedro para que le expresase su gratitud y quizás le dijese algunas palabras de alabanza, tal vez. Pedro, sin embargo, la dejó un tanto sorprendida al decirle: "¿Es esta la cantidad completa por la que vendisteis vuestra tierra?" Sin parpadear, le contestó: "Sí, la vendimos por tanto." Pedro, lleno de santa ira por el honor de su Señor y con el celo por la pureza de la iglesia, pronunció una solemne y sobrecojedora sentencia contra Safira (Hch. 5:9). En un momento de terrible horror, Safira expiró a los pies de Pedro, con una mirada de hipocresía dibujada aún en su rostro y llevando el pecado sin confesar en su corazón. Fue rápidamente enterrada junto a su marido, con el cual había colaborado para engañar a sí misma, a la iglesia e incluso al Omnipotente.

Y el dinero de Safira seguía todavía metido en la jarra, sobre la estantería. Aún hoy seguimos escuchando el locuaz comentario acerca del dinero: *"No puedes llevarlo contigo, de modo que por qué no disfrutarlo."* ¿Sabes que lo puedes llevar contigo si *renuncias a él?* "Respondió Jesus y dijo...ninguno que haya dejado casa, o hermanos, o hermanas, o padre, o madre, o mujer, o hijos, o tierras, por causa de mí y del evangelio, que no reciba cien veces más en este tiempo...y en el siglo venidero la vida eterna" (Mr. 10:29, 30).

SUGERENCIAS PARA CHARLAR SOBRE EL TEMA

1. ¿Qué diferencia encuentras entre la situación comunal, tal y como existía en la iglesia primitiva, y el comunismo de nuestros días?
2. ¿Qué buenas cosas puedes decir acerca de Safira?
3. ¿Cuál fue la causa de que se metiese en líos?
4. ¿Es mejor dar de manera anónima o abiertamente?

5. ¿Cuál es la mejor manera de dar a la iglesia, por medio de un presupuesto o dando un donativo de buena voluntad?

6. ¿Qué nos enseña este incidente sobre el Espíritu Santo?

7. ¿Qué hace que el pecado de la mentira sea tan difícil de detectar? ¿Y de corregir? ¿Qué obligación conlleva para las madres con respecto a sus hijos?

8. ¿Fue el pecado cometido por Safira un pecado imperdonable?

9. ¿Qué efecto tuvo el pecado cometido por Safira y su castigo sobre la iglesia? ¿Y sobre los miembros al ser uno de los miembros censurado o excomulgado?

*"Porque como el cuerpo sin el espíritu está
muerto, así también la fe sin obras está muerta."*
SANTIAGO 2:26

28

Dorcas

Lectura de la Biblia
Hechos 9:36-43

La gracia es el favor no merecido y gratuito que nos concede Dios, en Su más alto grado, en la persona de Jesucristo, que vino a este mundo con el propósito de salvar a los pecadores. Pablo nos dice: "Porque por gracia sois salvos por medio de la fe; y esto no de vosotros, pues es don de Dios; no por obras, para que nadie se gloríe" (Ef. 2:8, 9). Sin embargo, el conocer nuestros pecados y nuestras desdichas o incluso el que nos veamos liberados de ellas, no puede crear por sí sola una vida fructífera ni hacer que se cumpla el designio de Dios para nuestra vida.

Muchos que han heredado ricos conceptos espirituales, cuyos límites en la vida los han fijado los buenos principios cristianos tienen, sin embargo, tendencia a la complacencia. Aquellos que se toman las cosas reposadamente en Sion, que se las arreglan, por así decirlo, deberán tomar sus plumas denominacionales y ponerse en pie con la convicción, impulsada por la energía, de que hemos sido salvos con un propósito determinado.

Hemos sido salvos para servir a Dios y a nuestro prójimo. Cristo "se dio a sí mismo por nosotros para redimirnos de toda iniquidad y purificar para sí un pueblo propio, celoso de buenas obras" (Tit. 2:14).

¡Qué sencillo resulta cantar con celo: "Estoy contento porque Jesus me ama" y quedarse satisfecho con un cristianismo pasivo! Son muchas las personas que ignoran tranquilamente el hecho de que si algún hombre está en Cristo, nueva criatura es, que se le ha de conocer, por tanto, por sus frutos. Jesus enseñó mediante el ejemplo de Su vida y por el precepto enfático según el cual "el que permanece en mí, y yo en él, éste lleva mucho fruto...y en esto es glorificado mi Padre, en que llevéis mucho fruto, y seáis así mis discípulos" (Jn. 15:5, 8).

Espero que el estudiar la vida de Dorcas, que fue una auténtica discípula, sirva para hacernos despertar de nuestro letargo. Las puertas del cielo no se abrirán para aquellos que se limiten a disfrutar las bendiciones o que saben decir: "Señor, Señor", sino para aquellos otros que han hecho la voluntad del Padre celestial, tal y como lo hizo Dorcas, que "abundaba en buenas obras y en limosnas que hacía."

Dorcas era buena para sí misma

Desde que había sido derramado el Espíritu Santo en Pentecostés, los cristianos se habían desplazado de un sitio a otro, impulsados con frecuencia por la persecución, llevando por todas partes el evangelio de salvación en Jesucristo, estableciendo muchas iglesias en Judea, en Galilea y en Samaria (Hch. 9:31). El hecho de que existiese también una iglesia en Jope es algo que podemos dar por seguro, basándonos en la presencia de los discípulos, de los santos, de Dorcas y del hospitalario Simón.

Dorcas era una mujer compasiva y benevolente que era, ante todo, una discípula. Había aprendido que "os améis los unos a otros, como yo os he amado" (Jn. 15:12) tenía su completo significado en la práctica de ese amor, por lo que ella fue una hacedora y no solamente una oidora de la Palabra.

Dorcas era el nombre griego, que en hebreo era *Tabita*, que significa "gacela", es decir, preciosa, llena de gracia. Pedro la llamaba Tabita, pero los de Jope la llamaban Dorcas. Su nombre, Dorcas, ha aparecido siempre en las sociedades de mujeres que se dedican a la caridad y, más concretamente, a coser para los pobres.

Esta mujer discípula no era importante en la estima del mundo y hasta es posible que no fuese tan hermosa como sugiere su nombre. No fue una Débora ni tampoco una poetisa como Ana. No tenía hijos que dedicar a Dios como en el caso de Salomé. No podía tampoco hacer nada espectacular, pero hizo lo que pudo y eso es algo que siempre podremos decir a su favor. El suyo fue el servicio humilde, pero util, de la costura. Se pasaba los días cosiendo, haciendo nuevas prendas, lavándolas y colocando las otras; arreglando y remendando las que estaban ya desgastadas para poder darlas a los pobres.

El trabajo era fatigoso y requería una paciencia interminable y una dedicación generosa. Pero sabemos que cada una de las prendas que cosía Dorcas las hacía con los hilos del amor, cerrando cada una de las costuras con buenos pensamientos y cada túnica la cosía con auténtico amor. Era una mujer virtuosa, que dedicaba todos los días de su vida a glorificar a Dios: "Busca lana y lino, y con voluntad trabaja con sus manos...su lámpara no se apaga de noche. Aplica su mano al huso, y sus manos a la rueca. Alarga su mano al pobre, y extiende sus manos al menesteroso" (Pr. 31:13, 18-20).

Era bueno para Dorcas que dedicase su vida a otras personas. Siempre estaba demasiado ocupada como para que le quedase tiempo para sentir lástima hacia sí misma, para dar lugar a los celos que envenenan la mente y, posteriormente, incluso el cuerpo. ¿Qué hacen la mayoría de las mujeres que tienen sus casas llenas de electrodomésticos con su tiempo? Con frecuencia les queda demasiado tiempo para dedicarlo a preocuparse y pensar acerca de sí mismas, para meterse en los asuntos de los demás, teniendo con frecuencia unos resultados realmente frustrantes. Siempre oímos hablar en la actualidad acerca de la tensión nerviosa y de la energía derrochada. El remedio, sugieren con frecuencia los psiquiatras, es mantener las manos ocupadas, preferiblemente haciendo cosas a favor de los demás. El abundar siempre en la obra del Señor, por muy humilde que sea la tarea a realizar, es bueno para la salud tanto espiritual como física. Dorcas, viendo la necesidad de los que la rodeaban, restaba importancia a sus propias necesidades. Podemos llegar a la conclusión de que era una mujer agradable, la mejor amiga de muchas personas y una santa entre los discípulos, por el efecto que tuvo su muerte sobre todos, incluyendo al apóstol Pedro.

Dorcas era buena para otros

En los tiempos de Dorcas los pobres abundaban. Siempre había mendigos por las calles pidiendo limosna y por las plazas más concurridas, a la puerta de la casa de los ricos (Lc. 16:20) y también a la puerta del templo (Hch. 3:2). Con frecuencia la gente hacía caso omiso de ellos, les despreciaba e incluso les daba una patada (Stg. 2:6). No era extraordinario que hubiese muchos pobres, pero lo que sí era algo fuera de lo normal era interesarse por ellos. Jesús les amaba y se interesaba por ellos, dejando perfectamente claro que había venido con el propósito de predicar el evangelio a los pobres (Lc. 4:18) y dijo: "Mas cuando hagas banquete, llama a los pobres" (Lc. 14), "a los pobres siempre los tendréis con vosotros . . ." (Mt. 26:11) y ". . . dad a los pobres" (Mr. 10:21).

"Heme aquí, úsame a mí" le pedía Dorcas y tuvo muchas oportunidades de hacer el bien en su propia ciudad. Jope, que se llama en la actualidad Yafa o Jafa, era un activo puerto de mar que se encontraba a unos cincuenta y pico de kilómetros de Jerusalén. Se encontraba sobre la costa mediterránea, justo al norte de Filistia y pertenecía originalmente a la tribu de Dan (Jos. 19:46-48). Esta antigua ciudad tenía un fascinante y legendario pasado, así como histórico. La ciudad misma había sido construida sobre una loma apaisada y rocosa, que se extiende hacia el mar para formar un pequeño y poco apropiado puerto. Pero a pesar de su insignificancia e inseguridad, era el único puerto de Israel y el acceso que tenía Jerusalén al mundo occidental. A su traicionero puerto habían llegado flotando los cedros para los palacios, madera para los dos templos del Señor (2 Cr. 2:16; Esd. 3:7); importaciones procedentes de Tarsis (Jer. 10:9) y las riquezas de Salomón (2 Cr. 9:21). Desde allí había partido Jonás en dirección a España. Con frecuencia naufragaban barcos y se perdían vidas. Por consiguiente, siempre había viudas de marineros y huérfanos en Jope, siempre había pobres en la pequeña ciudad sobre aquel cabo rocoso.

Desde la posición ventajosa de su casa, suficientemente espaciosa como para tener una habitación muy grande en el piso de arriba, Dorcas tenía una vista magnífica de la playa y de las torpes barquitas de madera que se acercaban lentamente al puerto. Tan pronto como se enteraba de que se había producido un naufragio su compasivo corazón se entregaba de lleno a los solitarios. (Había trabajo en las curtidurias y fábricas de jabón para hombres fuertes, prósperos negocios de suculentas frutas tropicales para los más afortunados, pero solamente la buena voluntad de unos pocos nobles que ayudasen a los huérfanos y a las viudas.) Dorcas observaba a los pobres recogiendo los maderos desperdigados y los restos de ropas sobre la playa y las miradas de las esposas ansiosas, fijas sobre el horizonte, permaneciendo impotentes, viendo aquel enorme mar y esperando la llegada de un marino que hacía ya mucho tiempo que debería haber llegado. Sí, Dorcas tenía todos los días oportunidad de hacer buenas obras y dar limosnas y se convirtió en el ángel ministrador de Jope. La mujer cuyo nombre se ha convertido en sinónimo de caridad es una acerca de la cual nos dice Jesús: "Porque lo que hicisteis a uno de estos, . . . a mí lo hicisteis" (Mt. 25:40).

Dorcas era útil para la iglesia

Cuando Dorcas, ocupada en sus muchas limosnas y buenas obras, se puso enferma y se murió, tanto la iglesia como la comunidad se sintieron profundamente afligidas y hubo una gran consternación. Recordaron cuántas tardes la habían visto llevando un paquete, muy sonriente, pasando por las calles de Jope. Entonces fue cuando se dieron cuenta de lo maravillosa que era, de cuánto la querían y lo mucho que la necesitaban.

Pedro, el apóstol inspirado, se encontraba en la cercana Lida, donde había restaurado milagrosamente a Eneas. Fueron enviados dos discípulos para que trajesen rápidamente a Pedro porque, en esos momentos de aflicción y ante la terrible pérdida que habían sufrido, le necesitaban para que les consolase y les ayudase. Él reaccionó de inmediato y cuando llegó al aposento alto, donde manos amorosas habían colocado a Dorcas, se encontró con muchísimas personas que lloraban y lamentaban la muerte de aquella mujer, sin encontrar consuelo, pues la habían querido mucho y la habían necesitado. Nunca se pronunció un elogio más conmovedor ni hermoso que el de las viudas que lloraban al mostrar a Pedro las prendas que Dorcas había hecho para ellas.

Pedro intuyó aquel profundo e intenso sufrimiento que embargaba los corazones de todos aquellos que habían sufrido la terrible pérdida, ya que había sido una gran benefactora y amiga. Con una fe inconmovible en el poder del Señor resucitado, Pedro hizo que todos saliesen de la habitación, de la misma manera que había visto hacerlo a Jesús cuando resucitó a la hija de Jairo. Después de hacer una oración llena de fe Pedro realizó el más grande de los milagros de su vida al decir: "¡Tabita, levántate!" Viendo a Pedro, la mujer se sentó y tomándola de la mano Pedro se la presentó viva a los santos y a las viudas que estaban allí reunidos.

En todas las Escrituras solamente leemos acerca de ocho personas que fueron resucitadas de entre los muertos, siendo una de ellas el propio Jesús, que resucitó gracias a Su tremendo poder. Dorcas, que hace la número siete, fue la primera en ser resucitada como demostración de la eficacia de la resurrección. ¡Puedes imaginarte la tremenda sorpresa y la alegría que se llevarían sus amistades! El canto fúnebre de las personas que estaban afligidas por su muerte se convirtió en un canto de alabanza y la noticia de que Dorcas estaba una vez más con vida, gracias al poder del Salvador, corrió rápidamente. Tanto los discípulos como el resto de los cristianos se sintieron grandemente fortalecidos en la fe y "fue notorio en toda Jope, y muchos creyeron en el Señor."

Habiendo acabado su trabajo en Lida, Pedro permaneció en Jope durante varios meses con el propósito de atender a aquella iglesia que había ido creciendo y floreciendo rápidamente. ¿Y qué hizo Dorcas entretanto? Unió sus manos, que expresaban su mucho amor, a las fuertes manos del pescador, en un servicio completo y de agradecimiento a su Señor. Estamos totalmente seguras de que continuó en seguida con el ministerio de la costura, dando testimonio a diario por medio de sus palabras y hechos de la gracia de Dios.

El más importante de los servicios es el de saber llevar a cabo aquellas cosas que parecen más insignificantes en la vida diaria. Veamos, por ejemplo, lo que dice Mateo 25:4, 31-36. En resumen, "No esperas a un hecho importante que puedas realizar, no esperas a que tu luz pueda llegar lejos, sino ilumina el rincón donde te encuentras." El hacer un donativo a los pobres de tarde en tarde se quedará corto en comparación con todo lo que hizo Dorcas, que estaba llena de buenas obras. Es absurdo que nosotras digamos: "calentaos y alimentaos" y sigamos descuidadamente nuestro camino para disfrutar nuestra propia abundancia. ¡La verdadera religión, no contaminada, no consiste en solo *decir*, sino más bien en *hacer*!

SUGERENCIAS PARA CHARLAR SOBRE EL TEMA

1. ¿Por qué encontraba siempre Dorcas oportunidades para hacer el bien?
2. Compara las antiguas sociedades de costura Dorcas con las sociedades de mujeres de nuestras iglesias en nuestros días.
3. Si contribuyes con frecuencia a los fondos de benevolencia, ¿no estás cumpliendo así con tu deber?
4. ¿Qué son limosnas?
5. ¿Hay oportunidades actualmente para que demos limosnas? Si es así, haz algunas sugerencias prácticas.
6. ¿Puede una persona estar demasiado ocupada haciendo el bien?
7. ¿Qué elogio se hizo acerca de Dorcas?
8. ¿Cuántas personas puedes nombrar que fueron resucitadas de entre los muertos?
9. ¿Qué virtudes debía poseer Dorcas a fin de poder "estar llena de limosnas y buenas obras"?
10. ¿Por qué crees que este relato de Dorcas nos ha sido transmitido con todo lujo de detalles?

*"Si habéis juzgado que yo sea fiel al
Señor, entrad en mi casa y posad."*
Hechos 16:15

29
Lidia

Lectura de la Biblia
Hechos 16:9-15, 40

Pablo, que era un judío procedente de Tarso, un ciudadano romano, fue el principal de los apóstoles a los gentiles. Su nombre judío era Saulo, pero durante su primer viaje misionero se le conoció como Pablo. Fue llamado por Dios para que llevase el evangelio y su comisión incluía la tarea especial de llevar aquel Nombre que es sobre todo nombre a los gentiles.

La iglesia primitiva era claramente judía, tomando forma en Jerusalén, teniendo su consejo centralizado de ancianos y de apóstoles. Se enviaban a Jerusalén regalos de caridad, siendo distribuidos entre los pobres. Se había conferido a la iglesia en Jerusalén la supervisión de las otras iglesias, de los misioneros y de los ancianos (16:4) y los nombramientos partían de allí (Hch. 11:22).

Pablo era un ministro en Antioquía (donde por primera vez se llamó "cristianos" a los discípulos) cuando fue enviado con Bernabé en su primer viaje misionero. Llevándose a Juan Marcos para que le ayudase, navegaron desde Seleucia a la isla de Chipre, donde permanecieron durante unos dos años y fundaron iglesias en Perga, en la colonia romana de Panfilia, en Antioquía de Pisidia, Derbe, Iconio y Listra y luego regresaron a Antioquía, que era la iglesia que les había enviado.

El éxito que tuvo la obra de Pablo entre los gentiles dio pie, sin embargo, a que surgiesen controversias dentro de la iglesia y Pablo fue llamado a Jerusalén para asistir a una reunión eclesiástica (Hch. 15). Después de discutir largamente acerca de ciertas ceremonias judías, llegaron a una decisión. Las iglesias implicadas fueron informadas sobre la decisión, tanto por carta como por visita personal. Pablo, Bernabé y otros dos fueron delegados a Antioquía, donde Pablo y Silas continuaron en dirección norte y oeste, con el fin de visitar a las iglesias establecidas, haciendo lo que se conoce como el segundo viaje misionero de Pablo. Guiado por el Espíritu a Troas, en el oeste de Asia Menor, Pablo fue informado por medio de una visión (Hch. 16:9, 10) que era preciso que fuese a Macedonia. Los desconcertantes impedimentos con los que se tropezó desbarataron sus planes y al final el apóstol se dio cuenta de que el Espíritu Santo le estaba llamando para que se marchase de su país nativo, con el propósito de llevar el evangelio a Europa.

Pablo había sido escogido como apóstol a los gentiles (Hch. 9:15) y en esos momentos había sido nombrado como pionero a un nuevo continente, para conquistar un nuevo mundo para Cristo. Pablo respondió al llamamiento hecho por el Espíritu con la determinación gozosa y elevada de estar "pronto a anunciaros el evangelio también a vosotros" (Ro. 1:15, 16).

Asegurándose pasaje en un barco, Pablo navegó directamente por el mar Egeo a Neápolis, un puerto de mar en la costa de Macedonia. Allí bajó a tierra con sus tres compañeros, Silas, Timoteo y Lucas. Los cuatro estaban apasionadamente ansiosos por convertir a toda Europa a Cristo. Pero a pesar de ello, aquella conquista de Europa tuvo un comienzo poco pretencioso, porque empezó junto a la orilla de un río, con una sola convertida, una mujer llamada Lidia.

La mujer de negocios

En una época en que los hombres gobernaban con mano despiadada y en que las mujeres tenían muy pocos derechos, ni siquiera sobre sus propios hijos, Lidia tenía éxito en el mundo de los negocios. Es una mujer que se destaca en la historia sagrada por ser la primera convertida en Europa y su familia fue el nucleo de la iglesia cristiana en Filipos.

La primera cosa que nos dice Lucas acerca de Lidia es que era una "vendedora de púrpura". Conocía bien su producto, porque era nativa de Tiatira, en el Asia Menor. Las mujeres de aquella ciudad eran expertas en conseguir aquel tinte de las vetas del *murex* y las aguas del cercano río Hermus eran especialmente adecuadas para hacer que se destacasen los brillantes matices en los tejidos. No había colores más espléndidos que los carmesís y los púrpuras de Tiatira. No cabe duda de que una mujer tan emprendedora como lo era Lidia debía de pertenecer al Gremio de los Tintoreros de aquella antigua ciudad. Lidia conocía los secretos del tinte de Tiatira, que conseguía con aquellos ricos tonos rojos y púrpura para hacer los ropajes para la realeza y los colgantes para el templo de la diosa Diana.

Situado sobre un río y cerca del mar, el mercado de Lida gozaba de un amplio y variado comercio con todo el mundo grecorromano. Lidia, con su aguda previsión y su perspicacia en los negocios, se trasladó a Filipos, la ciudad más importante de Macedonia, donde encontró un mercado fácil para sus caros tejidos. No cabe duda de que hizo un próspero negocio con los judíos de Filipos, porque se encontraba a los emprendedores judíos dondequiera que hubiese una colonia romana. ¿Les vendería los tejidos azules, púrpura y escarlata para las cortinas del templo o para las vestiduras de los muchos sacerdotes de Jerusalén? ¿Regatearían con ella para comprar los rollos de tela de color púrpura, las sedas y el lino para venderlos a los ricos y para aquellos que estaban en la casa del rey?

Deducimos que Lidia era una viuda que sacaba adelante el negocio de su marido con valor y capacidad por amor a sus hijos. Pocas mujeres se dedicarían voluntariamente a los negocios, pero lo hacían por amor a sus hijos y muchas dirían por ese motivo: "Todo lo puedo en Cristo que me fortalece" (Fil. 4:13). Lidia se ocupaba muy bien de su negocio y también de su familia. En una época en la que se consideraba a las mujeres inferiores a los hombres, ocupó con éxito un lugar en el mundo de los negocios, al lado de los hombres, siendo reconocidas su sagacidad y su astucia. Poseía un encanto personal que hacía que los demás confiasen en ella. Nos gusta pensar que debía de hacer propaganda de sus materiales llevándolos puestos ella misma y que los lucía con buen gusto y dignidad, con una gracia muy especial.

La ciudad de Filipos, donde vivía Lidia, era conocida como la ciudad de las fuentes. Había sido nombrada por Felipe de Macedonia, que fue el que la fundó y el que supo aprovechar sus riquezas. A Filipos se la conoce sobre todo por una batalla que fue famosa y decisiva, que tuvo lugar en el año 42 a. de C., cuando las legiones de Antonio y del joven Octavio obtuvieron una sonada victoria sobre Bruto y Casio, que había asesinado a César. Octavio se convirtió en el primer emperador romano, el Augusto a cuyas órdenes disfrutó el Imperio Romano las bendiciones de un largo período de paz. Se ocupó de reorganizar el gobierno, creó el comercio y la industria; surgió además un servicio de correos y se planeó y construyó el gran sistema de red de carreteras romanas. (La Vía Apia fue la primera red de caminos que unió al poderoso Imperio Romano.) Muchas de las actuales carreteras se han construido sobre esta red de caminos y entendemos que aún se siguen utilizando muchos de los antiguos puentes. Los arqueólogos han encontrado en las ruinas de Filipos las calles pavimentadas y las plazas aún intactas. Por la salida occidental de la ciudad había un enorme arco colonial que recorría la Vía Egnatia, que es el camino que cruza el río Gangites (hoy conocido como Angista), donde Pablo conoció a Lidia aquel día de reposo quince años después de la crucifixión de Cristo. Grandes eran las glorias de Filipos, colonia del poderoso Imperio Romano, pero lo más importante fue el acontecimiento de la conversión de Lidia, sobre la orilla de aquel río, cuyas agus corrían presurosas junto a las murallas de la ciudad.

La creyente

En aquellos tiempos los largos viajes, como los que hizo Pablo, no eran problema, tanto si se hacían por mar

como por tierra. Los caminos romanos eran los mejores
en el mundo occidental hasta que comenzó a construirse
el ferrocarril, en el siglo diecinueve. Dejando el puerto
de mar, Pablo y sus amigos, viajaron unos quince
kilómetros al norte y al oeste, pasando por la cordillera
agreste de Pangea, que conducía a Filipos, agradeciendo
la seguridad que ofrecían aquellos caminos. La Vía
Egnatia estaba siempre vigilada por soldados a pie y
por la caballería romana que deambulaba por allí.
Aquellos caminos bien cuidados estaban preparados con
lugares donde los viajeros se podía detener para cambiar
sus caballos y las hostelerías ofrecían alimento y
descanso. Lo que era más conveniente aún es que no
existían barreras idiomáticas porque se hablaba el griego
por todas partes.

Pablo había decidido ir a Filipos por un buen motivo.
Sabía que dondequiera que hubiese oportunidad para
hacer negocio habría judíos y que éstos llevaban consigo
la religión. Pablo tenía, por lo tanto, la esperanza de
ponerse en contacto con muchos judíos en Filipos. Había
predicado a multitudes de judíos en sus propias
sinagogas en Asia Menor (Hch. 14:1). ¿Por qué no habría
de ser igual en Filipos?

Ansioso y deseando responder al llamamiento: "Pasa
a Macedonia...y ayúdanos" (Hch. 16:9), los cuatro
hombres descendieron a las llanuras. ¡Qué impresionante
momento cuando vieron por primera vez la ciudad
romana! Desde el camino, ruidoso a causa de los
soldados que transitaban por él y el sonido de los carros
romanos, tuvieron ante sí a una moderna colonia romana.
Pudieron echar un vistazo al foro, a los elaborados
edificios públicos y los enormes arcos; todos ellos
erigidos como un gigantesco ornamento en un paisaje
fértil y colorido. Sí, el viajar era fácil y agradable.
¿Meditaría Lucas acerca de las proféticas palabras: "Y se
extenderá un camino y los redimidos del Señor
caminarán sobre él"? ¿Hablaba Pablo sobre la Vía
Dolorosa, acerca de Aquel que murió con el propósito
de convertirse en el camino que conduce al cielo?

Pero una vez en la ciudad no se encontraron con
ningún macedonio pidiendo que le hablasen del

evangelio; estuvieron buscando, pero no pudieron encontrar ninguna sinagoga entre aquellos templos paganos. Tal vez fuese en los puestos del mercado donde escucharon hablar de un pequeño *proseuche*, o reunión de oración, que se encontraba justo a las afueras de la ciudad, junto al río Gangites, donde los judíos se reunían en el día de reposo. Allí buscó Pablo, como era su costumbre, a los suyos. ¿Sería decepcionante para Pablo, Lucas, Timoteo y Silas encontrarse allí solamente con un grupo de mujeres? ¿Le faltaría elocuencia al mensaje de Pablo debido a que lo predicó a la sombra de unos pocos árboles? ¿Acaso no fueron las arboledas los primeros templos de Dios?

Y "nos sentamos y hablamos a las mujeres" escribe Lucas. Una de aquellas mujeres era Lidia, la vendedora de púrpura. A pesar de que Juan Calvino dice que era judía, preferimos aceptar la versión de otros que afirman que era prosélita. Se había criado en la provincia de Lida, que era famosa por su adoración de la gran Diana. En su búsqueda de la verdad se había convertido al judaísmo. Lidia era una mujer entusiasta y fiel, llevando a su familia consigo a las reuniones de oración. Muchos en su situación hubiesen encontrado más provechoso, por motivos de negocio, unirse a la gran iglesia de la ciudad, incluso aunque eso pudiera suponer no vivir tan al pie de la letra algunas de sus convicciones religiosas. Algunas personas prefieren hacerse miembros de una iglesia numerosa por motivos sociales y otras debido a que las obligaciones económicas son mayores en un grupo reducido. Pero Lidia no era tan orgullosa como para no poderse unir a un grupo reducido y allí, sirviendo y orando al Señor, recibió bendición, su fuerza fue renovada y encontró una nueva esperanza para el futuro.

Pablo contó a las mujeres lo que había sucedido en Judea, que el Mesías había venido para ser la Luz, la Verdad y el Camino que conduce al Padre. Lidia escuchó embelesada al hablar Pablo con elocuencia y con sinceridad, sintiendo una profunda pasión por las almas. Para Lidia era evidente que Pablo no se avergonzaba de la cruz de Cristo, sino que se gloriaba en ella. Y el Señor abrió el corazón de Lidia (16:14) y creyó cuando Pablo habló del "Cristo crucificado, para los judíos ciertamente tropezadero, y para los griegos locura, mas para los llamados . . . Cristo poder de Dios, y sabiduría de Dios" (1 Co. 1:23, 24).

Los que en la actualidad nos sentamos en los bancos deberíamos ver en nuestros pastores el espíritu de Pablo (Fil. 3:17), para el cual la vida era Cristo mismo; su humildad, su sinceridad y la pasión que le consumía por las almas. Al igual que Lidia, es preciso que nosotras "prestemos atención a las cosas habladas" en el servicio de adoración, durante el estudio de la Palabra y en la reunión de oración y el Señor abrirá nuestros corazones, porque si le buscamos de verdad le encontraremos sin duda alguna.

El constructor

"Edificaré mi iglesia" en Filipos, dijo Cristo. Y el mismo día en que se convirtió Lidia, se dedicó a colaborar "para mostrar las alabanzas de Aquel que le había llamado de las tinieblas a su maravillosa luz." ¿Cómo empezó? Siendo bautizada, juntamente con los otros miembros de su casa, sus hijos y sus sirvientes. De modo que en una hora maravillosa, su familia terrenal se convirtió además en su familia celestial. ¡Madres, Dios os ha llamado tal y como sois, para que le sirváis donde os encontréis! ¿Habéis traido a vuestra familia a Cristo? A vosotras corresponde ese privilegio inestimable.

Los frutos del Espíritu, de corazones abiertos, fueron inmediatamente evidentes en otras maneras. ¿Por qué no fue preciso animar a Lidia a que diese testimonio de Cristo, a que asistiese a la iglesia, a que fuese generosa y hospitalaria? ¡Porque estaba espiritualmente viva! Ella misma suplicaba que le permitiesen servir diciendo: "Venid a mi casa y convertidla en vuestra casa." Su caja de alabastro y su ungüento de mucho precio se convirtieron en su casa y en una hospitalidad manifiesta, practicada con generosidad con los necesitados y los extranjeros. Escuchamos una vez más el eco de la voz del Salvador diciendo: "Ha realizado una buena obra . . . para conmigo."

Pablo y sus compañeros aceptaron su generosa hospitalidad durante muchos días y la familia de Lidia se convirtió en el núcleo de la iglesia europea y su hogar en un lugar de alabanza para muchos. ¿Quién sabe cuántos vecinos y amigos recibiría Lidia en su casa para que pudiesen escuchar a Pablo?

En Filipos Pablo sufrió su primera persecución y Lidia empezó a darse cuenta de lo que podría costarle vivir para Cristo (Fil. 1:29). Pero siendo una amiga de verdad y una mujer valiente, no dudó en mostrar su amabilidad al apóstol (Hch. 16:40), a pesar de que pudiese afectar gravemente a su negocio y a su propia seguridad (vv. 19-22). Pablo y Silas se marcharon de Filipos, pero Lucas y Timoteo permanecieron allí durante un tiempo. La iglesia fue creciendo rápidamente y en un corto tiempo tendría sus propios obispos y diaconos (Fil. 1:1). La hospitalidad y el celo de Lidia continuaron siendo un brillante ejemplo para el resto de la iglesia. Más adelante, cuando Pablo volvió a visitar a la iglesia, pudo decir también sobre Lidia: "Yo como perito arquitecto puse el fundamento, y otro edifica encima...porque somos colaboradores de Dios" (1 Co. 3:9, 10). Escribiendo a los filipenses, desde Roma, Pablo les alabó por su amor, les dio las gracias por los donativos que le habían enviado y les dijo: "Doy gracias a mi Dios siempre que me acuerdo de vosotros" (1:3).

¿Pudo Lidia, tomando la antorcha de manos del apóstol Pablo, brillar "y resplandecer como luminares en el mundo, defendiendo la palabra de vida" (Fil. 2:15, 16) en su ciudad natal de Tiatira? Jesús dijo: "Escribe al ángel de Tiatira...Yo conozco tus obras, y amor, y fe, y servicio . . . y al que venciere . . . le daré autoridad . . . y le daré la brillante estrella de la mañana" (Ap. 2:18, 19, 26, 28).

"Edificaré mi iglesia" . . . en Europa . . . en África . . . en América. . . .

SUGERENCIAS PARA CHARLAR SOBRE EL TEMA

1. Para entender mejor la historia de Lidia y de la iglesia a la que pertenecía, lee la Epístola a los Filipenses.
2. ¿Qué contribuyó la cultura romana en lo que se refiere a la difusión del Evangelio?

3. ¿Cómo encontró Lidia a Cristo?
4. ¿De qué distintas maneras obró el Espíritu Santo en el corazón de Lidia?
5. ¿De qué modo quedaban de manifiesto los frutos del Espíritu en la vida de Lidia?
6. ¿Qué aprendemos acerca de la importancia que tiene la familia en la edificación del reino de Dios?
7. ¿Puedes nombrar a otros miembros de la iglesia de Filipos? (véanse Fil. 4:2, 3; Hch. 16).
8. Cita las ventajas que tiene al pertenecer a una iglesia pequeña.
9. ¿Dónde edificará Cristo Su iglesia? (Mt. 13:38; 28:19; Ap. 7:9).

"A los cuales no sólo doy gracias, sino también todas las iglesias de los gentiles."
ROMANOS 16:4

30
Priscila

Lecturas de la Biblia
Hechos 18; Romanos 16:3-5;
1 Corintios 16:19; 2 Timoteo 4:19

Se han escrito muchas líneas inspiradas acerca de la amistad, sus cualidades y sus valores, cómo conseguirla y cómo conservarla. Algunas personas, bastante cínicas, sugieren que no existen amigos *de verdad*, es decir, aquellos que sean leales a otros en todas las visicitudes de la vida. Muchos están convencidos de que, al igual que sucedió en el caso del hijo pródigo, todos tenemos muchos amigos de conveniencia y que la amistad es básicamente algo egoísta. Pero la amistad, tal y como la enseñó Cristo, no busca lo suyo, sino que lo da todo.

La auténtica amistad es algo difícil de encontrar, pero es algo muy hermoso. Se define al amigo como aquel que se siente unido a otro por la compasión, el respeto y el afecto. Hemos sido creados como seres sociales y todo el mundo necesita tener amigos, una persona que simpatice con uno, que sea comprensiva y leal. Podemos confiar en que un amigo hará el bien, en lugar de hacer el mal. La Biblia nos dice que el amigo ama en todo tiempo y que la amistad posee la cualidad de la intimidad (Jn. 15:15).

En la Biblia encontramos amistades que fueron de corta duración, que fueron falsas y poco compasivas. Pero el relato que nos ha sido transmitido, de la Palabra de Dios, muestra además otras maravillosas amistades, como la de Abraham, el amigo de Dios; la amistad que existió entre David y Jonatán y la del amigo que es más que hermano. La amistad implica mucho más que la buena voluntad, la armonía y la amabilidad llevada a la práctica. Es algo espiritual, una melodía que debía ser tan dulce, continua y leal que dure durante toda una vida. No hay una imagen más hermosa de la relación cristiana que se encuentre en ninguna parte que la de Priscila, Aquila y el apóstol Pablo. Ya que la amistad humana, como todo lo que es bueno y hermoso en la vida humana, tiene su esencia cuando tiene en común la relación con Dios y crece gracias a la constante labor mutua para la gloria del Amigo de los pecadores. Mayor amistad: "nadie mayor amor que este, que uno ponga su vida por sus amigos" (Jn. 15:13).

***

Priscila, que era amiga de Pablo, era una mujer extraordinaria. Era una de las mujeres más destacadas de la iglesia de los tiempos del Nuevo Testamento, posiblemente fuese hasta la más influyente de todas. Lidia fue un pilar de la iglesia de Filipos, pero Priscila estaba activamente involucrada en promover la causa de Cristo en Corinto, en Éfeso y en Roma, tres de las más importantes ciudades pertenecientes al Imperio Romano. Pablo amplia la esfera de acción de su servicio cristiano escribiendo que *todas* las iglesias de los gentiles le debían mucho (Ro. 16:4) y el mismo Pablo le estaba muy agradecido a Priscila por muchas cosas, pudiendo decir: "Doy gracias siempre a mi Dios por ti", y llamándola Prisca (2 Ti. 4:19) nos da a entender que era una amiga a la que apreciaba mucho y a la cual le unía una íntima amistad.

A pesar de que Priscila y su marido trabajaban juntos para la obra del evangelio, tres de cada cinco veces que se les menciona a ella se la menciona antes que a él, dando a entender con toda claridad que ella era la más enérgica de los dos. Era una mujer sobresaliente y consagrada, y la admiración que Pablo sentía hacia ella y el lugar de liderazgo que ocupaba en la iglesia primitiva, da una respuesta al lugar que ocupa la mujer (¿o es preciso que guarde silencio?) en la obra de la iglesia. ¡Ojalá que Dios nos conceda contar con muchas Priscilas, amadas "mensajeras de las iglesias y de la gloria de Cristo" (2 Co. 8:23) que estén "firmes y constantes, creciendo siempre en la obra del Señor" (1 Co. 15:58).

El nombre Priscila era claramente un nombre romano y quería decir "antigua" o "sangre antigua." Algunos han sugerido que Priscila tenía sangre real y era de cuna noble, que era un distinguida y culta mujer italiana que se había casado con Aquila, un rico judío de Ponto. De lo que sí podemos estar seguras es de que se distinguió por la influencia que ejerció sobre la iglesia primitiva, porque en la historia seglar leemos que "el evangelio era predicado por la santa Prisca." Se ha llegado incluso al punto de dedicarle iglesias y monumentos y se ha erigido, por así decirlo, un monumento en su memoria en la Historia Sagrada.

* * *

En todas las referencias que se hacen a Priscila, no hay cualidad de carácter que resulte más evidente que su maravillosa lealtad hacia su esposo, hacia su amigo Pablo, la iglesia y el Señor Jesucristo. Su esposo se trasladaba con frecuencia, yendo de Ponto a Roma, luego a Corinto, a continuación a Éfeso; otra vez a Roma y de regreso a Éfeso. Priscila le seguía fielmente a dondequiera que él fuese y era un matrimonio tan compatible que se les menciona, en todos los casos, a los dos juntos.

Aquila era un judío de Ponto (una tierra que se encontraba a las orillas del mar Muerto) donde había una extensa colonia de judíos. Él se había trasladado a Roma y, teniendo en cuenta que da la impresión de que era un hombre bastante rico, deducimos que se mudaría a Roma teniendo muy presentes los negocios, ya que era la ciudad más grande del mundo entonces conocido. Allí properó en su negocio de construcción de tiendas de campaña y es muy posible que su casa fuese lo suficientemente grande como para que más adelante fuese utilizada como iglesia.

Sin embargo, se produjo un repentino cambio en su

suerte cuando el emperador Claudio desterró injustamente a los judíos de Roma. En aquella ciudad cosmopólita había un enorme número de judíos y es seguro que al menos algunos de ellos serían cristianos. Muchos creen al historiador que dice que este cruel edicto fue motivado por los frecuentes alborotos o ataques de los judíos que no creían en contra de los que eran cristianos y que los ataques eran similares a los que tenían lugar en Jerusalén, en Tesalónica, en Éfeso y en otros lugares. Es muy posible que Priscila y Aquila estuviesen ya familiarizados con el cristianismo cuando llegaron a Corinto como exiliados, en búsqueda de un hogar y de un medio de vida.

* * *

Corinto, donde comenzaron de nuevo sus negocios, era una ciudad famosa por su comercio y como centro de envío de materiales. Allí se encontraban los artículos de oriente con los que procedían de Europa. Construida sobre un istmo, entre el mar Adriático y el mar Egeo, era una de las más hermosas ciudades del mundo antiguo. Sobre los altos rocosos que la circundaban se elevaban grandes fortalezas y majestuosos templos. Las laderas de las colinas tenían sobre ellas unas maravillosas terrazas y estaban salpicadas por palacios pertenecientes a los ricos mercaderes de muchas naciones que vivían allí. Según los arqueólogos de nuestros días, que siguieron los pasos de Pablo en Corinto, la ciudad era formidable, bien construida, con amplios pavimentos y un ingenioso sistema de conductos principales por donde fluía constantemente el agua fresca de las montañas para llegar hasta los mercados, donde se vendían los comestibles y las carnes que se deterioraban fácilmente. Pablo escribió precisamente a los creyentes que se encontraban en Corinto: "De todo lo que se vende en la carnicería, comed" (1 Co. 10:25).

Pero aquella ciudad culta y lujosa de Corinto era además la ciudadela del pecado. Era famosa por sus muchos vicios, por su amor a los placeres, sus supersticiones e intemperancia. Llegó a ser el símbolo de la riqueza, de la vida cara y de la vida nocturna, hasta el punto de que la expresión "corintear" se puso de moda o como aún dicen los griegos de nuestros días, encogiéndose de hombros, "no todo el mundo puede navegar a Corinto." Era también corriente decir, refiriéndose a una persona inmoral: "Es un corinto." En esa ciudad precisamente fundó Pablo una congregación que fue al mismo tiempo su orgullo y su desesperación (1 Co. y 2 Co.)

* * *

Pablo había venido desde Atenas, donde había estado hablando en el Agora a todo aquel que estuviese dispuesto a escucharle, pero no le prestaron demasiada atención, porque los pensadores de su tiempo tenían la intención de perpetuar el espíritu de sus ilustres antepasados, Sócrates, Platón y Aristóteles. El "espíritu de Pablo se enardecía en él" (Hch. 17:16) al mirar y ver el gran Partenón, con la enorme estatua de oro y de marfil de la diosa Atena, y "vio la ciudad entregada a la idolatría". Cuando estaba pronunciando su discurso en el Areópago, le interrumpieron, no dejándole terminar, y Pablo se fue de Atenas a Corinto.

Pablo, que era un hombre que había recibido una buena educación, estando perfectamente capacitado para el trabajo profesional, "había sufrido la pérdida de todas las cosas por la excelencia del conocimiento de Cristo Jesús" (véase Fil. 3:8). De modo que había tenido que hacer uso de sus conocimientos y se había puesto a hacer tiendas de campaña (que era un buen oficio en aquellos tiempos) a fin de poder ganarse la vida. Una vez en Corinto, Pablo, Aquila y su esposa Priscila, a los que unían lazos del mismo oficio, la misma raza e intereses, se convirtieron muy pronto en excelentes amigos. Priscila, que era una mujer enérgica e inteligente, preparó un hogar cómodo y alegre para Pablo. No cabe duda de que, mientras los dos hombres estaban ocupados día tras día, Pablo hablaría con persuasión acerca de Jesús y Su gran salvación, mientras que Aquila, que conocía bien las Escrituras, escuchaba con creciente convicción.

Priscila, que seguramente trabajaría junto a los dos hombres, posiblemente cortando la gruesa tela de piel de cabra, escucharía con profundo interés las palabras de vida eterna. No tardó en cimentarse su amistad, gracias a los lazos del amor hacia Cristo y eran ya tres las personas que consideraban Corinto como un gran campo de misión.

En la ciudad había una gran abundancia de judíos y los tres amigos asistían juntos a la enorme sinagoga, donde Pablo predicaba a Cristo crucificado. ¡Cuánto se regocijaron al ver primero a uno y luego a otro de los hermanos judíos creer y qué día de oración y de alabanza fue cuando Crispo, que *dirigía* la sinagoga, juntamente con el resto de su familia, aceptaron a Jesús! Pablo pasó aproximadamente dos años en Corinto, disfrutando de la ayuda capaz y de la camaradería de Priscila, que le estuvo ayudando en el ministerio del evangelio. Parte de ese tiempo estuvo viviendo con Justo, un prosélito griego, tal vez para proteger la seguridad y la prosperidad de sus buenos amigos, Priscila y su esposo, o quizás para tener más contacto con los gentiles. Imaginaos lo entusiasmada que se sentiría Priscila con el apóstol, al ver que muchos griegos y corintios eran "llamados a ser santos."

* * *

Dejando a Timoteo y a Silas que continuasen la obra, Pablo se fue a Jerusalén (Hch. 18:5, 18). Priscila y su esposo navegaron con él desde Corinto hasta llegar a Éfeso, al otro lado del mar. Pablo y sus ayudantes pusieron el fundamento de la iglesia en Éfeso, durante una corta visita, reuniéndose en casa de Priscila (1 Co. 16:19), que era un lugar piadoso y tranquilo, un lugar a donde acudían con gozo los cristianos para compartir muchas e importantes experiencias espirituales. Priscila no era una cristiana a medias ni que dedicase solamente una parte de su tiempo a Cristo, ya que fue una mujer consistentemente enérgica y leal en lo que se refiere a la obra del Señor durante toda su vida.

Priscila era una mujer realmente sorprendente. Además de ocuparse de una casa grande y agradable, de trabajar en el oficio de las tiendas de campaña con su esposo, de llevar a cabo todo lo relacionado con los cultos que se celebraban en su casa, de recibir a los extranjeros, encontraba además el tiempo suficiente como para poder estudiar las Escrituras. Era una mujer muy inteligente, habiendo estudiado muy en serio lo que Pablo enseñaba, mientras se alojaba en su casa. Los profundos conceptos relacionados con el reino le habían resultado perfectamente claros y había entendido tan bien el camino de Dios que hasta pudo instruir a Apolos, que era él mismo un buen conocedor de las Escrituras (Hch. 18:24-26). Apolos, que se había graduado en las principales escuelas de Alejandría, en Egipto, era el más elocuente y popular de los oradores de la iglesia primitiva. A pesar de lo cual sentía tal respeto por la inteligencia y la piedad de Priscila, que hacía las tiendas de campaña, que estaba dispuesto a recibir con gozo sus enseñanzas. Esta sabía que los limitados conocimientos que tenía Apolos, aquel hombre con tanta capacidad, podrían hacer un daño irreparable a la iglesia, que se encontraba aún en sus comienzos. Agasajó a Apolos en su casa al mismo tiempo que "le expusieron más exactamente el camino de Dios."

Priscila se quedó en Éfeso durante mucho tiempo. Siempre que Pablo iba allí, podemos estar seguros de que se alojaría en la casa del matrimonio, compartiendo entre ellos las preocupaciones y los trabajos. Juntos alabaron la gloria de Dios y su gracia por haber aceptado los efesios a Su amado Hijo (Ef. 1:6).

* * *

Después de la muerte de Claudio ocupó el poder Nerón, y Priscila y su esposo regresaron a Roma. Leemos que también allí reunían a la iglesia en su casa. ¿Se encontraría Priscila entre los cristianos de Roma que se reunieron con el apóstol Pablo y le consolaron cuando fue llevado prisionero, encadenado, ante el César? Creemos que es muy posible que así fuese. Puede que por sugerencia de Pablo, Priscila se trasladase una vez más a Éfeso, donde Timoteo ministraba y se ocupaba de las necesidades de la iglesia. Tal vez para entonces fuese ya una mujer mayor, madura y rica, habiendo vivido tremendas experiencias espirituales, siendo de una ayuda inestimable para el joven pastor Timoteo. Sintiendo profundamente lo cercana que estaba ya su propia muerte, al escribirle a Timoteo, Pablo saluda antes que a los demás fieles colaboradores en el evangelio, a sus amados y fieles amigos Priscila y Aquila (2 Ti. 4:19).

Priscila, aquella mujer llena de energía, leal y que poseía la experiencia de la sabiduría espiritual, no le tenía miedo a realizar sacrificios por la causa, a pesar de que vivía en unos tiempos en los que había enormes prejuicios y oposición en contra del Cristo de la iglesia cristiana. Ella confesaba, sin embargo, a Cristo en una época en que los cristianos tenían que enfrentarse con grandes persecuciones, pero ella no tenía ningún temor, aunque pudiera costarle la vida misma (Ro. 16:3, 4). Tanto Pablo como ella habían aprendido lo que significa "para mí el vivir es Cristo, y el morir es ganancia" (Fil. 1:21). Los raudales de bendiciones fluía de su corazón y del hogar de Priscila, dondequiera que viviese, ya fuese en Roma, en Corinto o en Éfeso, y gracias a su piadoso ejemplo continua siendo de bendición y de servicio para la iglesia en la actualidad.

Según la tradición, Priscila murió como una mártir, aunque nosotras preferimos pensar que se trasladó de Éfeso a su Hogar Celestial y que, brillando como las estrellas (Dn. 12:3) pasó por los portales de la gloria, con sus manos dispuestas y adornadas de joyas para la diadema del Rey de reyes y que, por haber sido fiel hasta el fin, le dieron de comer del árbol de la vida, que se encuentra en el centro del paraíso de Dios (Ap. 2:7).

SUGERENCIAS PARA CHARLAR SOBRE EL TEMA

1. ¿Puedes dedicar el tiempo suficiente como para leer las dos epístolas a los Corintios y la de Efesios? De ese modo aprenderás mucho acerca de la personalidad y los problemas que tuvieron aquellas personas con las que trabajó Priscila, con las que oró y con las que alabó a Dios.
2. ¿Dónde o cuándo crees que Priscila arriesgó su vida por Pablo? (véanse Hechos 18:12; 19:29, 30).
3. ¿Por qué se dedicaron los judíos a causar disturbios para Pablo dondequiera que intentaba establecer una iglesia?
4. Algunos dicen que resulta mucho más difícil intentar

ganar para Cristo a la clase de personas como las corintias que a las atenienses. ¿Qué opinas tú?

5. Priscila fue una mujer extraordinaria, especialmente culta y que tenía muchos dones. ¿De qué modo dio muestras de su: humildad, laboriosidad, lealtad, inteligencia, amistad y valor?

6. ¿Dónde y de qué manera queda clara nuestra lealtad en la actualidad?

7. Pablo fue decapitado fuera de Roma, Pedro fue crucificado boca abajo en Roma, el apóstol Juan (Priscila le llegó a conocer por haber estado como pastor en Éfeso) fue desterrado por causa de su testimonio de Jesucristo. Viéndose la iglesia privada de estos grandes dirigentes, ¿cómo fue posible que siguiese adelante?

8. ¿Qué clase de trabajo pueden hacer las mujeres en la iglesia en la actualidad?

*"Intruye al niño en su camino, y aun
cuando fuere viejo no se apartará de él."*
PROVERBIOS 22:6

31
Loida y Eunice

Lecturas de la Biblia
Hechos 16:1-5; 2 Timoteo 1:1-5

Siempre oiremos hablar acerca de los grandes hombres: sobre notables inventores y científicos, famosos autores y artistas, hombres que se destacaron en la iglesia y en el estado político; eminentes teólogos, soldados valientes, dictadores orgullosos y presidentes muy capacitados. La historia conocerá siempre por su nombre a hombres famosos como Moisés, Pablo, César Augusto, Napoleón, Miguel ángel y San Agustín.

Pero no oímos hablar con demasiada frecuencia acerca de las grandes mujeres, al contrario de lo que sucede en el caso de los grandes hombres. Casi todas las mujeres que se destacan en las paginas de la Biblia fueron preeminentes por ser buenas mujeres. Citando a Sara como ejemplo, Pedro escribe: "Porque . . . en otro tiempo así también se ataviaban aquellas santas mujeres . . . en el incorruptible ornato de un espíritu afable y apacible, que es de grande estima delante de Dios" (1 P. 3:4, 5). Pablo les dice a las mujeres del Nuevo Testamento que eleven manos santas para orar; que las mujeres se ataviasen con adornos modestos, con decoro y sobriedad, no con el cabello encrespado, ni llevando oro ni perlas ni atavíos caros (lo cual encaja perfectamente con la mujer que profesa la santidad). Las heroínas que serán siempre recordadas son las Marías, las Saras, las Jocabed y las Raquel; aquellas buenas mujeres que vivieron por la fe.

El más grande desafío que se puede hacer a una mujer no es el de alcanzar la grandeza, sino el de ser capaz de producir a grandes hombres que, a su vez, sean capaces de realizar grandes cosas. Se puede decir que prácticamente detrás de cada gran hombre hubo una buena madre que, en la paz del hogar y en el círculo de la intimidad familiar, enseñó y guió, sembrando en los corazones de sus hijos los elevados ideales y los principios morales, moldeando, de esa manera, la personalidad para que fuesen útiles y posteriormente lograsen alcanzar la grandeza. ¿Quién es capaz de calcular el poder y la influencia que tiene una buena madre? En el plan perfecto de Dios, Samuel tuvo necesidad de una Ana, Moisés de una Jocabed, Juan el Bautista de una Elisabet y San Agustín de una Mónica.

Muchos hijos ilustres han honrado a su madre atribuyendo el éxito a la formación que les había dado su madre. John Quincy Adams dijo acerca de su madre: "De ella recibí la enseñanza (especialmente la religiosa y la moral) y me han acompañado durante toda mi vida...cualquier imperfección que haya habido en mi vida es enteramente culpa mía, no de ella." George Washington, Henry Clay, grandes hombres en la historia de los Estados Unidos de América, Napoleón, los británicos Cromwell y Thomas Grey, tuvieron todos ellos madres realmente maravillosas.

El más supremo de los testimonios fue el que dio San Agustín acerca de su madre, Mónica al decir: "Una madre es garbo femenino con una fe masculina". Él dio gracias a Dios y le alabó por el amor de su madre, por su santo carácter, por su cristiana piedad, así como por su persistencia en la oración por su salvación. Después de haber vivido durante muchos años sumido en el pecado, San Agustín se convirtió y dedicó su vida a Dios, diciendo en oración: "Oh Señor, soy tu siervo, hijo de tu sierva. . . ."

Encontramos un ejemplo igualmente noble acerca de un gran hijo y de una buena madre en el relato de Timoteo y su madre Eunice, además de su abuela Loida. Eunice representa a la madre cristiana por excelencia en el más amplio sentido de la palabra. Su fe no fingida, sus oraciones y sus obras, fruto del amor que la impulsaba produjeron, sin que ella se apercatase de ello, a uno de los más importantes y grandes dirigentes de la iglesia cristiana.

* * *

Dos mujeres judías, la abuela Loida y la madre Eunice, vivían juntamente con su hijo Timoteo en Listra, una ciudad de Licaonia, entre gentes que adoraban a los dioses de los griegos. Habría como mucho, un pequeño grupo de familias judías en Listra (hasta es posible que solamente esta familia), puesto que no leemos que existiese ninguna sinagoga y ni siquiera un grupo de oración en aquella ciudad. Hasta nos preguntamos por qué motivo aquellas mujeres piadosas se fueron a vivir a una ciudad tan pagana. Entonces leemos que Eunice se había casado con un griego y llegamos a la conclusión de que Loida se fue a vivir con ellos en aquella ciudad del Asia Menor. Allí le nació Timoteo a Eunice y a su padre, que como ya hemos dicho era griego y es muy posible que fuese hijo único. Se cree que el esposo de Eunice continuó siendo un griego, es decir, un pagano, no llegando a ser ni siquiera un prosélito.

Eunice era una esposa fiel, una "mujer virtuosa . . . porque su estima sobrepasa largamente a la de las piedras preciosas. El corazón de su marido está en ella confiado" (Pr. 31:10, 11). Ella deseaba, sin duda, que su hijo fuese admitido, por medio de la circuncisión, en el antiguo pacto de Dios, pero es muy posible que su padre, por ser pagano, no diese su consentimiento para que así fuese. Por lo tanto, Timoteo era, en realidad, más griego que judío hasta que, al ser joven, Pablo (Hch. 16:3) se lo llevó y lo circuncidó antes de llevárselo con él a visitar a las iglesias. Siendo una sabia y piadosa israelita, Eunice sabía muy bien que la circuncisión no era más que una señal y que la verdadera religión era algo que brotaba del fondo del corazón. El padre podía prohibir que se llevase a cabo el rito judío, pero lo que no podía impedir era que la madre educase a su hijo en la fe de Israel.

Aunque la formación temprana de un niño judío le correspondía realmente al padre, la primera formación la recibiría de la madre. Eunice aceptó la ley como un deber personal y sagrado: "Oye, Israel estas palabras . . . estarán sobre tu corazón; y las repetirás a tus hijos, y hablarás de ellas estando en tu casa, y andando por el camino, y al acostarte, y cuando te levantes" (Dt. 6:4, 6, 7). Es evidente que Eunice cumplió con ese deber con entusiasmo y diligencia porque cuando Timoteo era ya un hombre, Pablo escribió acerca de él: "Pero persiste tú en lo que has aprendido y te persuadiste, sabiendo de quién lo has aprendido" (2 Ti. 3:14).

Se cree que el marido de Eunice falleció cuando Timoteo era aún un niño y que ella era ya viuda cuando Pablo visitó Listra por primera vez (Hch. 14:6, 7). Puesto que era una joven viuda seguramente no le quedaría más remedio que ganarse la vida para sacar adelante a su familia. En sus tiempos había muchas cosas en las que podía trabajar una viuda. Es posible que fuese una costurera, que hiciese tiendas de campaña o que tejiese. ¿Es factible que trabajase con tintes o en el negocio textil o en el mercado, que enseñase, como lo hacía Priscila? Fuese lo que fuese, deducimos que Eunice pasaba una gran parte de su tiempo alejada de su hogar debido al papel tan importante que representó su abuela Loida en la formación de Timoteo.

* * *

Loida y Eunice eran de un mismo sentir, poseían una misma fe e ideales. Las dos temían a Dios y esperaban la venida del Mesías y adoraban al pequeño Timoteo. La abuela Loida, debido a que era más mayor, entendía aun mejor que su madre Eunice, la necesidad de dar al niño una sólida formación religiosa y moral. Sabía después de muchos años de experiencia que las palabras de Proverbios 22:6 no eran sencillamente una trivialidad: "Instruye al niño en su camino, y aun cuando fuere viejo no se apartará de él." Para estas santas mujeres, la vida de los niños era algo especialmente sagrado y su deber de llenar la vida de Timoteo de los pensamientos de Dios era especialmente sagrado.

Para cuando Timoteo cumplió los tres años posiblemente sabría ya de memoria algunos cortos pasajes de las Escrituras y habría aprendido algunas oraciones, porque Pablo recuerda que (2 Ti. 3:15) "desde la niñez has sabido las Sagradas Escrituras." Antes de todo esto, los niños de aquella época se sentían fascinados por las filacterias que brillaban (*mesusahs*, en las cuales se había escrito diez veces el nombre de Dios) colgadas sobre los dinteles de las puertas y tocaban con curiosidad infantil las filacterias que sus padres llevaban sobre la frente, pero en una casa como la de Timoteo no habría filacterias. No disfrutaría ni de la compañía ni de la enseñanza religiosa dada por un padre. No habría tampoco ninguna sinagoga en Listra donde Timoteo pudiera ir todos los días de reposo y dos veces durante la semana para escuchar la lectura de los profetas, no habría cultos ni símbolos impresionantes en los que el niño pudiese fijarse ni días de fiesta que le sirviesen de inspiración. Y había en realidad pocos niños que fuesen como él, con los que pudiese jugar. Es muy posible que cada uno de los niños que viviesen en el vecindario, procediesen de casas en las que se adorase a Júpiter y a Mercurio. Pero en la vida de Timoteo había una influencia positiva y era la más poderosa de todas: la influencia constante, guiada por la oración, de "las madres de Israel", la de su buena madre y la de su piadosa abuela. Su hogar era un lugar feliz y sagrado, donde encontraba amor en abundancia, seguridad y paz. Allí le hicieron espiritualmente fuerte para poderse enfrentar con la vida, porque a diario era "nutrido con las palabras de la fe y de la buena doctrina" (1 Ti. 4:6).

* * *

Loida y Eunice conocían sobradamente las implicaciones de un hogar roto y los peligros que se ocultaban en aquel ambiente pagano. Todos los niños necesitan un padre para que puedan aprender de él hombría y valor, para saber cómo competir y tener éxito en este mundo en el que es preciso luchar para abrirse camino. Lo que el niño admira es la fortaleza de su padre y él es quien le ayuda a tener un físico y una constitución fuertes. Es muy posible que Eunice se sintiese poco capacitada para ser al mismo tiempo madre y padre para su hijo y, sin duda, debió de orar con verdadero anhelo para que Dios le ayudase, y vemos de qué modo tan exquisito y cuidadoso supo guiar y encarrilar a Timoteo, enseñándole todo lo que ella sabía. Loida y Eunice fueron mujeres sabias, que supieron "hablar en el momento apropiado" y supieron cómo hacer que Dios fuese maravilloso y real para el niño.

Nos enteramos por medio de las epístolas que Pablo le escribió a Timoteo que éste era un verdadero hijo de su madre, habiendo heredado de ellas cualidades como la ternura, el amor y las lágrimas y que no era físicamente fuerte, ya que a Pablo le preocupaban "sus frecuentes dolencias". Pero a pesar de ello, Pablo le animó diciéndole que "el ejercicio corporal para *poco* es provechoso, pero la piedad para *todo* aprovecha, pues tiene promesa de esta vida presente, y de la venidera" (1 Ti. 4:8).

Para cuando Timoteo cumplió los cinco años de edad había aprendido el alfabeto hebreo y estaba aprendiendo a leer las Escrituras. En Listra no había una escuela judía (ya que no había sinagoga) donde pudiera continuar su educación formal. Posiblemente Eunice y Loida aceptasen toda la responsabilidad de la educación de Timoteo. Poseían, sin duda, todas las habilidades imprescindible que debían tener las buenas maestras judías, siendo pacientes y honestas (no haciendo nunca promesas que no pretenden cumplir) y cuyo fin ha de ser el de la enseñanza moral así como el de la formación intelectual. Ateniéndose al método prescrito de procedimiento a seguir, primeramente le enseñó algunos pasajes de Levítico, y a continuación el resto del Pentateuco, los Salmos y los Profetas. Es muy posible que las mujeres que estuviesen tan versadas en las Escrituras tuviesen todo el Antiguo Testamento en su casa, incluso algunos de los pequeños pergaminos, especialmente hechos para los niños.

Las lecciones no eran sencillamente algo que enseñaban, sino que las vivían. Por lo que el testimonio personal del amor y de la gracia de Dios no eran algo ajeno a los oídos de Timoteo. En aquel hogar no se producían roces por el hecho de que la abuela viviese con ellos, porque a Loida se la quería, se la necesitaba y se la respetaba. Las vidas diarias de Eunice y Loida eran un testimonio vivo de su fe en Dios, santas epístolas que todos los hombres podían leer, pero antes que ninguno y de una manera mucho más íntima, Timoteo las pudo leer y ellas ejercieron su influencia sobre él mucho más que ninguna otra cosa.

* * *

Cuando Timoteo no era más que un niño, el apóstol Pablo visitó Listra. Es posible que Timoteo se viese empujado de un lado a otro por la multitud emocionada que había intentado impuetuosamente adorar a Pablo después de que sanó a un hombre impotente (Hch. 14:6-20), pero la turba se volvió insensatamente en contra de Pablo con el propósito de apedrearle. Puede ser que las que lavasen sus heridas fuesen Eunice y Loida, pudiendo escuchar mientras de boca de Pablo, aquella misma noche, el relato de Jesús. Estas mujeres se convirtieron del judaísmo al cristianismo y fueron enseñadas con mayor detalle al respecto durante la segunda visita que hizo Pablo a Listra.

Cuando Pablo visitó las ciudades de Licaonia oyó por todas partes buenos informes acerca de la conducta ejemplar de Timoteo. Conociendo la firmeza de sus convicciones, sabiendo que era la tercera generación de creyentes, con una fe no fingida, Pablo decidió llevarlo consigo como ayudante en sus viajes misioneros. Esta fe sin fingimiento era una fe basada en la convicción, una fe en el Señor resucitado y la esperanza de la vida eterna tan segura que podía soportar la persecución, la pérdida de todas las cosas, incluso la muerte misma por amor a Cristo. Fue esta fe sin fingimiento la que transmitieron Eunice y Loida como herencia preciosa a su amado Timoteo. Fue esta fe genuina la que permitió a Eunice dar gozosamente a su hijo para la extensión del Evangelio, aunque pudiese suponer el tener que pasar por toda clase de penalidades y de pruebas o incluso el convertirse en mártir. Seguramente debió haber esperado con ansiedad tener noticias de él y oraría constantemente por su labor y por su bienestar. Algunos dicen que se fue a vivir con él a Éfeso, cuando fue obispo allí; pero aunque esto es muy posible, son solamente conjeturas.

Timoteo se convirtió en un gran hombre debido a que su madre fue fiel al elevado llamamiento y fue una madre cristiana de verdad. Debido a que consideró su sagrado deber enseñar a su hijo "en el temor y admonición del Señor" Timoteo se convirtió en "el hombre de Dios" (1 Ti. 6:11), siendo enviado por Pablo a realizar algunas tareas muy difíciles (véase, como ejemplo, 1 Co. 4:17ss.). Llamado el amado hijo espiritual de Pablo (2 Ti. 1:2; 4:9, 21) estaba dotado del Espíritu de Dios y se convirtió en un evangelista y en un buen ministro de Jesucristo (1 Ti. 4:6; 2 Ti. 4:5).

SUGERENCIAS PARA CHARLAR SOBRE EL TEMA

1. ¿Es normalmente bueno para un niño contar tanto con una madre como con una abuela para que le cuiden y le dén una educación?
2. Lee 1 y 2 Timoteo y fíjate muy bien en las referencias que se hacen acerca de que Timoteo recibió una formación ya desde la infancia misma y la influencia que tuvieron sobre él su madre y su abuela.
3. ¿Qué quiere decir una fe sin fingimiento? ¿De qué manera se transmite la fe?
4. ¿Qué importancia tiene en la actualidad la formación que se recibe en el hogar?
5. ¿Qué contribuye cada uno de los padres en el desarrollo de sus hijos?
6. ¿Crees tú que Timoteo, con la clase de vida hogareña que tuvo, sus convicciones religiosas y su comportamiento sería popular entre los niños de hoy?
7. Explica la clase de actividades en las que participan en la actualidad nuestros hijos. ¿Cuánto tiempo dedican a ellas y qué tiempo les queda para dedicarlo a una buena formación religiosa? ¿Existe un equilibrio apropiado? Si no es así, ¿quién es el culpable de esta situación?

Bibliografía seleccionada

Libros en castellano

Diccionarios bíblicos:

* Nelson, Wilton M. (ed.). *Diccionario Ilustrado de la Biblia.* Miami: Editorial Caribe, 1974.
* Vila, Samuel y Escuain, Santiago. *Nuevo Diccionario Bíblico Ilustrado.* Terrassa, España: CLIE, 1985.

Comentarios bíblicos:

Barnes, Albert. *Notes on the Old and New Testament,* Grand Rapids: Baker Book House, 1949.

——————. *Barnes' Notes on the New Testament,* Grand Rapids: Kregel Publications, 1962.

Calvin, John. *Commentaries on the Bible,* Grand Rapids: Wm. B. Eerdmans Publishing Co. 1949.

* Guthrie, D., Motyer, J. A. Stibbs, A. M., Wiseman, D. J. (eds.). *Nuevo Comentario Bíblico.* El Paso: Casa Bautista de Publicaciones, 1978.
* Harrison, Everett F., ed. *Comentario Bíblico Moody: Nuevo Testamento.* Grand Rapids: Editorial Portavoz, 1987.
* Jamieson, Robert; Fauset, A. R. y Brown, David. *Comentario Exegético y Explicativo de la Biblia,* 2 tomos. El Paso: Casa Bautista de Publicaciones, 1958.

Nicoll, W. Robertson, ed. *The Expositor's Bible,* Grand Rapids: Wm. B. Eerdmans Publishing Co., 1947.

Libros sobre personajes de la Biblia:

Deen, Edith. *All the Women of the Bible,* Nueva York: Harper and Brothers, 1955.

* Kuyper, Abraham. *Mujeres del Antiguo Testamento,* Terrassa, España: CLIE.

* —————. *Mujeres del Nuevo Testamento*, Terrassa, España: CLIE.

Matheson, George. *Portraits of Bible Women*, Grand Rapids: Kregel Publications, 1986.

Powell, Ivor. *Bible Cameos*, Grand Rapids: Kregel Publications, 1985.

—————. *Bible Highways*, Grand Rapids: Kregel Publications, 1985.

—————. *Bible Pinnacles*, Grand Rapids: Kregel Publications, 1985.

—————. *Bible Treasures*, Grand Rapids: Kregel Publications, 1985.

Whyte, Alexander. *Bible Characters From the Old and New Testaments*, Grand Rapids: Kregel Publications, 1990.

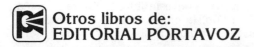

Otros libros de:
EDITORIAL PORTAVOZ

PERDONAR PARA SER LIBRE   David Augsburger

Este libro da instrucciones y ejemplos muy prácticos de cómo tener una actitud perdonadora. (9ª edición, 160 páginas.)

LA PEQUEÑA GRAN MUJER   Gladys Aylward,
EN LA CHINA   narrada a Christine Hunter

La historia de una misionera que alcanza al pueblo que ama durante la guerra chino-japonesa de los años 30. Excitante, desafiante y calurosamenta humana, la historia de Gladys Aylward es la biografía de una mujer quien se atrevió a ser fuerte cuando se esperaba que la mujer fuera tímida. (4ª edición, 160 páginas.)

**LA FAMILIA Y SUS FINANZAS: Principios
bíblicos en un mundo de crisis**   Larry Burkett

Un estudio de las finanzas desde un punto de vista cristiana. (2ª ed., 160 pp.)

CÓMO SER FELIZ   Richard DeHaan

Expone la base de una vida feliz y los obstáculos físicos, las emociones, los sentimientos de culpa y la libertad del temor para disfrutarla. (3ª edición, 64 páginas.)

PORTALES DE ESPLENDOR   Elisabeth Elliot

La historia del martirio de cinco misioneros que dieron sus vidas para evangelizar a los Indios Aucas, es una historia increíble y conmovedora de coraje, fe y de consagración. Estos hombres fueron los primeros en penetrar la tierra de los Aucas en el Ecuador con el Evangelio de Cristo, sólo para ser muertos por éstos. Ha sido tal vez la misión más dramática y audaz de los tiempos modernos para alcanzar a un pueblo salvaje con el Evangelio. (3ª edición, 272 páginas.)

LA MUJER: SU MISIÓN, POSICIÓN Y MINISTERIO
Perry B. Fitzwater

Debido a que la mujer es el factor supremo en la formación del hogar, es de gran importancia que se conozca su verdadera posición. La mujer debe conocer su lugar y estar dispuesta a ocuparlo. He aquí la respuesta. (6ª edición, 76 páginas.)

¿YO? ¿OBEDECER A MI MARIDO?
Elizabeth Rice de Handford

¿Debe la esposa obedecer a su marido? ¿Aun cuando es inconverso? ¿Tiene que hacer toda clase de concesiones? ¿Qué ocurre si un esposo ordena expresamente algo explícitamente incorrecto? Estas y otras preguntas están contestadas en este libro. La autora presenta, sin concesiones de ningún tipo, la enseñanza bíblica respecto al papel de la esposa en el matrimonio. (3ª edición, 128 páginas.)

CÓMO VENCER LA TENSIÓN NERVIOSA
L. Gilbert Little y Theodore Epp

Le ayudará a entender con claridad meridiana por qué tantos, aun siendo cristianos, se desequilibran y confunden, y cómo tales dificultades pueden solucionarse a través de Cristo. (128 páginas.)

FORTALECIENDO EL MATRIMONIO: ¡Cómo conseguir la profunda unidad matrimonial!
Wayne Mack

Una riqueza de información práctica referente a los roles del matrimonio, tales como comunicación, finanzas, sexo, educación de los hijos y la vida cristiana en familia. (2ª ed., 176 pp.)

LA FAMILIA AUTÉNTICAMENTE CRISTIANA
Guillermo D. Taylor (Prólogo de Emilio A. Núñez)

Una obra de orientación bíblica y sumamente práctica. Trata, entre otros asuntos, sobre el lugar del hombre y la función de la mujer en el hogar, la comunicación sexual en el matrimonio, la educación sexual de los hijos, las finanzas en el hogar y la planificación familiar. (2ª edición, 240 páginas.)

SERIE BOSQUEJOS DE SERMONES
Charles R. Wood, ed.

Bosquejos de sermones que pueden emplearse tal cual o ser ampliados y adaptados al propio estilo del predicador.

BOSQUEJOS DE SERMONES SOBRE HOMBRES DE LA BIBLIA. (2ª ed., 72 pp.)
BOSQUEJOS DE SERMONES SOBRE MUJERES DE LA BIBLIA. (2ª ed., 68 pp.)

SIEMPRE SERÉ TU NIÑA PEQUEÑA
N. Norman Wright

Cómo comprender el impacto del padre sobre su hija. (240 pp.)